国家自然科学基金"国家安全视角下我国中越边境土地利用系统安全预警及优化配置研究"（42161046）

广西土地整治发展报告

主编／文　斌

西南财经大学出版社

中国·成都

图书在版编目(CIP)数据

广西土地整治发展报告/文斌主编.—成都:西南财经大学出版社,
2022. 12
ISBN 978-7-5504-5656-3

Ⅰ.①广… Ⅱ.①文… Ⅲ.①土地整理—研究报告—湖北
Ⅳ.①F321. 1

中国版本图书馆 CIP 数据核字(2022)第 224906 号

广西土地整治发展报告

GUANGXI TUDI ZHENGZHI FAZHAN BAOGAO

主编 文 斌

责任编辑:杨婧颖
责任校对:雷 静
封面设计:墨创文化
责任印制:朱曼丽

出版发行	西南财经大学出版社(四川省成都市光华村街55号)
网 址	http://cbs. swufe. edu. cn
电子邮件	bookcj@ swufe. edu. cn
邮政编码	610074
电 话	028-87353785
照 排	四川胜翔数码印务设计有限公司
印 刷	郫县犀浦印刷厂
成品尺寸	170mm×240mm
印 张	16. 25
字 数	296 千字
版 次	2022 年 12 月第 1 版
印 次	2022 年 12 月第 1 次印刷
书 号	ISBN 978-7-5504-5656-3
定 价	96. 00 元

编 委 会

主　　编：文　斌

编委成员：叶宗达　陈富宁　卢燕丽　农何茵

　　　　　黄　瑜　高振何　莫仁斌　陈慧云

　　　　　罗掌华　唐红祥　黄天能　韦振锋

　　　　　黄　娟　欧胜彬

前言

　　土地整治对于区域经济发展、百姓生活和生态环境等方面的协调可持续发展有着重要意义。在经济社会高质量发展的背景下，土地整治在推动区域经济社会高质量发展战略中的地位越来越重要。为推动国土资源管理的有效进行，以及深入贯彻国家的战略要求，广西历来十分重视土地整治工作。

　　土地整治战略是指导区域土地整治工作的基本方针。本书在充分考虑广西经济社会发展要求和土地整治潜力的基础上，落实土地整治任务，提出土地整治的基本原则、主要方向、重点任务和总体对策，旨在全面了解广西土地整治工作在助推广西经济社会持续发展中的作用，并展望新时代背景下广西经济社会发展对土地整治的新需求。

　　广西自然资源得天独厚，生态环境优良，是全国十大农业省份之一，也是全国推进土地整治工作的重要场域。因此，本书对广西土地整治工作展开全面研究，主要从以下八个方面进行分析：一是广西土地整治概况；二是广西土地整治战略研究；三是广西土地整治进展；四是广西土地整治的方法与保障措施；五是广西土地整治创新模式；六是广西土地整治的典型案例；七是广西土地整治的相关成果；八是广西土地整治的形势与展望。由于笔者水平有限，书中难免有不足之处，欢迎各位读者批评指正，研究团队将虚心听取大家的意见和建议，继续扎根于土地整治的研究工作中。

文　斌

2022 年 10 月

目录

第一章　广西土地整治概况 / 1

一、广西土地整治规划 / 1

（一）第一轮规划（2001—2010 年）/ 2

（二）第二轮规划（2011—2015 年）/ 5

（三）第三轮规划（2016—2020 年）/ 13

二、广西土地整治发展历程 / 21

（一）摸索阶段 / 22

（二）起步阶段 / 22

（三）发展阶段 / 22

（四）壮大阶段 / 23

三、广西土地整治存在的问题 / 23

（一）土地整治规划定位不合理 / 23

（二）土地整治规划实施管理有待强化 / 24

（三）科技研究和人才队伍建设亟待加强 / 25

第二章　广西土地整治战略研究 / 26

一、土地整治助推乡村振兴战略实施 / 27

（一）乡村振兴背景下的土地整治内涵 / 27

（二）乡村振兴战略促进土地整治转型 / 28

（三）全域土地综合整治助推乡村振兴 / 30

二、土地整治促进城乡统筹发展 / 36

（一）土地整治与统筹城乡的互动机制 / 36

（二）城乡统筹发展对土地整治的要求 / 37

（三）广西土地整治促进城乡统筹发展 / 38

三、土地整治提高城乡建设用地效率 / 45

（一）土地整治挖掘农村建设用地 / 45

（二）土地整治盘活城乡建设用地 / 46

（三）土地整治促进土地集约利用 / 48

四、土地整治推动生态文明建设 / 50

（一）生态文明理念理应作为新时代国土综合整治的主导理念 / 50

（二）建成生态文明社会理应成为新时代国土综合整治的终极目标 / 51

第三章　广西土地整治进展 / 53

一、广西土地整治落实情况 / 53

（一）高标准基本农田建设情况 / 53

（二）全区补充耕地完成情况 / 55

（三）土地整治重大工程实施情况 / 60

二、广西土地整治成效 / 64

（一）土地整治经济效益 / 64

（二）土地整治社会效益 / 65

（三）土地整治生态效益 / 67

第四章　广西土地整治的方法与保障措施 / 68

一、土地整治类型及方法应用 / 68

（一）生态型土地整治 / 68

（二）土地综合整治 / 78

二、土地整治保障措施 / 85

（一）行政手段 / 85

（二）经济手段 / 88

（三）制度保障 / 93

第五章　广西土地整治创新模式 / 94

一、兴边富民土地整治模式 / 94

（一）兴边富民土地整治重大工程项目完成情况 / 98

（二）兴边富民土地整治重大工程项目成效 / 100

二、"小块并大块"土地整治模式 / 105

（一）"小块并大块"土地整治起源 / 105

（二）"小块并大块"土地整治主要做法 / 106

（三）"小块并大块"土地整治模式创新成效 / 107

三、生态型土地整治 / 109

（一）生态型土地整治主要做法 / 109

（二）生态型土地整治建设成效 / 110

四、耕作层土壤剥离利用 / 112

（一）耕作层土壤剥离主要做法 / 112

（二）耕作层土壤剥离建设成效 / 115

五、盘阳河流域全域土地综合整治 / 116

（一）项目建设内容 / 116

（二）项目建设成效 / 117

第六章　广西土地整治的典型案例 / 120

一、广西兴边富民土地整治项目：大新县恩城乡 / 120

（一）项目基本概况 / 120

（二）主要做法 / 122

（三）取得的成效 / 126

（四）经验总结 / 129

二、国家重大土地整治工程：桂中农村土地整治重大工程 / 130

（一）项目基本概况 / 130

（二）主要做法 / 131

（三）取得的成效 / 133

（四）经验总结 / 134

三、广西整村推进土地整治项目：2009—2012 年 10 个批次整村推进土地

整治项目 / 135

（一）项目基本概况 / 135

（二）主要做法 / 136

（三）取得的成效 / 137

（四）经验总结 / 139

四、广西"小块并大块"土地整治项目：龙州县上龙乡 / 139

（一）项目基本概况 / 140

（二）主要做法 / 140

（三）取得的成效 / 142

（四）经验总结 / 143

第七章　广西土地整治的相关成果 / 145

一、重点整治项目 / 145

（一）整村整县推进土地整治项目 / 145

（二）兴边富民土地整治项目 / 146

（三）左右江流域山水林田湖生态保护与修复工程项目 / 146

（四）生态型土地整治项目 / 147

（五）国土综合整治与生态修复项目 / 148

（六）全域土地综合整治项目 / 148

二、历史土地整治项目 / 149

三、相关学术论文 / 149

四、主要管理制度 / 150

（一）政策文件 / 150

（二）有关规划 / 152

（三）技术规范和标准 / 153

五、相关奖励与其他 / 153

第八章　广西土地整治的形势与展望 / 155

一、土地整治面临的新形势 / 155

二、土地整治发展的新模式 / 156

（一）土地整治+大数据应用 / 157

（二）多功能土地整治新模式 / 158

三、土地整治的未来展望 / 161

（一）重塑土地整治新的价值导向 / 162

（二）土地整治促进乡村振兴 / 162

（三）着力发展多功能土地综合整治新模式 / 163

参考文献 / 165

重要术语 / 184

附录 / 186

第一章　广西土地整治概况

广西壮族自治区（以下简称"广西"）地处我国西南部，东邻广东，西连云南，西北靠贵州，东北接湖南，南临北部湾与海南隔海相望，西南与越南社会主义共和国毗邻。广西土地总面积为 23.76 万平方千米，位于全国 31 个省（自治区、直辖市）中的第 9 位，陆地疆界线长 1 020 千米；海域面积约 12.93 万平方千米，海岸线长 1 628.6 千米。广西辖 14 个地级市和 111 个县级行政区，根据第七次全国人口普查数据，到 2020 年普查时点，全区常住人口为 5 012.68 万人。

广西为传统农业大省，根据第三次全国国土调查数据，广西有农用地 2 207.28 万公顷①，占土地总面积的 92.87%；建设用地 102.19 万公顷，占土地总面积的 4.3%；未利用地 67.19 万公顷，占土地总面积的 2.83%。

一、广西土地整治规划

土地整治规划是指在土地利用总体规划的指导和控制下，对规划区内未利用、暂时不能利用和已利用但利用不充分的土地，确定实施开发、利用、改造的方向、规模、空间布局和时间顺序。土地整治规划内容主要包括：制定规划期内土地整治战略，评价农用地整治、建设用地整治、宜农未利用地开发和土地复垦潜力，明确土地整治的指导原则和目标任务，划定土地整治重点区域，安排土地整治工程（项目），提出规划实施的保障措施和重大政策等。目前，广西共编制了三轮土地整治规划，第一轮规划期是 2001—2010 年，第二轮规划期是 2011—2015 年，第三轮规划期是 2016—2020 年。

---

① 1 公顷＝0.01 平方千米，后同。

（一）第一轮规划（2001—2010年）

1. 规划背景

（1）经济社会发展背景。

第一轮土地开发整理规划的编制是在西部大开发战略实施初期，东部产业向西部转移，工业化、城镇化加速发展，大量农用地尤其是耕地转化为非农用地，耕地面积呈现不断减少的趋势下开展的。在这种形势下，第一轮土地开发整理规划编制的主要任务是围绕全区经济社会发展的用地需求，确保耕地占补平衡。当时，规划编制处于国家提出要积极稳妥地推进城镇化战略的初期。广西是典型的城乡二元结构，城乡差距大，区域发展不平衡。因此，第一轮土地开发整理规划的编制将土地开发整理作为解决"三农"问题的重要手段，以提高耕地的数量与质量，促进农民增收增产，改善农民生活水平，缩小城乡差距。

（2）政策背景。

1998年修订的《中华人民共和国土地管理法》确定"十分珍惜、合理利用土地和切实保护耕地是我国的基本国策"，要求执行耕地占补平衡政策。1999年，原国土资源部发布了《关于土地开发整理工作有关问题的通知》（国土资发〔1999〕358号），提出了以"加大土地开发整理力度，实现土地开发整理产业化，确保耕地总量动态平衡，促进国民经济增长"为目标的土地开发整理活动的一系列要求。1999年，国务院批准实施的《广西壮族自治区土地利用总体规划（1997—2010年）》，明确了到2010年土地开发整理的规划目标。2002年，原国土资源部发布了《关于认真做好土地整理开发规划工作的通知》和《土地开发整理规划管理若干意见》（国土资发〔2002〕139号），2003年又发布了《土地开发整理若干意见》（国土资发〔2003〕363号），从土地开发整理规划编制、规划审批和实施规划等方面提出了具体要求。

2. 规划目标

（1）总体目标。

规划期内，要全面推进农田综合整理，积极稳妥地开展农村居民点整理；及时复垦工矿废弃地，加大对历史遗留的废弃地的复垦力度，逐步消化历史欠账；在保护与改善生态环境的前提下，适度开发宜耕土地后备资源；严格执行各级人民政府编制的土地利用总体规划，凡规划为宜林的未利用地，要严格实施造林绿化工程，凡经土地利用现状调查确认郁闭度为0.2（含0.2）以上的林地，不允许擅自改变其用途；保证土地开发整理补充耕地数量和质量不低于同期建设占用、灾害损毁和农业结构调整减少的耕地，同时林地、牧草地等其他农用地得到有效增加；改善农业生产条件与农田生态环境，提高耕地质量与土地利用效率，提升土地可持续利用能力；进一步加强基本农田保护，促进经济与社会可持续发展。

（2）具体目标。

具体目标为：规划期间，全区土地开发整理实施总面积 129.59 万公顷，增加耕地 8.48 万公顷，其中：耕地整理 122.15 万公顷，占实施总面积的 94.26%，增加耕地 3.97 万公顷，占耕地增加量的 46.82%；农村居民点整理 1.2 万公顷，占实施总面积的 0.93%，增加耕地 0.25 万公顷，占耕地增加量的 2.95%；土地复垦 1.1 万公顷，占实施总面积的 0.85%，增加耕地 0.66 万公顷，占耕地增加量的 7.78%；未利用地开发 5.14 万公顷，占实施总面积的 3.97%，增加耕地 3.6 万公顷，占耕地增加量的 42.45%，如表 1-1 所示。规划期内，按全区土地开发整理折算成补充耕地面积平均成本（土地整理 27.00 万元/公顷，土地复垦 12.75 万元/公顷，土地开发 7.50 万元/公顷）计算，全区土地开发整理要实现补充耕地 8.48 万公顷的规划目标，共需投入约 149.36 亿元，其中：土地整理需投入 113.94 亿元，土地复垦需投入 8.42 亿元，土地开发需投入 27.00 亿元。

表 1-1　广西第一轮土地整治规划目标构成

项目内容	面积/万公顷	占比/%
耕地整理	122.15	94.26
农村居民点整理	1.2	0.93
土地复垦	1.1	0.85
未利用地开发	5.14	3.97
合计	129.59	100

3. 重点区域划分

第一轮规划确定全区 11 个土地开发整理重点区域，其中：土地整理重点区域 5 个、土地复垦重点区域 3 个、未利用土地开发重点区域 3 个。重点区域增加耕地潜力为 103 796.27 公顷，占全区土地开发整理可补充耕地总潜力的 43.67%。土地整理重点区域有 5 个，即桂东丘陵平原土地整理区、桂东南平原盆地土地整理区、桂中旱区土地整理区、"南北钦防"沿海平原台地土地整理区、桂西与桂西南丘陵河谷土地整理区。涉及 42 个县（市、区），待实施面积为 1 174 421.95 公顷（含村庄整理 16 950.34 公顷），可增加耕地面积为 40 864.12 公顷，增加耕地比例为 3.48%。土地复垦重点区域有 3 个，即桂西铝矿、锰矿及煤炭基地土地复垦区，桂西北有色金属基地土地复垦区，桂东及桂中煤矿、锰矿老矿区土地复垦区。涉及 20 个县（市、区），待实施面积为 8 208.04 公顷，可增加耕地面积为 4 890.75 公顷，增加耕地比例为 59.58%。未利用土地开发重点区域有 3 个，即桂北地区土地开发区、桂中地区土地开发区、桂西南地区土地开发区。涉及 18 个县（市、区），待实施面积为 85 194.59 公顷，可增加耕地面积为 58 041.40 公顷，增加耕地比例为 68.13%。

4. 重大工程项目

第一轮土地开发整理规划安排了五类土地开发整理重大工程，涉及 189 个重点项目，规划预计增加耕地面积 50 411.85 公顷。具体包括以下五类：

（1）粮食主产区基本农田整理工程。

该工程以广西粮食主产区的基本农田为对象建设标准化农田，主要实施范围涉及 28 个县（市、区），包括桂北基本农田整理工程、桂东基本农田整理工程、桂东南基本农田整理工程、桂南沿海基本农田整理工程、桂西南基本农田整理工程、右江河谷基本农田整理工程、黔桂沿线基本农田整理工程。通过实施该工程，预计可增加有效耕地面积 8 000.22 公顷。

（2）山区丘陵农田综合整理工程。

该工程是根据国家西部生态环境建设规划与总体部署，结合退耕还林和石漠化综合治理，实施的农田综合整理，主要实施范围涉及桂西北、桂中 11 个县（市、区）。通过实施该工程，预计可增加有效耕地面积 7 390.43 公顷，并且可使农田有效灌溉率在以旱地为主的县（市、区）达到 50% 以上，在以水田为主的县（市、区）达到 70% 以上。

（3）土地开发工程。

该工程以水源保障条件较好的宜耕土地后备资源开发为主，主要实施范围包括桂林、南宁、北海、钦州等县（市、区）。通过实施该工程，预计可增加有效耕地面积 17 821.20 公顷。

（4）重点水电水利工程库区移民安置土地开发整理工程。

该工程主要是为配合红水河梯级电站开发建设，保证库区移民安置的生产生活用地需要，有计划、成规模地组织土地开发整理。主要水利建设项目包括龙滩水电站、百色水利枢纽、恶滩水电站、平班水电站、长洲水利枢纽、大藤峡水电站、瓦村水电站、桥巩水电站 8 座大型水电站，总装机容量 946.13 万千瓦，以及老口、洋溪、斧子口水利枢纽与红花、巴江口水电站等大中型水电水利项目。该工程主要实施范围涉及天峨、南丹、乐业、忻城、隆林、马山、都安、苍梧、藤县、武宣、桂平、平南、象州、鹿寨、田林、兴宾区、合山、右江区等县（区、市）。通过坡改梯、旱改水、石缝地整治等土地整理措施，提高库区淹没线以上现有耕地与其他农用地的质量，因地制宜地开发未利用地，预计可增加有效耕地面积 11 500 公顷以上。

（5）交通设施建设重大项目土地复垦整理工程。

规划期内，广西公路建设重大项目涉及范围包括南丹、金城江区、都安、马山、武鸣、合浦、全州、隆安、平果、田东、田阳、右江区、扶绥、江州区、宁明、凭祥、横县、贵港、兴业、岑溪、苍梧、藤县、阳朔、平乐、钟山、昭平、八步区等县（市、区）。其包括：国家规划建设的"五纵七横"公路在广西路段，西部大开发增加的西部省际"四纵四横"公路国道在广西路段，其中新建高速公路 1 271 千米，增加一级公路 209 千米、二级公路 3 107 千米，主要有水任至南宁高等级公路、南宁至友谊关高速公路、南宁至百色高速公路、南宁至梧州高速公路、桂林至梧州高速公路、滨海高速公路、沿边公路和"县县通二级公路"等重大项目。

广西铁路建设重大项目涉及的范围包括梧州市区及苍梧、八步区、玉州区、北流、容县、岑溪、藤县、合浦、博白等县（市、区）。其包括：原铁道部规划建设的"八纵八横"铁路通道在广西路段，主要有洛湛铁路广西段、合浦至河唇铁路，新建铁路 542 千米。实施该工程，预计可增加有效耕地面积 5 700 公顷。

（二）第二轮规划（2011—2015 年）

1. 规划背景

（1）政策背景。

2009 年的中央一号文件和时任国务院总理温家宝的政府工作报告、原国土资源部 2009 年印发的《国土资源部关于促进农业稳定发展农民持续增收推动城乡统筹发展的若干意见》、2010 年中央关于"三农"问题的一号文件以及 2009 年广西壮族自治区人民政府印发的《广西整村推进土地整治重大工程实施方案》等一系列文件精神，为广西的土地整治工作指明了方向：其一，深化了土地整治工作内涵，使得土地整治真正成为社会主义新农村建设、城乡统筹发展的重要抓手和新的平台；其二，创新了土地整治组织方式，从国土单个部门的工作上升为国家层面的重点战略部署，形成"政府主导、国土搭台、部门联动、群众自主参与"的创新组织方式；其三，拓宽了土地整治资金渠道，按照"渠道不变，管理不乱、集中投放、各计其效"的原则，将中央和地方安排的土地整治资金进行统筹使用，进一步加大资金整合力度；其四，重点实施土地整治重大工程，财政部、原国土资源部共同探索土地整治与城乡建设用地增减挂钩试点平台，统筹使用相关涉农资金，整体规划、整村推进田、水、路、林、村综合整治。2008年以来，原国土资源部、财政部共同组织包括广西在内的10个省份开展的整体推进农村土地整治示范区建设，取得了明显成效。

（2）经济社会发展背景。

2008年1月，国家批准实施《广西北部湾经济区发展规划》，标志着北部湾经济区开放开发上升为国家战略，国家把广西纳入西部大开发战略实施范围；2009年12月，国务院印发了《关于进一步促进广西经济社会发展的若干意见》。随着新的一轮西部大开发的深入推进及北部湾经济区开发开放的全面启动，以及中国—东盟自由贸易区的建成，广西经济社会发展呈现出蓬勃发展的新面貌。经济社会的发展常常伴随着工业化、城镇化进程的加快，建设项目的用地需求逐年增加，大量农用地尤其是耕地转化为非农用地，在这一形势下，如何切实有效地保护耕地是经济社会发展中不能回避的问题。如何合理设置土地整治目标和任务，划分土地整治重点区域和重大工程，确保耕地数量和质量都实现占补平衡，使得新一轮土地整治规划能够适应当前经济社会发展的需求，是当前开展土地整治规划编制需要尽快解决的课题。

2. 规划的目标与任务

（1）规划目标。

第二轮土地整治规划根据《全国土地整治规划（2011—2015年）》确定了高标准基本农田建设规模、补充耕地总量2个约束性指标，根据《广西壮族自治区土地利用总体规划（2006—2020年）》确定了农村集体建设用地整治腾退土地面积的建设目标，其他预期性指标结合广西的实际情况确定。第二轮土地整治规划确定的目标具体为：

第一，要全面实现耕地占补平衡，土地整治补充耕地达到4万公顷（60万亩①），其中，农用地整治补充耕地1.98万公顷（29.70万亩），土地复垦补充耕地0.10万公顷（1.50万亩），宜耕未利用土地开发补充耕地1.92万公顷（28.80万亩）。

---

① 1亩≈666.667平方米，后同。

第二，全面落实高标准基本农田建设任务，在2015年前建成1 336万亩高标准基本农田。开展3个国家级基本农田保护示范区建设，新建360万亩基本农田集中分布区片，重点推进18个高标准基本农田示范县建设和40个高标准基本农田重点镇建设，实现土地整治后原有耕地质量整体提高一个等级的目标。

第三，整治农村集体建设用地6.17万公顷（92.55万亩），腾退面积为1.12万公顷（16.80万亩），促进单位地区生产总值建设用地降低48.7%以上。

广西第二轮土地整治规划控制指标见表1-2。

表1-2 广西第二轮土地整治规划控制指标

单位：万公顷（万亩）

指标		规划面积	指标属性
高标准基本农田建设规模		89.06（1 336）	约束性
土地整治总规模		59.30（889.50）	预期性
农用地整治规模		56.91（853.65）	预期性
土地复垦规模		0.16（2.40）	预期性
宜耕后备土地开发规模		2.23（33.45）	预期性
农村集体建设用地整治规模		6.17（92.55）	预期性
补充耕地总量	农用地整治补充耕地	1.98（29.70）	预期性
	土地复垦补充耕地	0.10（1.50）	预期性
	宜耕后备土地开发补充耕地	1.92（28.80）	预期性
	小计	4.00（60.00）	约束性
农村集体建设用地整治腾退土地面积		1.12（16.80）	预期性
经整治后耕地等级提高程度		1个等级	预期性

其中，广西各地级市"十二五"时期土地整治规划指标分解见表1-3。

表 1-3 广西各地级市"十二五"时期土地整治规划指标分解

单位：公顷

| 地级市 | 高标准基本农田建设 | 补充耕地总量 | | | | | | 农村集体建设用地整治 | | |
| | | 农用地整治 | | 土地复垦 | | 宜耕后备土地开发 | | | | 城乡建设用地增减挂钩指标 |
	实施规模	实施规模	补充耕地量	实施规模	补充耕地量	实施规模	补充耕地量	实施规模	腾退量	
南宁	100 000	99 141	3 270	45	38	3 756	3 380	4 065	741	1 717
柳州	60 000	38 799	1 359	22	15	1 414	1 235	2 392	436	1 365
桂林	77 333	37 264	1 160	542	433	746	616	8 865	1 616	773
梧州	27 333	5 442	183	46	36	960	744	3 297	601	683
北海	46 667	46 622	453	45	32	1 563	1 414	2 265	413	301
防城港	29 334	11 143	72	4	3	215	188	708	129	663
钦州	56 000	31 886	1 049	17	10	3 274	2 901	5 414	987	1 094
贵港	58 667	36 422	1 242	1	1	1 303	1 138	9 057	1 651	361
玉林	53 333	33 696	1 096	117	67	1 732	1 437	9 210	1 679	2 128
百色	53 333	12 426	396	30	11	906	750	3 055	557	1 240
贺州	37 333	16 850	619	526	238	2 404	2 059	2 425	442	412
河池	32 000	27 480	842	89	61	1 333	1 086	4 246	774	2 620
来宾	124 000	123 333	6 624	147	74	1 715	1 506	2 962	540	793
崇左	135 334	48 572	1 380	4	2	986	784	3 692	673	848
合计	890 667	569 076	19 744	1 635	1 020	22 305	19 236	61 653	11 239	15 000

（2）规划任务。

第二轮广西土地整治规划确定了六点建设任务：其一，推进高标准基本农田建设，以建设集中连片旱涝保收高标准基本农田为重点，推动建立高标准基本农田建设集中投入制度，开展基础设施建设和地力培肥工程，提高广西的粮食综合生产能力，确保粮食安全；其二，开展农村集体建设用地整治，整体推进农田和村庄综合整治，优化城乡用地结构与布局，推进城乡统筹发展；其三，加强土地生态环境建设，加大历史遗留损毁土地复垦力度，开展土地石漠化及水土流失、盐碱化治理，适度开发宜耕未利用地，促进土地资源的可持续利用；其四，开展城镇工矿用地整治和旧城镇改造，挖掘节约集约用地潜力，荒山、荒坡等资源用于城镇和工业建设，促进土地资源高效、节约和合理利用；其五，配套完善政策措施，明晰实施责任主体及职责，完善土地整治资金管理制度等规划实施管理制度，构建科技支撑体系与耕地保护机制和社会监督机制；其六，创新土地整治模式，通过开展土地整治重大工程、整县推进土地整治工程、结合扶贫开发土地整治工程和农民自发开展"小块并大块"耕地整治工程等创新的土地整治工程，全面完成"十二五"期间高标准基本农田建设任务。

3. 重点区域

第二轮广西土地整治规划的重点区域包括12市49县（市、区），规划实施期间，广西安排土地整治重大工程，重点整治了10市24县（市、区），其中20个县（市、区）在规划重点区域内。灌阳县、蒙山县、玉林市福绵区、富川瑶族自治县4个县不属于规划重点区域，剩余25个县（市、区）土地整治重点区域未在本轮实施。

第二轮广西土地整治规划确定的宜耕后备土地开发重点区域涉及5个地级市共18个县（市、区），包括南宁市市辖区、宾阳、北海市合浦县、钦州市市辖区、崇左市行政辖区、来宾市市辖区等，主要分布在桂中及北部湾等地区，土地总面积为384.03万公顷（5 760.45万亩），宜耕后备土地开发补充耕地潜力为5.61万公顷（84.15万亩），待开发规模为6.27万公顷（94.05万亩）。

规划实施期间，全区确认土地开发项目270个，确认新增耕地规模为6.65万公顷，涉及全区14个市98个县（市、区），从各县确认新增耕地规模占"十二五"期间确认新增耕地总规模的比例来看，"十二五"时期开发重点区域主要集中分布在扶绥县等22个县（市、区），这22个县（市、区）确认新增耕地规模占规划期间全区确认新增耕地总规模的比例达64.87%。通过以上分析，第二轮土地整治规划布置的重点区域，除对南宁市江南区、青秀区、西乡塘区、兴宁区、良庆区、扶绥县、龙州县、合浦县、钦州市钦南区9个县（市、区）进行开发外，其余13个未完全落实规划布置的重点区域开发任务。

第二轮土地整治规划宜耕后备耕地开发重点区域落实情况较差，通过分析，主要原因为：其一，地方政府对按规划实施的重要性认识不够，大局观念淡薄，未意识到科学合理的规划对开发有限的后备资源的重要性，导致规划实施期内各地的土地开发比较混乱，偏离了规划布置的路线；其二，受《关于完善第二次全国土地调查中耕地增加或减少有关政策的通知》（国土资厅发〔2009〕70号）的政策影响，地方政府突击无序开发不稳定耕地，导致其未按照规划对布置好的重点区域进行土地开发。

"十二五"时期规划布置的低丘缓坡荒滩土地开发重点区域为：梧州市的

万秀区、蝶山区（2013年撤销梧州市蝶山区、万秀区，设立新的梧州市万秀区，以原蝶山区、万秀区的行政区域为新的万秀区的行政区域）、长洲区、岑溪市、苍梧县和藤县，防城港市的防城区、港口区和东兴市，玉林市的兴业县、容县和北流市12个县（市、区），涉及行政区域土地总面积为20 819.93平方千米。以上12个县（市、区）共涉及建设开发重点区块25个，总规模为8 996.75公顷（13.50万亩），规划期内新增建设用地控制规模为5 333.33公顷（8万亩）。

2012年8月15日，原国土资源部批复的《广西壮族自治区低丘缓坡荒滩土地综合开发利用试点工作方案》，同意广西开展低丘缓坡荒滩等未利用地开发试点工作。首批试点在梧州市、防城港市、玉林市辖区范围内进行，每市选择2～3个项目区开展试点，试点期限为2012—2016年。根据低丘缓坡荒滩等未利用地开发利用试点年度综合评估报告，2012—2014年，12个试点县（市、区）已报批面积3 255.82公顷，其中新增建设用地3 130.05公顷，新增建设占用农用地2 974.67公顷；共获批用地2 094.45公顷，其中新增建设用地2 018.82公顷，新增建设占用农用地1 934.21公顷。

规划实施期内广西以开展国家级低丘缓坡荒滩等未利用地开发试点的形式，对玉林市兴业县等12个县（市、区）进行国家级低丘缓坡荒滩等未利用地开发，落实了"十二五"规划布置的低丘缓坡荒滩土地开发重点区域。详见表1-4。

表1-4　2012—2014年低丘缓坡荒滩土地试点指标报批情况统计

单位：公顷

地级市	县(市、区)	安排专项用地指标面积	已报批用地			已获批用地		
			总面积	新增建设用地面积	农用地面积	总面积	新增建设用地面积	农用地面积
梧州市	万秀区	517.89	522.16	484.47	458.11	414.79	396.56	371.59
	龙圩区	522.91	463.31	459.77	457.96	241.64	239.03	237.51
	长洲区	612.88	575.96	550.12	519.91	261.30	252.16	247.61
	藤县	305.34	286.56	285.21	247.69	100.37	100.34	87.86
	苍梧县	59.32	59.96	58.29	55.22	28.92	27.92	26.41
	岑溪市	227.02	127.42	122.25	120.09	123.50	119.51	117.35
	小计	2 245.36	2 035.37	1 960.11	1 858.98	1 170.52	1 135.52	1 088.33

表1-4(续)

地级市	县(市、区)	安排专项用地指标面积	已报批用地			已获批用地		
			总面积	新增建设用地面积	农用地面积	总面积	新增建设用地面积	农用地面积
玉林市	兴业县	191.54	55.46	55.22	54.98	55.46	55.22	54.98
	北流市	294.62	140.04	138.10	130.58	109.04	108.70	101.49
	容县	269.45	215.43	201.22	199.08	215.43	201.22	199.08
	小计	755.61	410.93	394.54	384.64	379.93	365.14	355.55
防城港市	港口区	358.24	380.13	358.26	327.03	262.42	246.70	224.38
	防城区	261.46	267.79	263.33	259.62	201.17	197.58	194.30
	东兴市	154.28	161.60	153.80	144.39	80.41	73.87	71.64
	小计	773.98	809.52	775.39	731.04	544.00	518.15	490.32
合计		3 774.95	3 255.82	3 130.04	2 974.66	2 094.45	2 018.81	1 934.20

第二轮广西土地整治规划布置的土地复垦重点区域涉及百色市、河池市、崇左市、来宾市、桂林市、贺州市、北海市7个地级市共25个县（市、区），土地总面积为664.44万公顷（9 966.65万亩），待复垦规模为2万公顷（30万亩）。对各地上报的土地复垦情况进行分析发现，规划实施期间，全区对生产建设活动压占和损毁的土地、自然灾害损毁的土地以及历史遗留废弃地复垦的总面积为8 106.95公顷，主要分布在南丹县等14个县（市、区），这14个县（市、区）复垦土地面积占规划期间全区复垦土地总面积的比例达91.41%。第二轮土地整治规划布置的土地复垦重点区域除南丹县、平乐县、靖西市、平果县、田阳县、合浦县、钟山县7个县（市、区）按规划进行复垦外，其余18个县（市、区）未完全落实规划布置的土地复垦重点区域任务。

4. 重大工程项目

第二轮土地整治规划期内，广西共规划了五大土地整治重大工程，涉及12市54县（市、区），实施规模为48.30万公顷，实施安排资金178.75亿元；实际实施了三大土地整治重大工程，涉及13市43县（市、区），实施规模为49.63万公顷，实施安排资金113.84亿元，具体情况见表1-5和表1-6。

表 1-5　第二轮广西土地整治规划重大工程情况统计（一）

名称	工程范围	整治规模/万公顷	投资规模/亿元	建设年限
兴边富民土地整治重大工程	北海市海城区、银海区、合浦县，钦州市钦南区、钦北区、灵山县、浦北县，防城港市防城区、东兴市、上思县，崇左市江州区、大新县、凭祥市、天等县、扶绥县、宁明县、龙州县，百色市市辖区、靖西市、平果县、西林县、那坡县、德保县、凌云县、乐业县、隆林县、田林县、田东县、田阳县	28.09	108.78	2011—2015
河流冲积平原高标准农田建设重大工程	南宁市市辖区、横县，贵港市市辖区、平南县、桂平市，玉林市北流市、陆川县、博白县	7.40	33.28	2011—2020
桂中农村土地整治重大工程	南宁市宾阳县，来宾市兴宾区、忻城县、象州县、武宣县、合山市	13.33	39.00	2011—2015
岩溶地区石漠化区域土地整治重大工程	桂林市临桂区、灵川县、全州县、兴安县、永福县、灌阳县、荔浦县，柳州市鹿寨县、柳江区	4.85	21.80	2011—2020
生态建设土地整治重大工程	河池市环江县、宜州区	1.53	6.86	2011—2020
合计：12 市 54 县（市、区）		55.20	209.72	—

表 1-6　第二轮广西土地整治规划重大工程情况统计（二）

名称	工程范围	整治规模/万公顷	投资规模/亿元
兴边富民行动大会战（0-20公里）和典型土地整治项目	北海市银海区、合浦县，钦州市灵山县、浦北县，防城港市防城区、东兴市，崇左市江州区、大新县、凭祥市、扶绥县、宁明县、龙州县，百色市靖西市、平果县、那坡县、凌云县	2.37	8.05
桂中农村土地整治重大工程	南宁市宾阳县，来宾市兴宾区、忻城县、象州县、武宣县、合山市	13.33	39.00
整县推进高标准基本农田土地整治重大工程	南宁市江南区、邕宁区，柳州市柳城区、柳江区、鹿寨县，桂林市灌阳县、兴安县，贺州市富川瑶族自治县、钟山县，梧州市蒙山县，玉林市福绵区、博白县、北流市、兴业县，贵港市覃塘区、桂平市，来宾市武宣县、忻城县、象州县，北海市合浦县，百色市田东县	33.93	66.79
合计：13 市 43 县（市、区）		49.63	113.84

(三) 第三轮规划（2016—2020 年）

1. 规划背景

虽然"十二五"时期全区土地整治工作取得了很大的成效，但仍存在土地整治资金不足、农村建设用地整治效果不明显、耕地质量建设滞后等问题。"十三五"时期，是广西贯彻落实"四个全面"战略布局，与全国同步全面建成小康社会的决胜期，是全面履行中央赋予广西"三大定位"新使命，基本建成国际通道、战略支点、重要门户的关键阶段，是新型工业化、城镇化加速发展和经济转型升级、爬坡过坎的重要阶段；土地整治必须准确把握广西发展的历史方位和阶段性特征，准确把握经济新常态下国土资源结构性需求变化的特点，准确把握土地利用和管理的重大趋势性变化，着力优化土地利用结构、增强整治力度、化解用地矛盾、提高耕地质量和效益，更加有效地应对各种风险挑战，奋力开创土地整治工作新局面。

（1）推进小康社会建设，要求加大建设用地和粮食安全保障力度。

为了实现广西"两个建成"宏伟目标，"十三五"期间广西现代化建设的速度不会放慢，保障粮食安全、生态安全的要求不会降低，耕地供需矛盾将更为严峻，需要土地整治更好地发挥破"两难"促"双保"的基础平台作用，加大宜农未利用地开发力度，加大城镇建设用地整治力度，加大粮食主产县、高标准农田示范县、高标准农田建设项目规模，提升耕地质量，提高耕地粮食产能，保证粮食安全。

（2）推进扶贫攻坚，要求加强土地整治，改善贫困地区生活条件。

广西集"老、少、边、山、穷、库"于一身，扶贫攻坚难度大。"十三五"期间，全区还有 54 个贫困县（含"天窗县"和享受待遇县）、5 000 个贫困村、452 万贫困人口。贫困地区生存条件恶劣，基础设施薄弱，生态环境脆弱，人口教育程度低，经济社会发展滞后。作为扶贫开发工作的重要举措，土地整治应以精准整治为引领，把促进扶贫开发放在更加突出的位置，按照广西易地扶贫搬迁"十三五"规划要求，加大对革命老区、民族地区、边疆地区、贫困地区的土地整治扶持力度，切实改善老少边穷地区的生产生活条件和生态环境。

（3）推进新农村建设，要求加强村庄和农田空间景观修复美化。

广西是全国旅游大省，人文景观和自然景观十分丰富。据统计，2015 年，广西实现接待旅游总人数 3.37 亿人次，同比增长 17.84%，旅游总收入为3 254.20 亿元，同比增长 25.10%。但全区旅游业快速发展的同时，旅游景点周边的农村却还很落后，农村生态退化、环境污染、土地利用破碎、乡村景观风貌受损、人居环境质量不高现象普遍存在，严重影响了游客对美丽广西的认知度。土地整治的基础就是土地，重点就是农村，通过精细化、生态化田块整治，可以对土地利用布局进行有效调整和优化、修复退化生态环境、保护生物多样性、保护历史文化遗产、展现地域景观特征、构建乡村生态网络和保护水土安全，为建设美丽广西发挥重大作用。

（4）推进新型城镇化，要求加强土地整治改革创新。

近年来，土地整治在建设内容和目标内涵上多面拓展的同时，也出现了纵向土地整治工程质量差、土地整治工程美观性不足、土地整治与当地人文历史不融合等现象。为推进新型城镇化，有效支撑经济社会发展，"十三五"期间，土地整治发展必须坚持"上下左右"齐头发展的模式，调整管理制度，加大改革创新力度，大力发展纵向精细化、生态化管理模式，充分发挥土地整治的整体功能和效用。

（5）推进依法治国，要求加强土地整治法治建设。

广西土地整治工作已开展多年，始终得到各级人民政府的高度重视，土地整治在广西经济社会发展中承担了重要的任务，其立法条件已基本成熟，"十三五"期间，做好广西的土地整治立法工作，按照国家土地整治必须制度化、规范化、程序化的要求，进行土地整治法制建设，是土地整治事业发展刻不容缓的重要工作。

2. 基本原则

（1）坚持农用地整治为重点。

以高标准农田建设为重点、农业现代化为导向、农用地综合整治为支撑，科学安排重点区域、重大工程和重点工程，突出全域规划、资源整合的作用，充分发挥土地整治的经济、社会和生态综合效益，促进农民增收、农业增效、农村发展。

（2）坚持数量、质量和生态建设相统一。

把增加有效耕地面积、提高耕地质量、提高粮食综合生产能力和改善生态环境作为土地整治的重要任务，确保耕地总量不低于土地利用总体规划确定的耕地保有量，确保建设占用耕地质量与补充耕地质量相当，基本实现耕地总量动态平衡。

（3）坚持统筹城乡发展。

规范推进农村建设用地整治，充分发挥城乡建设用地增减挂钩的作用，有序开展城镇建设用地和工矿废弃地整治，加强农村基础设施建设，改善村容村貌，促进城乡一体化发展。

（4）坚持维护农民合法权益。

始终把维护农民和农村集体经济组织的主体地位放在首位，按照以人为本、依法推进的要求，保障农民的知情权、参与权和受益权，切实做到整治前农民自愿、整治中农民参与、整治后农民满意。

（5）坚持政府主导。

坚持政府主导、国土搭台、部门协同、上下联动、公众参与的工作机制。加强政府的组织领导，强化部门合作，有效发挥整体联动的综合效应；建立健全激励机制，充分调动社会各方和农民的积极性、主动性，推进土地综合整治。

3. 规划目标

（1）高标准农田建设任务全面落实。

按照"高标准建设、高标准管护、高标准利用"的要求，全区共同确保建成 1 389 万亩、力争建成 2 201 万亩高标准农田。根据"分工配合，共同建设"原则，其中土地整治确保建成 450 万亩、力争建成 500 万亩高标准农田；农业等其他部门通过其他方式确保建成 939 万亩高标准农田。建成后的高标准农田列入基本农田保护范围，并实行统一命名、永久性保护和集中监管。建立高标准农田土地整治综合信息平台，实现土地整治信息化管理。经整治后的基本农田质量整体提高 1 个等级，综合生产能力有所提高。

（2）耕地数量、质量、生态"三位一体"建设全面推进。

通过各类土地整治活动补充耕地 58.41 万亩。实施耕地提质改造土地整治工程，全面加强耕地质量建设，在土地整治过程中要从不同层面遵循生态学原理，探讨耕地数量、质量建设与管理的生态化途径，建立生态型土地整治模式，实现耕地占补数量和质量双补充。

（3）城乡建设用地综合整治取得明显成效。

开展城乡建设用地增减挂钩试点和低效城镇用地再开发工作，整治"空心村"和废弃民屋，完善道路、排污、水电等公共设施配套，引导农民集中居住，盘活低效建设用地。规划期开展完成城乡建设用地整治规模 7.5 万亩，城镇低效用地再开发规模 1.5 万亩。

（4）土地复垦和耕地修复工作力度加大。

全面开展矿山生产用地复垦，及时复垦因自然灾害损毁的土地，努力做到"快还旧账，不欠新账"，通过土地复垦补充耕地 3 万亩；对历史遗留的工矿废弃地，在治理改善生态环境的基础上，与新增建设用地相挂钩，合理调整建设用地布局，将工矿废弃地复垦利用与矿山环境治理、绿色矿业发展示范区建设、土地整治等工作统筹推进。同时在局部地区开展耕地修复试点，保障土地资源的可持续利用，促进形成人地和谐的格局。

（5）土地整治精准扶贫取得新成效。

重点加强贫困村屯的土地整治和农业生产基础设施建设，解决贫困地区"出门难、生产难、用水难、灌溉难"的突出问题。精准扶贫土地整治建成高标准农田 30 万亩。

（6）土地整治法律制度和基础能力建设进一步加强。

落实全面依法治国方针，大力加强土地整治法律制度和基础能力建设。制定出台广西土地整治办法，完善土地整治规章制度，建立健全土地整治机制；加强技术规范标准和人才队伍建设，技术标准体系更加完善，人才队伍结构更加合理，科技支撑更加有力。

4. 规划内容

（1）全域土地整治。

全域土地整治包括以下四个方面：

第一，农用地整治总体布局。围绕广西"十三五"期间农用地整治建设任务——开展高标准农田建设 520 万~580 万亩，建成高标准农田 450 万~500万亩。通过分析"十三五"期间土地整治工作整体的发展态势，农用地整治重点考虑粮食安全和糖料蔗生产需求，兼顾地方的特色农业发展。农用地整治布局主要考虑国家土地整治的建设点、广西粮食的主产区和特色农产品的相对集中区。农用地整治的重点区域在南宁市、柳州市、来宾市和贵港市，桂林市、贺州市、梧州市、钦州市和崇左市部分地区属于次级重点区域，其余地区属于农用地整治的一般区域。

第二，建设用地整治总体布局。建设用地整治分为农村建设用地整治和城镇建设用地整治，其中农村建设用地整治主要是解决村庄内部低效用地（空心村）、自然村落零散分布、居民宅基地重复占地和人均宅基地超标等问题，提倡合理规划村庄用地，提高农村公共资源配备条件。城镇建设用地整治主要是针对危旧房区、低效城镇用地、城中村土地利用散乱及工矿废弃地等问题，通过投入资金进行改造，推进配套公共基础设施建设。建设用地整治主要以城乡建设用地增减挂钩政策为主要手段，通过对农村废弃、散乱、土地利用率低的村庄实施拆迁、聚并和新建等工程措施来推进实施。农村建设用地布局重点区域为柳州市、防城港市、河池市、玉林市和百色市；城镇建设用地布局重点区域为南宁市、柳州市、桂林市、梧州市、防城港市、北海市和钦州市。

第三，宜耕未利用地开发总体布局。宜耕未利用地开发是补充耕地占补指标的主要来源，各区域应依据未利用地后备资源库，积极开发宜耕未利用地，部分占补指标储量不足的区域可在广西壮族自治区占补指标交易平台中向富裕区域竞价购买。在占补指标可以跨区域流动的前提下，宜耕未利用地开发布局主要考虑各区域后备资源潜力的大小，优先开发后备资源潜力大的区域。全区宜耕未利用地重点开发区域主要有崇左市、来宾市、百色市全部下辖县，以及全州县、永福县、兴安县、富川瑶族自治县、环江毛南族自治县、金城江区、灵山县、钦南区、钦北区、上思县、东兴市和合浦县等。

第四，土地复垦总体布局。土地复垦是提高土地利用效率和恢复生态环境的主要途径，遵循"快还旧账，不欠新账"的指导原则开展土地复垦工作，主要针对"十三五"期间及此前矿山生产和建设用地临时占用的损毁土地开展复垦，并对历史遗留损毁的土地进行逐步修复。全区矿山复垦重点区域主要为百色市、贺州市、柳州市、桂林市和河池市等，建设项目临时损毁土地复垦重点区域主要为百色市、柳州市、钦州市、南宁市和玉林市等。

（2）农用地整治。

农用地整治包括以下四个方面：

第一，集中连片建设高标准农田。旱涝保收高标准农田是保障粮食安全最重要的物质基础，高标准农田建设是土地整治的重中之重。科学编制高标准农田建设年度实施方案，继续加大基本农田示范县的建设力度。依据土地利用总体规划确定的基本农田集中区、整备区，坚持"相对集中，连片推进"的原则，严格按照《高标准基本农田建设标准》建设和实施，实现田块集中、田面平整，耕作层土壤理化指标满足作物高产稳产要求，建设集中连片、基础设施配套、高产稳产、生态良好、抗灾能力强，与现代农业生产和经营方式相适应的基本农田。

第二，实施高标准农田建设重大工程。按照耕地增加、布局优化、用地节约等要素集聚的要求，推进田、水、路、林、村综合整治，坚持因地制宜，实行差别化整治，加快实施粮食主产区、粮食生产功能区高标准农田建设重大工程和兴边富民土地整治重大工程，加大糖料蔗基地建设力度。有序开展土地整治重点工程，全面改善项目区基本农田基础设施条件。规划期间，粮食主产区和粮食生产功能区预计建成 110 万~160 万亩以粮食为主要作物的高标准农田，兴边富民土地整治重大工程预计建成 150 万亩高标准农田。

第三，示范引导建设高标准农田。通过引导实施生态建设土地整治和精准扶贫土地整治等重点工程，以及精确选点实施农业现代化土地整治、北部湾经济区建设用地整治和有色金属矿区复垦等示范工程，重点建设基础设施配套工程，改善农田农业机械化、规模化生产条件，增强抵御自然灾害的能力，改善区域生态景观，促进高标准农田的持续利用，提高粮食生产保障能力。其中合浦县、柳江区和桂平市将致力于建设生态良田示范县，武宣县、兴安县、兴业县和钟山县将作为国土综合整治示范县，加大土地整治与相关工作的综合协同力度。通过土地整治，使基本农田质量平均提高 1~2 个等级，粮食亩产增加 100 千克/亩以上。

第四，加大基本农田管护力度。县级以上人民政府是高标准农田建设的责任主体，要强化基本农田保护工作力度，进一步落实基本农田管护制度，确保全区基本农田数量不减少、质量不降低。

建立政府与自然资源部门双重基本农田保护目标责任制并签订责任状和合同书，明确保护责任。建立地方人民政府主要领导负责制，将高标准农田建设规模纳入经济社会发展年度计划，年初下达任务，年终纳入耕地保护责任目标考核内容，并将考核结果与高标准农田建设的资金分配、计划下达和政绩考核等挂钩。对违法占用和破坏基本农田的行为依法查处，维护基本农田保护制度的严肃性。

（3）农村建设用地整治。

农村建设用地整治包括以下三个方面：

第一，提高农村公共服务能力。以充分尊重农民意愿为前提，以改善农民生产生活条件为目标，坚持农民愿意、农民参与、农民受益、农民满意四项原则，按照节约用地、因地制宜的要求，以"空心村"、闲置宅基地改造为重点，积极稳妥地推进村庄建设用地的整治，包括村庄内废弃、闲置建设用地的整治，完善基础设施，改善农村人居环境，改变农村整体面貌。

第二，优化农村居民点布局。依据村镇建设规划布局，加强区域中心村建设，科学划定村屯的人居容量和建设边界，通过土地整治开展村屯道路和田间道路建设，扩大农户的耕作半径，将耕作区域内零散的居民点合并到中心村，并聚合相关部门的农村建设资金，支持中心村屯公益设施建设。

第三，改善农村人居环境。结合农村环境综合整治工作，推进畜禽养殖区和居民生活区的科学分离，推进农村粪污处理和沼气利用工作。结合当地村落历史文化修复自然景观与田园景观，开展农房风貌整治和村庄绿化美化工作，优化农村居住环境。

（4）城镇建设用地整治。

城镇建设用地整治包括以下三个方面：

第一，鼓励有条件的城镇开展旧城改造。依据节约集约用地原则，科学编制城镇规划，鼓励有条件的城镇尤其是重点旅游景区、历史文化城镇开展旧城改造。根据城镇职能定位、用地布局安排、主导产业选择，科学制定旧城镇改造方案。充分利用城乡接合部的地域优势，探索"增减挂钩"指标安排与中心城区用地效率提高的联动机制，加大财政、土地等政策的支持力度，完善基础设施配套，为居民提供高品质的生活环境。探索开展南宁、柳州、桂林等地的旧城镇改造。

第二，加强城镇历史文化遗产保护。将弘扬优秀传统文化、土地整治和城镇化建设有机统一，加强对历史文化名城、街区、地方特色建筑、古街道、古树木等历史文化遗产的保护，保持其原有景观特征，避免大规模拆旧建新，深化对城镇文化资源、文化氛围、历史背景的保护，实现传统文化和悠久历史的传承和发展，注重建筑环境和艺术环境的统一规划设计和建造，实现自然与人文环境的和谐统一。

第三，引进和完善公众参与机制。积极引入和完善公众参与旧城镇改造机制，事前、事中、事后要充分听取群众的意见，注重协调各方的利益；"城中村"改造前要对土地权属进行调查登记，确保群众利益不受损。

（5）开发宜耕后备资源。

开发宜耕后备资源包括以下两个方面：

第一，全面完成耕地占补平衡任务。严格落实耕地占补平衡制度，加强耕地数量和质量双重管理，强化补充耕地质量等级评定与验收，做到耕地占补面积和质量双平衡。实行占用耕地的建设用地项目与补充耕地的土地开发项目挂钩制度，规范耕地占补平衡考核。全面落实补充耕地任务，土地开发项目补充的耕地，应当与被占用的耕地等级相同或者高于被占用耕地的等级。

第二，强化新增耕地的有效利用。新增耕地着力于宜耕土层的建设，严格管控客土土壤质量标准，充分结合客土回填、表土剥离等方法，采取土壤培肥等措施，改良土壤性状，提升新增耕地地力。强化新增耕地的实际利用和后期管护，开展土地开发调查评价工作，深化土地开发的经济、技术、生态可行性研究，加强对新增耕地的持续监测，按照权属与新增耕地所在的村委集体签订耕地管护协议，探索土地整治项目建设预留管护资金的制度，确保新增耕地有效利用，防止抛荒。

（6）土地复垦。

土地复垦包括以下六个方面：

第一，加大对历史遗留损毁土地的复垦力度。坚持"谁复垦、谁受益"

的原则，按照各地土地复垦的方向、规模及时序，组织实施土地复垦项目。强化历史遗留损毁土地复垦的政府责任，运用城乡建设用地增减挂钩政策和工矿废弃地复垦政策，拓宽历史遗留损毁土地复垦资金渠道，同时积极引进社会资金，鼓励土地权利人自行复垦。建立健全促进土地复垦的政策措施，加强土地复垦工作的管理与监督检查，促进土地节约集约利用和耕地保护，加快实现"快还旧账、不欠新账"的目标。

对工矿废弃地相对集中的地区，在调查摸清历史遗留工矿废弃地资源现状、利用潜力和做好确权工作的基础上，根据土地利用总体规划和土地整治规划，可结合实地科学编制"历史遗留工矿废弃地复垦利用专项规划"，强化整体管控，"历史遗留工矿废弃地复垦利用专项规划"要与城乡建设、产业发展、环境保护等相关规划协调衔接。

第二，加强对生产建设活动新损毁土地的复垦。其主要包括：切实加强生产建设项目土地复垦管理，及时复垦新增损毁土地，强化源头控制；督促土地复垦义务人认真履行土地复垦法定义务，确保规划期内土地复垦新账不增、旧账逐步消化；全面开展广西有色金属和非金属矿山复垦，对于正在生产经营的矿山，要督促生产方落实土地复垦方案的要求，坚持"边生产、边复垦"；交通、水利能源等建设项目要落实土地复垦与生产建设同步设计、同步施工，实现"边建设、边复垦"，按照"谁损毁，谁复垦"的原则，将新增的损毁土地复垦纳入企业生产建设计划，土地复垦费用列入生产成本或者项目建设总投资。

第三，完善土地复垦质量控制。其主要包括：科学开展土地复垦适宜性评价；按照"因地制宜、经济可行、综合利用、农业优先、确保安全"的原则，合理确定复垦土地的用途；注重生态环境保护，坚持土地复垦与生态恢复、景观建设和经济社会可持续发展相结合，复垦后的景观与当地自然环境相协调；加强土地复垦先进技术的推广和应用，全面提升土地复垦水平；建立土地复垦质量控制制度，严格遵守土地复垦技术要求和环境保护标准，保护土壤质量和生态环境，避免污染土壤和地下水。

第四，严格土地复垦工作监管。其主要包括：加强土地复垦监管力度，通过建立自治区、地方和企业三级土地复垦动态监测体系，对土地复垦情况进行预报和预警；结合国土资源"一张图"工程，构建土地复垦监测制度，建设土地复垦监管信息平台，建立健全土地复垦日常监管制度，加大对违法行为的执法力度，综合采取经济、法律、行政、技术等措施，加强对土地复垦的监管。

第五，积极探索土地复垦激励机制。按照"谁投资、谁受益"的原则，鼓励和引导社会资本参与土地复垦。依据《土地复垦条例》等有关规定，针对不同的主体出台相应的激励措施，综合运用补充耕地指标奖励、经济补贴等方式，对于政府投资的复垦项目，应该明确受益群体；对于土地复垦义务人或者社会投资的复垦项目，应当在技术措施和政策上给予适当的优惠，以调动土地复垦义务人、社会投资主体、土地权利人及地方政府参与土地复垦的积极性和主动性。

第六，实施土地复垦示范和耕地修复试点工程。在全面调查核实的基础上，划定土地复垦责任范围；在做好土地复垦适宜性评价的基础上，按照"因地制宜、经济可行、综合利用、农业优先、确保安全"的原则，在工矿废弃地集中的区域，积极组织实施土地复垦示范工程，改善生态环境，提高土地利用效率；在耕地质量监测的基础上，开展重金属污染地区的耕地土壤抽样检测，选取有代表性的地区开展耕地修复试点工程，通过工程、生物、化学等多种措施缓解土壤污染状况，恢复并加强耕地的农业安全生产功能。坚持以生态建设为导向，科学评价复垦土地和耕地修复的适宜性，采取山、水、田、林、路综合整治措施，促进土地科学、安全、可持续利用。

（7）生态建设和扶贫开发型土地整治。

生态建设和扶贫开发型土地整治包括以下两个方面：

第一，实施土地整治生态环境建设，实现农村生活水平、生态水平、环境品质和景观功能的提高，构建城乡一体化绿色基础设施，保护生物多样性，防治农村环境污染，保护自然资源，维护并提高乡村生态景观服务功能。

第二，做好土地整治生态景观规划和示范建设。其主要包括：注重退化生物生境修复、生物多样性保护、地域景观特征提升和重建，增加生态景观规划设计内容，优化农村生态系统和乡土景观；大力提升示范区的引导作用；注重水土保持、坡耕地保护、灾害控制，提高乡村景观异质性和生态多样性；充分考虑植被空间布局、生态过程、河流水系、生物多样性保护，营造高生态景观服务功能型土地；把握不同类型土地整治生态景观关键环节，挖掘乡村生态景观美学价值，促进乡村生态旅游经济发展。

二、广西土地整治发展历程

土地整治是指依据土地利用总体规划、土地整治专项规划和村镇建设规划等相关规划，运用土地整治专项资金，聚合各类涉农资金，采用工程和生物措施，对田、水、路、林、村实施全域规划、全域设计和综合整治，以提高耕地质量，增加有效耕地面积，改善农村生产生活条件和村容村貌，推动新农村建设和城乡统筹发展的活动。

土地整治是自然资源管理部门的重要职责。通过实施土地整治，可以促进农村建设，保护耕地资源，确保国家粮食安全，促进生态文明建设，集约节约利用土地资源。土地整治具有资金总量大、项目区域范围较广、实施周期较长、管理难度较大、涉及面较宽、相关法规和制度建设尚待完善等特点。目前，土地整治已成为广西落实耕地占补平衡、建设高标准农田建设任务、强化耕地保护、促进城乡一体化的有效措施之一。

2001年广西开展土地整治工作以来，不断完善土地整治建设模式。其主要可分为四个阶段。

（一）摸索阶段

2001—2003年，属于摸索阶段，以国家土地整治项目为主。广西土地整治项目主要申报国家项目，申请中央资金支持，原国土资源部掌握项目立项权限，自治区原国土资源厅负责组织项目实施，广西壮族自治区原国土资源厅土地整理中心作为全区土地整治项目的业主，负责项目的踏勘选点和编制规划设计，并向原国土资源部和自治区原国土资源厅申报项目，市、县原国土资源管理部门负责协助开展工程施工工作。

（二）起步阶段

2004—2006年，属于起步阶段，在申报国家土地整治项目的基础上，自治区原国土资源管理部门开展本级的土地整治项目建设，国家投资土地整治项目立项和验收权限下放至自治区原国土资源管理部门；自治区投资土地整治项目立项、设计审查、项目实施监管、验收权限集中在自治区原国土资源管理部门，广西壮族自治区原国土资源厅土地整理中心负责做好技术服务工作，不再担任项目业主，各市、县土地整理中心作为项目承担单位，负责项目申报、组织规划设计和工程施工管理。

（三）发展阶段

2007—2009年，属于发展阶段。广西提出了"整村推进"土地整治模式，推进村庄整治，开展村庄基础设施和公共服务设施建设，改善农村生活条件，使得土地整治成为真正解决"三农"问题的有力措施。自治区原国土资源管理部门负责项目评估立项、规划审批、实施监管、竣工验收等阶段性工作，市县原国土资源管理部门负责组织项目申报、规划方案编制、施工招标、工程施工等工作，各级原国土部门对土地整治项目建设的责任分工落实明确。

（四）壮大阶段

2010 年至今，属于壮大阶段，广西土地整治进入规模化建设阶段。自治区原国土资源厅承接了国家土地整治重大工程——桂中农村土地整治重大工程建设任务，并提出了"整县推进"模式，土地整治项目由单个项目区建设转变为区域建设，发挥了土地整治建设农业生产基础的特性；项目建设模式开始由原国土部门单独承担向市县政府组织统筹发展，由市县政府提出申报区域性项目的意向，并负责区域性整治项目的总体建设任务，利用政府行政手段开展项目建设协调工作，市县各级原国土资源管理部门继续承担项目具体实施建设工作。广西在总结了崇左市龙州县农民自发开展"小块并大块"实践经验的基础上，在土地整治项目建设模式以外，提出了鼓励土地所有人自发开展归并零碎地块、实施土地平整和建设基础小型农业生产设施的土地整治"奖补结合"工作模式，形成了"先建后奖、以奖代补、以补促建"的以农民为建设主体的土地整治"奖补结合"制度，土地整治"奖补结合"制度是土地整治工作在项目建设以外的有益补充。

土地整治四个阶段的发展，历经了从单纯农田建设目标到总体农村发展目标，从单个项目规划设计到区域性农田发展规划，从原国土部门行业自建到政府统筹安排的建设模式的转变，使土地整治项目建设程序和模式日趋完善。

三、广西土地整治存在的问题

（一）土地整治规划定位不合理

（1）法律法规和政策保障机制不健全。尽管广西出台了一系列政策文件，起到了促进规划实施的作用，但从实施过程来看，仍存在法律法规政策保障机制不健全的问题。主要表现在：一是未出台专门保障土地整治规划实施的地方法律法规，如自治区土地整治条例，仅有原国土部门政策文件、无地方法律法规，不能保障规划顺利实施；二是未出台自治区土地整治项目预算定额，现有部编定额对于广西来说，部分定额标准偏低，导致项目工程造价低，不利于项目实施；三是未出台土地整治项目清算制度，导致部分土地整治项目实施不下去。

（2）地方政府对按规划实施的重要性认识不够。一是部分地方政府对项目申报不积极，导致部分高标准基本农田示范县和土地整治重点区域建设任务完成得不好；二是部分地方政府对项目重视不够，导致项目进展慢；三是部分地方政府为了政绩而建设项目，牺牲了土地整治的建设成果。

（3）部门间的规划实施协调机制未建立。土地整治规划编制时应注重与各部门、各行业编制的交通、水利、农业、林业、环保、旅游、城镇、风景名胜区等相关规划协调衔接，由于前期编制协调不到位或是后期规划调整，各规划间还是会存在矛盾。规划实施出现以上问题时，由谁组织有关部门进行协调，怎么协调处理，这种协调机制还未建立，影响了规划实施效果。

（二）土地整治规划实施管理有待强化

1. 规划的管控能力有待加强

规划实施受到项目资金的制约。广西财政资金无法支撑兴边富民重大工程，其投资的 108.78 亿元，仅实施了 358 个项目中的 93 个（包括大会战 23 个、典型项目 17 个、整县推进重大工程 53 个），导致规划期内涉及兴边富民的大部分土地整治重点区域和重点项目无法落实。另外，为提高广西甘蔗产量，降低种植成本，促进蔗业全程机械化，自治区层面启动高产高糖糖料蔗基地建设，从新增建设用地有偿使用费中安排了专项资金，造成广西第三期整县推进高标准基本农田建设存在资金缺口，影响了广西高标准基本农田和土地整治重点区域建设的实施。

2. 土地重大工程时间紧、任务重，影响项目建设目标实现

整县推进高标准基本农田土地整治重大工程受高标准基本农田任务量的影响，每个县承担的实施任务相当繁重，部分县由于对项目建设的困难预测不足、项目管理能力薄弱、项目难推进等问题，影响了项目建设目标的实现。

3. 项目资金财政评审和审计工作时间较长，影响项目整体进度

项目进度慢的一个重要原因是财政评审时间较长，尤其是土地整治重大工程，项目多且集中，当地财政部门人手不够，聘请的中介机构审核标准、尺度不同，再加上土地整治项目测量图和设计较为粗放，造成项目财政评审时间较长；项目验收后进行审计，审计部门人员少，加上部分工程受灾害影响已经损坏，造成工程量无法确认，项目审计的周期延长，影响项目整体进度。

4. 土地复垦规划实施不到位

由于缺乏行之有效的绩效考核机制，各地在项目实施过程中对土地复垦政

策贯彻落实不到位。土地复垦规划实施仅仅停留在收取土地复垦保证金和签订土地复垦协议的阶段，缺少土地复垦方案获批后实施的有效监管体系和约束机制，导致土地复垦规划获批后实施监管不到位。

（三）科技研究和人才队伍建设亟待加强

科学技术是第一生产力，新形势、新常态下的国土资源管理工作，对土地整治科技工作提出更高的要求，土地整治技术应朝着更专业化、更精细化的方向发展，不同工程类型的规划设计技术、应用新材料新工艺的施工技术、无人机测量与实施监管等前沿课题，还需要进一步加强研究。另外，对比水利、交通等传统工程行业，土地整治科技工作缺乏专业设计人员。由于土地复垦工作专业性强的特点，对管理队伍提出了较高的要求，相关人员需具备项目管理、土地管理、土地复垦技术等多方面的专业知识，而实际中真正符合要求的人才严重缺乏。

第二章　广西土地整治战略研究

国内外宏观经济形势的重大变化、中国不断发展的经济社会转型需求和逐步深入的全面改革将为土地整治带来更多的机遇和挑战，亟须土地整治未雨绸缪、与时俱进地进行转型发展与探索。新时期土地整治战略应紧密结合我国"两个一百年"的奋斗目标进行设定，未来的土地整治力争做到全面巩固已建成的小康社会和全面推动中华民族伟大复兴的中国梦的实现。本书立足国家土地整治新形势下的宏观背景和转型需求，根据当前广西土地整治的突出问题和发展需要，重新认知土地整治的本质和功能，进而探索广西土地整治转型发展战略，提出让土地整治切实成为新形势下服务乡村振兴、统筹城乡发展、提高城乡建设用地效率、促进生态文明建设的有力抓手和重要平台。

土地整治战略是指导区域土地整治工作的基本方针，能从整体上控制土地整治规划的编制与实施。广西的土地整治活动历经了2001年以来的摸索、起步、发展、壮大四个阶段，发生了从单纯的农田建设目标到总体农村发展目标，从单个项目规划设计到区域性农田发展规划，从原国土部门行业自建到政府统筹安排的建设模式的转变，土地整治项目建设程序和模式日趋完善。在经济社会高质量发展的背景下，土地整治活动在推动区域经济社会高质量发展战略中的地位显得越来越重要。土地整治是缓解人地矛盾、促进土地集约化利用以及促进社会、经济、资源和生态可持续发展的基础，是优化土地资源配置、促进城乡统筹发展和服务"三农"的有效途径，是实施乡村振兴战略的重要着力点。土地整治具有鲜明的复合特征，正是土地整治这种复合性特征，使得土地整治能在经济社会发展中发挥作用，同时土地整治从经济社会发展对土地整治功能的需求中获得发展动力。土地整治的战略内容不是由其自身所决定的，而是体现在其所服务的对象上。综合广西土地整治现状及未来需求，新时期广西土地整治战略应紧扣以下四方面进行全面推进：一是助推乡村振兴战略实施；二是促进城乡统筹发展；三是提高城乡建设用地效率；四是推动生态文明建设。

一、土地整治助推乡村振兴战略实施

（一）乡村振兴背景下的土地整治内涵

2020 年是全国脱贫攻坚收官之年，2021 年是"十四五"规划的开局之年，广西作为全国相对贫困地区，如何将乡村振兴与脱贫攻坚进行有效衔接显得十分重要。长期以来，城乡关系割裂以及二元分治体制下对乡村价值的定位，造成了当今中国乡村人口老弱化、土地荒废化和产业滞后化以及"城进村衰"的困境。"三农"问题已经成为制约中国推进城乡融合发展的短板。在此背景下，党的十九大报告提出了"乡村振兴战略"，以破解农村发展落后、城乡发展不协调的局面，并提出了"产业兴旺、生态宜居、乡风文明、治理有效、生活富裕"的总体要求，旨在推动乡村地区全面振兴。

区域经济的发展受到人口、土地、产业等要素的综合影响。人口是区域经济发展的主体，人类通过资源的开发利用、企业的经营管理等生产和生活活动，为乡村地区创造经济、社会及生态价值，是实现乡村振兴的动力之源；土地是人类活动的主要载体，土地资源在乡村振兴中肩负着提供资源支撑的基础性作用，既是农村居民生产、生活、生态的空间需求保障，也是外来资本进入乡村发展不同产业模式的基础资源支撑；产业发展则需要通过利用土地资源，吸引农村人口，特别是青壮年劳动人口就近就业，将人口与土地进行有机结合，构成乡村产业发展的动力，从而带动农民增收、农村经济发展。"人口—土地—产业"的耦合机制，是解决"三农"问题，实现乡村振兴的关键所在。正是因为城乡发展之间的巨大差异，人口大量向城市转移，导致广大乡村地区人口老弱化，乡村凋敝。"空心化""老弱化"的农村地区，产业发展滞后、产业基础薄弱，在非农产业难以发展的情况下，农业发展也因人口的流失，日渐衰落，耕地撂荒；与此同时，宅基地空置，乡村土地资源利用效率也逐渐下降。在产业、人口凋敝的影响之下，乡村的景观破败、基础设施破旧或缺失、乡村治理无序等问题涌现。

农村土地整治与乡村振兴的出发点都在于调整乡村人口、土地、产业等影响乡村发展进程的因素，使其协调发展，铸造美丽乡村。土地作为主要社会经济的载体，土地资源质量的提升和耕作条件的改善会直接影响农业生产的效益，进而影响农村居民的收入及就业选择，从而达到乡村产业结构及人口结构的转变。农用地整治的主要目的是增加有效耕地面积、提高耕地质量和改善农业生产条件，促进农业生产的产业化、规模化，或基于农田景观的改善发展乡村旅游业。农村建设用地整治的重点在于引导人口的集聚，降低住宅用地空置率，提高土地资源利用率；随着人口的集聚，产业集中，资本下乡，进一步推动乡村发展。

实施乡村振兴战略，是加快农业农村现代化、扎实推进富民兴桂的必然要求。乡村振兴，产业兴旺是重点、生态宜居是关键、乡风文明是保障、治理有效是基础、生活富裕是根本。实施乡村振兴战略，需要通过推动农业高质量发展，构建和谐优美、生态宜居的幸福家园，推进农耕文明在新时代展现出永久的魅力和风采，更需要增加农民收入、增进农民福祉。为此，乡村振兴需要通过土地整治对农用地进行整理来实现生产空间的综合整治，以推动农业高质量发展，增加农民的收入；需要通过土地整治对建设用地进行整理，优化生活空间，构建优美生态宜居的幸福家园；也需要通过土地整治对生态进行保护修复，以实现生态空间的保护，从而增加农民的福祉。由此可知，乡村振兴战略是土地整治的目标来源和依据，土地整治是落实乡村振兴各项举措的重要抓手。

乡村振兴就是为了应对乡村内部要素的流失与衰退，通过经济、政治以及文化建设的手段吸引外部资本进入并减缓乡村人口外流，重新组合乡村人口、土地和产业等发展要素，从而优化要素结构、提升地域功能、重塑乡村形态，实现乡村地域经济、社会及生态的全面复兴和城乡融合发展的新格局，以达到缓解中国城镇化中所出现的人民日益增长的美好生活需要和不平衡不充分的发展之间的矛盾的目的。土地整治在乡村振兴过程中肩负着为人口集聚、产业发展提供资源支撑的基础性作用，因此，乡村振兴视角下的土地整治要盘活农村土地资源，推进农村生产、生活、生态空间重构，激活人口、土地和产业等影响乡村发展的要素。聚焦农村地区资源特别是土地资源利用率低、设施配套不完善等问题，乡村振兴视角下的土地整治将新业态、新技术、新主体等要素有机融合，实现从"以地为本"的单要素调控到"人、地、业"多元要素协调耦合的综合整治模式的转变，形成破解乡村资源利用短板与要素整合短板的新途径。未来的农村土地整治应由数量增长导向逐步向繁荣乡村经济、促进农民增收、保护生态环境等衍生功能转型，让土地整治切实成为乡村振兴的重要抓手和平台。

（二）乡村振兴战略促进土地整治转型

土地整治在要素方面反映了农村人口、土地与产业的内在联系，在功能方面体现了农户对于生产、生活和生态的现实需求，在结构方面呈现了要素数量、质量和空间的多维特征。这与乡村振兴战略的"产业兴旺、生态宜居、乡风文明、治理有效、生活富裕"二十字方针直接关联，产业兴旺是盘活人地关系的关键，是农村生活富裕、生态宜居的基础。乡村振兴背景下，城乡人口、土地与产业的流动方向、作用强度和内在关系必将发生新的变化，农村土地整治需要适应这种变化需求，通过空间统筹治理，实现人、地、业的统筹发展，以乡村振兴目标为导向促进农村土地整治可持续发展，通过以人为本的土地整治促进要素集聚、结构优化和功能升级。因此，面向未来乡村振兴发展战略的需求，土地整治需实现三个方面的转型。

1. 由土地分散整治向空间统筹治理转型

长期以来，农村土地整治主要秉承"开源"和"挖潜"的理念，如通过对未利用地开发增加耕地面积、通过城乡增减挂钩盘活农村建设用地等，对国土空间的生态功能以及"三生空间"的复合功能等因素考虑不足，这种问题的产生与农村土地分散式治理直接相关。农村土地整治需要重点围绕产业兴旺优化乡村产业用地布局，围绕生态宜居改善农村人居环境，使农村土地整治成为空间治理的重要手段，由分散整治向统筹治理转型。农村产业兴旺的基础仍然是农业，实现耕地数量、质量与空间三位一体的保护和提升，依然是农村土地整治的核心。随着农村土地制度改革的深化和农业规模化经营的推进，大部分农村以户为单位的家庭农业生产模式将逐渐被现代化规模农业取代，生产方式的转型必然带来农村土地整治的集中。同时，政府机构改革对农村土地整治体系优化与部门协作提出了新的要求，农村土地整治任务与内容分化到不同部门，在未来的土地整治中，各职能系统分工更加明确，农业农村部主导农用地与基本农田整治，自然资源部主导农村建设用地整治，生态环境部主导农业面源污染治理，各部门分工明确，相互协作，将推进农村土地整治顶层设计的科学化和系统化，实现整个区域生态、生产和生活空间统筹治理。

2. 由问题导向向目标导向转型

问题导向式发展是当前农村土地整治的主要思路，在城镇化主导发展的背景下，常见的问题是耕地保护与城镇用地发展之间的矛盾，农村土地整治通过农地整理、废弃地复垦以及未利用地开发来补充耕地，为城镇发展保增量，维持耕地总量的动态平衡；通过农村建设用地整治为城镇发展保流量，维持城乡建设用地总量不突破，表面上很好地解决了耕地保护与城镇发展的矛盾，但实际带来的问题是，城乡资源的单向流动和城乡发展的不充分、不均衡。问题导向式土地整治的典型特征是"头痛医头、脚痛医脚"，忽视了土地整治的要素关联性、城乡协调性和时空动态性，不可避免地造成土地整治的盲目性和短期性。城市是不可能脱离乡村而独立存在的，城乡关系不是单向的要素从乡向城流动的关系，应是一种双向的互利互惠关系。就未来农村土地整治而言，其目标不应仅局限于以乡养城的土地供给，更应关注城乡融合的发展目标，尤其应该关注农村人口、土地和产业的振兴目标。兴人的核心目标是通过土地整治改善农村人居环境，完善村庄道路、水电等基础设施，配套教育、医疗等公共服务设施，吸引村庄人口回流；兴地的核心目标是通过土地整治盘活各类用地，实现农村土地空间集约化和功能多元化；兴业的核心目标是通过土地整治优化各类产业用地布局，构建现代农业与特色农业、乡村旅游与田园风光交相辉映的美丽乡村。因此，目标导向式的农村土地整治具有更好的系统性和前瞻性，能为实现乡村振兴战略目标提供有力支撑，未来土地整治应积极提倡和实践目标导向模式。

3. 由以地为本向以人为本转型

农村土地整治的核心对象是土地，从这一点而言，以地为本的农村土地整治思路是基本可行的，指引着当前大多农村土地整治项目实施的方向。然而，乡村地域系统是自然与人文交互的复合系统，具有用地关联性和时空动态性的特征，以地为本的农村土地整治带来的问题如同"一叶蔽目"，忽略了农村土地的共生关系，如整治地块与相邻地块或更大范围内人地之间的生产、生活或生态关系，大大降低了土地整治项目的预期效益。土地整治的本质是对人地关系的优化调整，土地整治的功能包括但不局限于增加耕地或新增城市建设用地指标，其目标包括但不局限于保障粮食生产和土地财政收益。要想实现农村土地整治的综合效益最大化，未来发展需要从土地整治的对象转移到土地整治服务的主体上。坚持以人为本的农村土地整治，就是要坚持以农民利益为中心，从农户的需求和发展出发，通过农村土地整治的实效来满足农户对幸福生活的追求。新形势下农村土地制度越来越灵活，"三权分置"的农村土地流转制度释放了土地内在的价值，如部分经济发达地区在农村土地确权中的"确权确股不确地"，是一个有意义的尝试，突破了农村以家庭为单位的农用地产权界限，这种模式很好地考虑了以人为本的用地关系，不固守人地——匹配的传统思路，有利于推进农村土地集中连片整治，实现农业适度规模经营。坚持以人为本的农村土地整治，还需在制度层面提供公众参与的机会和平台，在社会层面突出体现乡风文明和治理有效，以全面提升土地整治的公众满意度。

（三）全域土地综合整治助推乡村振兴

根据广西乡村振兴的战略规划：2020 年，广西乡村振兴要取得重要进展，制度框架和政策体系基本形成。其具体表现为：农业综合生产能力稳步提升，高标准农田和"双高"糖料蔗基地建设任务全面完成，农业供给侧结构性改革取得积极进展，现代特色农业示范区建设增点扩面提质升级目标全面实现，主要农产品初加工转化率力争达到全国平均水平，农村一二三产业融合发展水平进一步提升，县域经济加快发展；城乡居民生活水平差距持续缩小，与全国同步全面建成小康社会；农村基础设施水平明显改善，基本实现乡乡通二级（或三级）路，农村集中供水、宽带网络覆盖面、供电可靠性和质量显著提高；城乡融合发展体制机制初步建立，城乡基本公共服务均等化水平进一步提高，城乡教育、医疗卫生、社会保障水平的差距不断缩小；美丽广西乡村建设的四个阶段目标任务全面完成，农村生活垃圾处理率、无害化卫生厕所普及率、农村生活污水治理率明显提高，村庄规划管理实现全覆盖，农村人居环境明显改善；农村发展环境进一步优化，农村对人才吸引力逐步增强。

基于乡村振兴战略规划对土地整治的新需求，广西针对乡村耕地碎片化、空间布局无序化、自然资源利用低效化、生态质量低质化等综合性问题，制定了通过全域规划、整体设计、综合治理、多措并举的全域土地整治方案，提出用"内涵综合、目标综合、手段综合、效益综合"的综合性整治手段，整体推进农用地整理、建设用地整理和乡村生态保护修复等，以优化生产、生活、生态空间布局，促进耕地保护和土地节约集约利用，改善生态环境的国土综合整治活动。该方案还旨在优化国土空间格局，促进各类资源生态要素有序流动，推动耕地保护土地节约集约有效利用，解决一二三产业融合发展用地，改善农村人居环境，打造集约高效的生产空间、宜居适度的生活空间、山清水秀的生态空间，促进形成农业农村绿色发展方式和绿色生活方式，为加快推进广西乡村全面振兴、建设美丽广西提供有力支撑。广西即将全面实施的全域土地整治对乡村振兴的助推作用，主要体现在乡村产业兴旺、生态宜居、生活富裕三个方面。

1. 土地整治与产业兴旺

乡村地区以农业为基础，因此，乡村振兴实现的关键是农业产业兴旺。未来广西土地整治对产业兴旺的支撑作用应从以下三个方面重点推进：大力推进农用地整理，夯实农业基础，发展现代新型农业产业；深入推进建设用地整理和加强用地保障，促进产业融合发展；创新土地整治模式，打造农村特色农业。

（1）大力推进农用地整理，夯实农业基础，发展现代新型农业产业。

推进集中连片高标准农田建设，稳定粮食综合产能，实施高标准农田建设重大工程，推进粮食生产功能区划定，加大基本农田管护力度，确保粮食安全，夯实农业基础地位是未来广西农用地整治的重点。在农业基础得到保障的前提下，优化农用地结构布局，并进一步优化农业产业布局，以适应农业适度规模经营的需要。同时，深化农产品供给侧结构性改革，推动农业产业化，加强支持农业，培育农业经营主体，进一步加快推进由产业带动经济；统筹推进低效林草地和园地整理、高标准农田建设、农田基础设施建设、现有耕地提质改造、污染土壤修复等；集中连片改良提升农田，增加耕地数量，提高耕地质量，改善农田生态加快转变农业发展方式，加快农业技术创新步伐，走产出高效、产品安全、资源节约、环境友好的农业现代化道路。

（2）深入推进建设用地整理和加强用地保障，促进产业融合发展。

习近平总书记在党的十九大报告中指出，要促进农村三次产业融合发展，拓宽农民的增收渠道，鼓励农民创业，支持帮扶农民就业。农业的发展需要发挥地缘、资源和市场优势，深掘乡村第二产业以及第三产业的潜力和价值，并联合带动二三产业融合发展。同时将农村产业有机融合发展作为我国农村经济新的增长点，推动涉农产业升级、提升农业产业竞争力、加快农村地区经济发展。产业融合发展需要以农业资源、产业基础为依托，推动农产品产业链（生产—加工—销售）升级，将农业生产与乡村旅游、传统文化、科普教育、文艺创意深度融合，完善生产、产业、经营、生态、服务和运行六大功能体系，打造生产生活生态"三生同步"、一二三产业"三产融合"、农业文化旅游"三位一体"，实现村貌美、生态优、产业兴的农村布局，全力助推乡村振兴。乡村地区产业融合的过程是以农业为核心形成新业态的过程，这个过程伴随着对农村土地利用空间的优化以及土地数量变化的调整。广西未来的农村产业融合可以土地整治为平台，从以下两个方面促进产业融合的发展：一是按照节约集约、高效利用的要求，统筹农民住宅建设、产业发展、公共服务、基础设施等各类建设用地，优化农村建设用地结构和空间布局，为产业融合发展空间结构需求提供基础。二是为产业融合提供用地保障政策，在确保耕地数量和质量平衡、城乡建设用地规模不突破的前提下，整治验收后腾退的建设用地，可在增减挂钩图层和国土空间规划确定的预留用地边界范围内等面积使用；现有建设用地规模确实无法满足农村发展、村庄建设合理需要的，可在县域内通盘考虑和统筹规划新增建设用地指标，以适当扩大村庄建设用地规模，并依法依规修改规划；整治验收后腾退的建设用地，在保障整治区域内农民安置、农村基础设施建设、公益事业等用地的前提下，重点支持农村一二三产业融合发展；允许将依法自愿有偿收回的闲置宅基地、废弃的集体公益性建设用地整治后转变为集体经营性建设用地入市，推动城中村、城边村、村集体企业（厂房）可连片开发区域土地依法合规整治入市。

（3）创新土地整治模式，打造农村特色产业。

在考察扶贫开发工作时，习近平总书记曾讲到，贫困的农村地区发展要因地制宜、科学规划、因势利导。强调乡村产业兴旺要找准本地的优势资源，打造无法复制的特色农业产业，以产业兴旺带动乡村发展。广西结合本地区的特点，因地制宜地提出了利于打造本地区特色产业的土地政策。其主要体现在两个方面：一是坚持以市场为导向，按照"规模化、集约化、标准化、现代化"的要求，以土地整治为平台，优化区域布局，突出特色和优势，促进以农产品为主产区的土地整治示范基地建设。将土地整治与粮食产业、甘蔗产业、特色果业、特色蔬菜、桑（茶）叶等特色农业产业发展相结合，根据现代农业示范区建设需求，优化土地整治工程建设标准，适当调整土地整治工程设计内容，以适应不同的特色农产品对土地整治工程的特殊要求。加大力度开展特色农产品集中区的土地整治，因地制宜开展土地平整、配套农业基础设施建设，改善农业生产条件，促进农产品生产适度规模化与现代农业示范区发展。加快形成特色鲜明的有机水稻、甘蔗、木薯、果蔬、马铃薯等优势农产品基地和优势产业带。二是针对不同村、不同对象、不同类型，采取不同的整治方式，结合村庄类型，为突出各地特色，打造产业融合型、乡村旅游带动型、农田整治保护型、特色村庄改造修复型、城镇低效用地整治型和现代农业引领型等创新治理模式。

2. 土地整治与生态宜居

人居环境提升是新时期开展土地整治工作的重要目的，也是乡村振兴战略实施的重要组成。在新时代乡村振兴战略的实施过程中要注重清洁生产，整治环境污染，打造宜居乡村。广西非常重视生态环境的保护修复，未来农村土地整治过程中将推行一系列有利于生态宜居的举措。

（1）统筹开展"三清三拆+"环境整治，建设清洁乡村。

结合农村环境综合整治工作，推进畜禽养殖区和居民生活区的科学分离，推进农村粪污处理和沼气利用工作。对标广西农村人居环境整治三年行动方案目标任务，切实抓好农村人居环境整治任务落实。2019年，广西已经完成26个国家级传统村落保护发展项目和20个乡土特色建设示范村建设，开工13个保护发展项目和200个乡土特色建设示范村建设；完成150个镇级污水处理设备项目，实施350个行政村生活污水处理项目建设；完成230个全区500立方米以上非正规垃圾堆放点整治任务；完成农村户厕改厕任务10 000座。未来的土地整治中，广西将继续结合当地村落历史文化修复自然景观与田园景观，开展农房风貌整治和村庄绿化美化工作，优化农村居住环境。在未来的全域土地综合整治中，广西将继续统筹开展"三清三拆+"环境整治，房前屋后"三微"整治，推进村头村尾、公共区域的绿化美化等工作。

（2）实施农村生态保护修复，建设生态乡村。

生态环境是宜居的根本，要保障乡村人们的生活质量，就要改善乡村的生态环境。广西应按照山水林田湖草系统治理的要求，结合农村人居环境综合整治、农村基础设施建设提档升级等工作方式，优化生态用地布局，统筹推进村庄建设用地整理、各类违法建筑和违法用地整治、矿山生态修复、地质灾害治理、水土流失治理、小流域治理、石漠化治理、海岸带和湿地保护修复等，以维护生物多样性，提高防御自然灾害的能力，提升农村生态水平和自然功能。真正把绿水青山变为金山银山，留住美丽乡村。

（3）推行生态型土地整治，加快美丽乡村建设。

坚持保护优先、自然恢复为主，针对水土流失、土地石漠化、土地盐碱化、土壤污染、土地生态服务功能衰退和生物多样性损失严重的区域，结合退耕还林政策，重点推进土地生态环境综合整治。一方面，要实施土地整治生态环境建设，实现农村生活水平、生态水平、环境品质和景观服务功能提高，构建城乡一体化绿色基础设施，保护生物多样性，防治农村环境污染，保护自然资源，维护并提高乡村生态景观服务功能。另一方面，要做好土地整治生态景观规划和示范建设，注重退化生物生境修复、生物多样性保护、地域景观特征提升和重建，增加生态景观规划设计内容，优化农村生态系统和乡土景观；大力提升示范区的引导作用；注重水土保持、坡耕地保护、灾害控制，提高乡村景观异质性和生态多样性；充分考虑植被空间布局、生态过程、河流水系、生物多样性保护，营造高生态景观服务功能型农地；把握不同类型土地整治的生态景观关键环节，挖掘乡村生态景观美学价值，促进乡村生态旅游经济发展。

3. 土地整治与生活富裕

在考察扶贫开发工作时，习近平总书记讲到，全面建成小康社会，最艰巨最繁重的任务在农村，特别是在贫困地区。没有农村的小康，特别是没有贫困地区的小康，就没有全面建成小康社会。农民生活富裕的程度是乡村振兴战略实施效果的评价标准，因此，要提高农民的经济收入水平，促进农民较快增收，积极回应农民对美好生活的诉求，让广大农民群众和全国人民一起进入全面小康社会，向着共同富裕目标稳步前进。未来广西的土地整治应从以下三方面助推富裕乡村：

（1）大力实施土地整治精准扶贫，富裕乡村。

广西根据扶贫开发政策重点及土地整治工程特点，实施土地整治与扶贫开发示范工程，创新土地整治与扶贫开发的思路，探索新模式、总结新经验，以生态文明理念为引领，把促进扶贫开发放在更加突出的位置，加大对革命老区、民族地区、边疆地区、贫困地区的土地整治扶持力度，切实改善老少边穷地区生产生活条件和生态环境。一方面，以改善贫困地区农业生产条件为重点，大力推进农用地整治，组织实施粮食主产区基本农田整治重大工程，通过整县推进土地整治、"小块并大块"等土地整治项目，着力改善农业生产条件，促进农业增效、农民增收；加快推进贫困地区高标准农田示范县建设，大规模建设旱涝保收高标准农田，夯实农业现代化基础。在基本农田整治项目和资金安排上，加大力度向刚刚脱贫的县域倾斜力度。另一方面，以改善贫困地区生活条件为前提，稳妥推进农村建设用地整治，通过统筹推进田、水、路、林、村、矿综合整治，为当地产业发展提供良好的基础平台，同时解决农民新村和农村基础设施建设的资金问题；适度调整优化农村居民点布局，推进新型农村社区建设，改变农村散、乱、差的面貌，使土地利用布局得以优化，农村基础设施和公共服务设施得以完善，农民的居住条件和生活环境显著改善。同时，牢牢依靠城乡建设用地增减挂钩政策，实现土地、人口、资本等要素在城乡之间有序合理流动，以支持相对落后地区县域经济的协调发展。通过土地整治腾出的建设用地，首先，应满足当地农民建房、基础设施和公共服务设施配套建设和非农产业发展、自然生态恢复用地需要。其次，节余指标产生的土地增值收益应全部返还农村，用于农村建设和发展。最后，依托易地扶贫搬迁规划，发挥土地整治农业扶贫平台的作用，根据易地扶贫搬迁规划，土地整治将在移民安置区开展田块整治、田间道路和农田水利建设，培植土壤肥力，为搬迁农户提供农业生产用地和基础设施，使移民尽快安稳下来，提高农民自身发展和致富的能力。

（2）大量推进农田整治，保障和改善民生。

农村社会经济发展的关键在人，要通过富裕农民、提高农民、扶持农民，解决好"地谁来种、新农村谁来建"的问题。要解决此问题就要提高农民的收入水平，强化素质，加大政府对农业、农村、农民的政策支持，改善农民生产生活条件，构建健康乡村。"生活富裕"是农民的根本要求，乡村振兴战略要求继续保障和提高农村人民生活水平，加快推进脱贫攻坚工作，努力拓宽增收渠道，挖掘增收潜力，建立长效增收机制，确保农民增收势头不可逆转。未来广西应大力展开农田整治，在土地整治过程中提高土地质量和提升生产力，以让农民获得更高的土地产值；通过让农民承接可承担的工程建设等方式，将项目经费尽可能多地转化为农民的工资性收入；通过流转土地让农民获得租金或分红，以此增加收入来源渠道；通过土地整治，加大土地财产价值对农民收入的贡献，形成农户生计多元化，让农民分享更多的增值效益，增加农民现金收入。

（3）城乡建设用地增减挂钩项目促进乡村发展。

广西出台了《广西壮族自治区纳入〈滇桂黔石漠化片区区域发展与扶贫攻坚广西实施规划〉35个县（区）城乡建设用地增减挂钩节余指标有偿使用暂行办法》等一系列文件，支持扶贫开发及异地扶贫搬迁工作，明确原为国家贫困县域的增减挂钩节余的农村建设用地指标可以在全区范围内进行交易，在一定程度上解决了贫困地区农村发展资金短缺的问题。虽然2020年各贫困县域已经全部脱贫，但相对贫困地区依然存在，尤其是像广西这样的偏远边境山区，理应得到土地政策的倾斜，以继续推动城乡建设用地增减挂钩项目的实施。

二、土地整治促进城乡统筹发展

（一）土地整治与统筹城乡的互动机制

城乡统筹发展是针对我国二元经济结构下工农分割、城乡差距逐步扩大的问题提出的，其目标在于促进城乡之间经济社会的协调发展。城乡统筹发展是站在全局的宏观角度，将农村的经济社会发展纳入国民经济和社会发展的全局之中，与城市的发展统一规划、统一考虑，改变重工轻农、重城市轻农村的倾向，以工农协调发展和城乡经济社会一体化为目标，统筹解决城市和农村面临的各种问题。目前，广西的城市与农村在基础设施建设、公共服务水平、居民收入等方面的差距依然较大，广西的城乡统筹发展重点和难点都在农村，农村土地综合整治成为统筹城乡的有效途径。土地整治应发挥其平台作用，将城市的资金、先进技术、现代农业产业、公共服务带到乡村；乡村的建设用地指标、人口、农产品等流入城市，二者形成有机的"以工促农、以城带乡"的传送机制，可有效配置资源要素，缩小城乡差距，促进城乡统筹发展。对此，城乡统筹发展中急需解决的问题是广西城乡居民收入差距以及城乡公共服务水平差距过大的问题，进而解决城乡之间"人的统筹""地的统筹"等问题，未来可以将土地整治作为强有力的抓手，最终实现"城乡人与地的统筹与协调"。

在"人的统筹"方面，集中体现为城乡居民收入差距缩小和城乡公共服务均等化程度提高。土地整治应力图使稀缺的土地资源成为城乡人民的共同财富，通过农村土地整治提升土地财产价值量，使其成为农民财产性收入增长的物质基础；改善土地经营条件，提升土地财产价值增值对农民长期收入增长的贡献。适应农村人地关系变化，顺应农村聚落空间重构需求，城市空间与农村空间发挥各自优势，互补互动，促进乡村自然生态环境对城市人工生态环境的融合与缓冲，改善乡村人居环境，配套公共服务设施，推动公共服务均等化。建设美丽广西，既要让城市生活更加美好，也要让乡村生活更加美好。为此，广西未来的农村土地整治必须充分考虑改善人居环境，促进农民增收，同时将农村公共服务设施建设与村落空间重构紧密结合。在"地的统筹"方面，集中体现为城乡之间土地要素的合理流动与优化配置，即顺应人口乡城转移趋势，借助农村建设用地整治，以城乡建设用地指标市场化配置引导城乡用地空间置换。

（二）城乡统筹发展对土地整治的要求

目前，广西最大的发展不平衡是城乡发展不平衡，最大的发展不充分是乡村发展不充分，农村基础设施薄弱，基本公共服务短缺，城乡之间和工农之间要素不平等交换等问题依然较为突出。实施城乡统筹发展，就是着眼于解决发展不平衡不充分的问题，从根本上破解体制机制障碍，努力补齐"三农"问题的短板，以推动城乡融合发展，持续增加农民收入，不断满足人民日益增长的美好生活需要。为此，未来的广西土地整治中，一方面，要求完善城乡布局结构，构建大中小城市和小城镇协调发展的城镇格局，增强城镇对乡村的带动能力，加快发展中小城市，完善县城综合服务功能，推动农业转移人口就地、就近城镇化。因地制宜地发展特色鲜明、产城融合、充满魅力的特色小镇和小城镇，加强以乡镇政府驻地为中心的农民生活圈建设，以镇带村、以村促镇，推动村镇联动发展。另一方面，需要推进城乡统一规划，通盘考虑城镇和乡村发展，统筹谋划产业发展、基础设施、公共服务、资源能源、生态环境保护、防灾减灾等主要布局，形成田园乡村与现代城镇各具特色、交相辉映的城乡发展形态。强化县域空间规划和各类专项规划引导约束作用，科学安排县域乡村布局、资源利用、设施配置和村屯整治，推动村庄规划管理全覆盖。综合考虑村庄演变规律、集聚特点、分布现状，结合农民生产生活半径，合理确定县域村庄布局和规模。

正是城乡统筹发展有上述要求，决定了广西的农村土地整治必须做到

"综合"。未来土地整治目标应该包括增加耕地有效使用面积、提高耕地生产能力、改善农业生产条件、改善农民生活环境、节约建设用地面积等多方面，并应具有保障民生、集约土地、创造财富、优化产业、维护生态安全等多重功能。城乡统筹发展背景下的土地整治，具体内容应该包括：一是促进城乡互补。城乡建设用地增减挂钩，使农村一部分富余的建设用地指标调剂到城镇使用，获得的土地增值收益反哺农村，搭建城乡土地要素优化配置平台，以工促农，以城带乡，改善农村生产生活条件。二是推进村落整治。对农民旧房改造、新居建设、农村基础设施和公共服务配套设施一起规划、一起建设、一起更新，建设现代化新村，推进城乡公共服务均等化。三是开展农田整治。对耕地、宅基地和其他集体建设用地进行复垦，在新增耕地的同时，建设"田成方、树成行、路相通、渠相连、旱能浇、涝能排"的高标准农田，为规模化经营和集高效化、集约化、产业化的现代农业发展创造条件，让农民参与经营和开发，增加农民收入。通过农村土地整治，使未来的广西农村真正实现"耕地占补平衡有良方，土地节约集约有增量，农民安居乐业有保障，城乡统筹发展有平台"，促进农民居住向城镇和农村规划新社区集中，耕地向适度规模经营集中，工业向开发园区集中。

（三）广西土地整治促进城乡统筹发展

统筹城乡发展作为广西土地整治规划的基本原则之一，其具体内容是：规范推进农村建设用地整治，充分发挥城乡建设用地增减挂钩作用，有序开展城镇建设用地和工矿废弃地整治，加强农村基础设施建设，改善村容村貌，促进城乡一体化发展，这意味着统筹城乡发展将贯穿于广西土地整治活动中的各方面。未来广西土地整治在促进城乡统筹方面，应重点体现在促进农村土地流转、推动农业发展、新农村建设和城乡建设四个方面。

1. 广西土地整治与农村土地流转

（1）土地整治和土地流转是未来广西培育壮大新型农业主体的需要。

广西为了推进现代农业发展和加速城乡统筹发展，在乡村振兴规划中明确提出要实施新型农业经营主体培育工程，大力发展专业大户、家庭农场、农民专业合作社、农业企业、社会化服务组织等新型经营主体，加快建立新型农业经营主体支持政策体系。实施农业龙头企业成长计划，建立梯次发展培育机制，扩大农业企业规模。推动国有涉农企业资产优化重组，培育国有骨干农业龙头企业，打造一批国内一流的大型现代农业企业。加强农业招商引资，引进有实力的大型农业龙头企业。鼓励通过土地流转、股份合作、生产托管等多种形式开展适度规模经营。支持农业龙头企业通过兼并重组等方式实行全产业链经营。支持农民专业合作社开展农产品加工流通和社会化服务，带动农户开展规模经营。鼓励发展生产、供销、信用"三位一体"的农民专业合作社联合社。鼓励家庭农场参与现代特色农业示范区建设，支持其参与农村土地整理和连片开发并纳入政策扶持范围。要培育壮大新型农业主体发展适度规模农业，需要依托土地流转和土地整治，一方面，通过土地整治将"小块土地"归并为"大块土地"，为农业适度规模化经营、农业产业化的实现提供基础条件；另一方面，通过土地整治实现地块平整、完善基础设施，从而为适度规模化农业经营提供便利，对土地流转起到积极的助推作用，土地流转通过优化土地要素配置，能够释放土地整治的最大价值。

（2）未来广西土地整治可促进土地利用方式转型。

广西土地整治，一是集体经济转型发展的需要。无论是从工业化、城镇化的推进，还是从农村经济社会发展来看，集体经济的转型发展，都需要将集体经济转型升级与农业生产方式转变相结合。通过充分挖掘土地资源价值，促进耕地连片规模经营，并与产业结构调整相结合，与土地流转相结合，促进现代农业发展。一方面，需要鼓励农民创业，培育农业龙头企业，开展多种合作经营方式，推进农地规模化经营、产业化发展，促进现代农业园区建设；另一方面，随着乡村旅游的升温，乡村二三产业的发展会带动建设用地需求以及相关配套设施的建设，同时将吸引大量劳动力，带动农民收入增长。因此，集体经济转型发展需要通过土地综合整治来促进土地流转，从而推动现代农业和乡村旅游的发展。二是农村土地制度改革的必然要求。造成我国城乡二元结构最重要的原因是土地的二元管理体制，土地制度改革是深化社会经济体制改革的基础，农村土地综合整治是土地制度改革的重要途径。宅基地退出、城乡建设用地增减挂钩、集体经营性建设用地入市流转、地票交易、"三集中"、土地承包经营权流转等改革模式都需要土地整治作为实现途径。由此可见，土地整治是实现土地资源优化配置和有效利用的重要方式，也是推进其他相关改革的重要平台。

广西通过加强对农村集体经营性建设用地入市改革试点的探索，促进土地利用方式转型。通过总结北流市农村土地制度改革试点经验，不断巩固试点成果。未来广西应不断完善农村集体经营性建设用地产权制度，探索建立农村集体经营性建设用地出让、交易、抵押融资、收益分配制度和办法。积极探索入市地块多用途使用，积极尝试协议出让、招拍挂出让、作价入股、出租等入市方式，探索就地入市、整合零星入市、城中村整治后入市等多种入市途径，做到成熟一宗、入市一宗。建立土地增值收益分配制度，根据集体经营性建设用地不同入市途径和土地用途分别提取相应的收益调节金。坚持土地公有制性质不改变、耕地红线不突破、农民利益不受损，积极稳妥推进并适度扩大集体经营性建设用地试点。

（3）广西土地整治促进土地流转可以采取的具体举措。

土地利用效益的提高只能依靠利用方式的转变，将传统的分散经营方式向集约经营方式转变，而经营方式转变的途径就是土地流转。未来广西土地整治促进土地流转应达到以下目标：第一，通过土地综合整治，可以将原来零星分散的耕地整理连片，发展成片特色农业，形成规模种植，不仅有利于农业机械化的使用，也加快了标准化生产的推广应用，为土地流转创造了有利条件。第二，土地综合整治后，农田基本设施比较完善，完善的条件能吸引农业企业前来投资、发展，并带动地方经济发展。第三，大力推广整乡推进土地整治模式，使乡镇、村和农户之间具有较好的协调统一的关系，为土地流转提供便利。

2. 广西土地整治与农业发展

（1）广西农业发展中土地利用存在的问题。

广西现有耕地破碎度较高，撂荒现象普遍存在，总体说来，农村土地利用率低，集约化程度低，急需通过土地整治来提升土地节约集约利用水平，走集约高效的土地利用之路。另外，长期以来，广西的农业发展以小农经济为主，普遍存在生产经营模式落后、农业基础设施陈旧、农业生产投入不足、抵御自然灾害能力较差等现实障碍，农业现代化发展受到制约。现代农业的发展需要耕地规模化、产业化经营，产业的优化需要生产要素的优化作为支撑，这就需要广西通过开展土地整治，增加耕地面积，提高耕地质量，提高农业基础设施水平，优化农业基础设施布局，为发展规模化经营的现代农业提供基础。

（2）土地整治是乡村产业发展的保障。

广西提出了坚持质量兴农、绿色兴农、品牌强农，深入推进农业供给侧结构性改革，构建现代农业产业体系、生产体系、经营体系，促进农村产业融合发展，推动质量变革、效率变革、动力变革，持续提高农业创新力、竞争力和全要素生产率，加快实现由农业大区向农业强区转变的农业产业发展战略目标。为实现这一农业产业发展战略，广西提出了一系列计划：一是强化农业生产能力；二是推动现代特色农业提档升级；三是建立现代农业经营体系；四是推进农村产业融合发展；五是构建农业开放新格局。要想有效落实这些农业产业发展计划，离不开土地整治的保障，通过土地整治改善农业生产的灌溉、交通等基础性生产条件，提高农田灌溉保证率和生产能力。土地整治项目的实施可改变区域农业生产条件，为种植结构、产业结构的调整和发展优质高效现代农业提供有利条件，促进农业生产规模化、集约化、产业化，并加快农村土地流转进程，这些变化实际上奠定了现代农业发展的基础，能提高农民土地流转收入。同时，土地整治可加快农产品流通的重点设施，商品粮棉生产基地、生态基础设施，农业教育、科研、技术推广等基础设施的建设，强化现代农业发展的基础设施条件，成为推动农村经济发展、促进农业和农村现代化的重要措施之一，农民通过参与农业企业劳务工作能获得稳定的工资性收入。另外，农民居住条件改善后，距离大都市较近的区域或旅游地区的农民可利用自身闲置房屋开展"农家乐"活动，依靠当地优美的自然风景、特色农业产业、乡村旅游业吸引游客，获得相应的经营性收入。因此，土地综合整治可改善农村生产生活条件，推进社会主义新农村建设，提高农民生活水平，使得农民退出土地也能得到有效保障，可加速农民市民化、乡村都市化的进程，有效推动城乡统筹发展。

（3）广西土地整治在推进乡村产业发展方面可采取的具体举措。

为了推动乡村产业发展，广西应继续加强以农田水利基本建设为重点的农业基础设施建设，改善农田生产条件，强化现代农业发展的基础支撑，巩固提升农业综合生产能力。可采取的措施有：第一，集中连片建设高标准农田，旱涝保收高标准农田是保障粮食安全最重要的物质基础，高标准农田建设是土地整治的重中之重。广西应科学编制高标准农田建设年度实施方案，继续加大基本农田示范县的建设力度。依据国土空间规划确定的基本农田集中区、整备区，坚持"相对集中，连片推进"的原则，严格按照《高标准基本农田建设标准》建设和实施，实现田块集中、田面平整，耕作层土壤理化指标满足作物高产稳产要求，建设成为集中连片、基础设施配套、高产稳产、生态良好、抗灾能力强，与现代农业生产和经营方式相适应的基本农田。第二，实施高标准农田建设重大工程，应按照耕地增加、布局优化、用地节约等要素集聚的要求，推进田、水、路、林、村综合整治；坚持因地制宜，实行差别化整治，加快实施粮食主产区、粮食生产功能区高标准农田建设重大工程和兴边富民土地整治重大工程；加大推进糖料蔗基地建设力度；有序开展土地整治重点工程，全面改善项目区基本农田基础设施条件。第三，加强渔业畜牧基础设施建设，建设现代综合渔港，整治或迁建外沙渔港和地角、南万、犀牛脚、龙门港、涠洲等渔港，加快营盘、企沙和犀牛脚中心渔港等建设。提高渔船装备和技术水平，建设远洋渔业基地。强化渔政执法装备基础设施建设。实施网箱升级改造工程，加快池塘生态化标准化、梯级小窝养殖、排筏改造和养殖节能减排设施、设施化大棚养殖和工厂化集约养殖基地建设，加速养殖生产现代化进程。加强畜禽规模养殖废弃物无害化处理和资源化利用设施设备建设，对生猪等畜禽规模养殖场进行栏舍建设或改造，配套建设与养殖规模相匹配的粪污贮存、处理、利用设施和病死动物无害化处理设施。完善自治区、市、县、乡四级动物疫病防控基础设施建设。

3. 广西土地整治与新农村建设

（1）土地整治促进城乡基本公共服务平衡发展。

一方面，广西城乡居民基本公共服务水平不均衡。城乡基础设施、公共服务设施等方面存在较大差距，农村居民居住分散，基础设施投入成本高是造成此问题的重要原因之一。因此，需通过土地整治引导农民集中居住，逐步提高农村地区基本公共服务水平。另一方面，农村社会生活方式转变存在矛盾。随着经济社会的快速发展，农村社会生活也在发生着变化，农村城镇化程度和农村社区化程度提高，但是在农村社会生活转变的过程中逐步凸显出了一些新的矛盾，包括农村地区老龄化严重，农村社会保障体系不够完善，留守老人和留守儿童大量存在，农民日益增长的精神文化生活需求与经济发展不同步等现实矛盾，阻碍着农民社会生活方式的转变和农村社区文化的建设。土地综合整治作为一项惠农工程，可在一定程度上改善农村社区基础设施，引导农民集中居住，缓解因老龄化严重和留守儿童存在带来的一系列问题，促进农村公共服务水平提升；并通过发展农村教育、文化、卫生等各项事业，丰富人民群众精神文化生活，增加人民幸福指数，促进农村社会和谐发展。

（2）土地整治提升农村公共服务，促进城乡统筹发展。

农村土地综合整治是社会主义新农村建设的重要平台。建设社会主义新农村是全面建设小康社会的重要任务，是我国现代化建设顺利推进的必然要求，是保持国民经济平稳较快发展的持久动力，是构建社会主义和谐社会的重要基础。农村土地综合整治在实现耕地占补平衡和耕地总量动态平衡的同时，通过整镇推进、整村推进等项目，按照有利生产、方便生活和公共服务均等化的要求，合理进行村庄功能分区，完善农村道路、水电及生活垃圾、污水处理等基础设施，健全教育、医疗卫生、文化娱乐等公共服务设施，加强村庄生态建设和环境整治，着力改变农村脏、乱、差的状况，实现布局优化、村庄绿化、环境美化，改善了农村人居环境，提升了农村公共服务水平和生活质量。通过完善教育、医疗、卫生条件，统一规划住宅，有效改善农村生活条件，促进农民生活方式城镇化，在改善小城镇和新型农村社区的生产生活环境的同时，吸纳产业转移和农村劳动力就近就业、创业，带动农地流转和农业规模化经营，促进农村二三产业融合发展和消费水平提高，促进农村公共服务的均等化，缩小城乡差距，走出一条新型城镇化带动农村工业化的新路子，为农民群众脱贫致富创造条件。农村土地综合整治已经成为社会主义新农村建设的重要手段。

广西为了提升农村公共服务设施，一方面可持续推进农村道路和物流设施建设，扎实推进"四好农村路"建设，重点推进剩余未通畅的建制村通硬化路建设，抓好建制村优选通达路线窄路基、路面拓宽改造项目，加强农村公路生命安全防护工程建设和危桥改造，统筹推进县乡联网公路、村际联网公路建设及城乡交通运输一体化。深化农村公路管理养护体制改革，健全管理养护长效机制。加快屯内道路硬化建设，基本解决村内道路泥泞、村民出行不便等问题。统筹林场林区道路、水库进库道路、农业生产道路等基础设施建设。构建农村物流基础设施骨干网络，推进物流节点和信息服务平台建设，鼓励商贸、邮政、快递、供销、运输等企业加大在农村地区设施网络布局。加快完善农村物流基础设施末端网络，推动县级仓储配送中心、乡镇物流服务站、村级物流服务点、农村物流快递取送点等建设，打通农村物流"最后一公里"。另一方面可推进农村水利基础设施建设，加快推进一批重大水利工程建设。加强中小河流治理和病险水库除险加固及海堤标准化建设，积极推进中小型水源工程建设和江河湖库水系连通，不断完善防洪排涝体系和水资源供给保障体系。深入实施农村饮水安全巩固提升工程，在有条件的地区，加快建设一批集中供水工程，积极推进"以大并小、小小联合"的管网联通工程。开展净水设施改造、消毒设备配套和水源保护，进一步提高农村饮水安全保障水平，推进农村智慧水利建设。

（3）广西土地整治提升农村公共服务水平可采取的具体举措。

未来广西通过土地整治提升农村公共服务水平可采取具体举措如下：第一，提高农村公共服务能力，以充分尊重农民意愿为前提，以改善农民生产生活条件为目标，坚持农民愿意、农民参与、农民受益、农民满意四项原则，按照节约用地、因地制宜的要求，以"空心村"、闲置宅基地改造为重点，积极稳妥地推进村庄建设用地整治，包括村庄内废弃、闲置建设用地整治，完善基础设施，改善农村人居环境，改变农村整体面貌。第二，优化农村居民点布局，依据村镇建设规划布局，加强区域中心村建设，科学划定村屯的人居容量和建设边界，通过土地整治开展村屯道路和田间道路建设，扩大农户的耕作半径，将耕作区域内零散的居民点合并到中心村，聚合相关部门的农村建设资金，支持中心村屯公益设施建设。第三，改善农村人居环境，结合农村环境综合整治工作，推进畜禽养殖区和居民生活区的科学分离，推进农村粪污处理和沼气利用工作。结合当地村落历史文化修复自然景观与田园景观，开展农房风貌整治和村庄绿化美化工作，优化农村居住环境。

4. 广西土地整治与城乡建设

（1）土地整治可促进城乡土地要素的统筹。

一方面，广西农村土地综合整治是协调"保增长"与"保红线"矛盾的有力杠杆，即城乡土地要素的统筹。"保增长"就是要适应特定发展阶段要求，积极稳妥推进城镇化健康发展，科学配置土地资源，提升土地价值，为推进新型工业化、信息化、城镇化和农业现代化协调发展提供有效的空间支撑和持续的资金保障。"保红线"就是要适应人口资源特殊国情要求，始终把严格保护耕地作为改革的前提，继续坚守耕地保护红线，实行耕地数量、质量和环境并重保护，保护国家粮食安全，保障食品安全，以进一步夯实城镇化发展的现代农业基础。另一方面，通过土地整理、土地复垦和土地开发，可以增加有效耕地面积，改善农业生产条件和农村生活环境，促进土地节约集约利用，将农村土地整治与生态文明建设相结合，加大对自然生态系统和环境的保护力度，建设美丽广西。同时，通过农村建设用地整治，可以节余部分建设用地指标，释放建设用地潜力，并通过城乡建设用地增减挂钩等形式市场化配置这些指标，以促进城乡间土地要素的优化配置和城乡土地市场一体化建设，保障城市建设用地发展需求；当前还能有效拉动农村投资和消费需求，即实现城乡建设用地的统筹，在优化城乡建设用地空间配置的同时，使稀缺的土地资源成为城乡居民的共同财富。实施农村土地综合整治，可以盘活农村地区存量土地，通过迁村并居等形式建设农民集中居住区和新型农村社区，在耕地得到保护的情况下通过城乡建设用地增减挂钩，适度发展中小城镇规模，优化城乡用地结构和布局，开辟了城乡统筹发展的新途径。

（2）土地整治保障城乡建设用地需求可采取的具体举措。

土地整治保障城乡建设用地需求可采取的具体举措包括：一是坚持科学统筹编制规划，坚持局部试点、封闭运行、规范管理的原则，根据各地国土空间规划，科学编制城乡建设用地增减挂钩专项规划，合理安排城乡建设用地增减挂钩试点规模、布局和时序。做好与城乡建设、基础设施布局、近郊环境保护、产业发展等相关规划的协调衔接，对于建新区中的新农村社区用地，要符合农村土地整治规划和村镇规划。对于城镇建新区中安排的建设项目，尽量安排经营性产业项目，以保障和促进农业增产、农民增收和农村发展。二是量力而行开展城乡建设用地增减挂钩试点，选址应因地制宜、量力而行，不跨县级行政区设置项目区和循环使用周转指标。增减挂项目要与当地经济社会发展相适应，与城镇化、工业化和农业产业化相协调，项目建设前要充分考虑建设资金的来源和筹措的方式，新建的农村聚集居住点要与新农村建设、社区管理、基础设施和产业布局等相配套，项目建设应以不增加农民负担为前提，通过用地结构调整和布局优化，支持城镇和中心村建新区发展经济。

三、土地整治提高城乡建设用地效率

当前和今后较长的一段时期仍然是广西城镇化快速发展的时期，非农产业和城市规模的扩张仍将主导较长一段时间，对土地的需求也将持续增加。但广西地处喀斯特地区，后备耕地资源不足，耕地质量差，开垦难度大，生态环境脆弱，其实现耕地"占补平衡"的压力越来越大，只有加大土地整治力度，才能满足城镇化对建设用地的巨大需求，以协调"保发展"与"保红线"的矛盾。

城乡建设用地整治分为农村建设用地整治和城镇建设用地整治，其中农村建设用地整治主要是解决村庄内部低效用地（空心村）、自然村落零散分布、居民宅基地重复占地和人均宅基地超标等问题，提倡合理规划村庄用地，提高农村公共资源配备条件。城镇建设用地整治主要是针对危旧房区、低效城镇用地、城中村土地利用散乱点及工矿废弃地等问题，通过投入资金改造，完善公共基础设施配套。未来，广西建设用地整治应主要以城乡建设用地增减挂钩政策为主要手段，通过对农村废弃、散乱、土地利用率低的村庄实施拆迁、聚并和新建等工程措施来推进治理。通过对城乡建设用地进行整治，可进一步释放农村土地潜力、促进土地集约利用和盘活城乡建设用地。

（一）土地整治挖掘农村建设用地

1. 土地整治可满足新农村建设的用地需求

随着广西不断推进城镇化发展，农村大量人口转移进城镇，城市建设用地面积不断扩张，农村建设用地却没有相应减少，使得当前农村"空心化"问题日益严重，未能发挥出农村土地资源的经济活力，因此，广西农村建设用地具有巨大的潜力可挖掘。未来通过对闲置、不合理、低效的农村建设用地进行综合整治，可以有效增加耕地面积，同时，还可缓解广西城市建设用地紧张局面。农村建设用地潜力的来源主要有：改造村庄闲置地、废弃地而产生的潜力，迁村并点、中心村建设而产生的潜力等。

　　未来广西应积极稳妥地推进村庄土地整治，一方面，提高农村公共服务能力，以充分尊重农民意愿为前提，以改善农民生产生活条件为目标，坚持农民愿意、农民参与、农民受益、农民满意四项原则，按照节约用地、因地制宜的要求，以"空心村"、闲置宅基地改造为重点，积极稳妥地推进村庄建设用地整治，包括村庄内废弃、闲置建设用地整治，完善基础设施，改善农村人居环境，改变农村整体面貌。另一方面，优化农村居民点布局，依据村镇建设规划布局，加强区域中心村建设，科学划定村屯的人居容量和建设边界，通过土地整治开展村屯道路和田间道路建设，扩大农户的耕作半径，将耕作区域内零散的居民点合并到中心村，聚合相关部门的农村建设资金，支持中心村屯公益设施建设。

　　2. 新农村建设带动广西农村建设用地整治

　　国家的新农村建设举措对挖掘农村建设用地潜力起到了很大的助推作用。一方面，农村居民点挖潜是建设社会主义新农村的重要途径。可以通过对农村居民点的重新规划和营建，塑造新的农村居民点景观，达到社会主义新农村建设对于"村容整洁"的要求。而且，农村居民点挖潜工作可以通过对废弃地的再利用和基础设施的配套建设，实现农村土地资源的增耕地、增产能、增价值，形成新农村发展的资源基础，促进粮食增产、农民增收、农业增效，改善农业生产、农民生活和农村生态，满足社会主义新农村建设对"生产发展、生活富裕和生态美好"的要求。另一方面，社会主义新农村建设有利于农村居民点挖潜工作的开展。首先，社会主义新农村建设有助于提高农村居民点挖潜的经济可行性。社会主义新农村建设过程中，随着农村各项改革的深入，农民收入将不断增加，再加上新农村建设配套资金的注入，农村居民点挖潜的经济可行性增强。其次，社会主义新农村建设有助于克服农村居民点挖潜的产权、观念障碍。随着社会主义新农村建设中"乡风文明"建设的推进，科学、文明、法治的生活观念将深入人心，农村的社会主义精神面貌将焕然一新，农民对于农村宅基地的产权认识将更加清晰，对挖潜的认识增强，接受程度增加，最终有利于农村居民点挖潜工作的开展。

（二）土地整治盘活城乡建设用地

1. 盘活城乡建设用地的必要性

　　"耕地红线"和"生态保护红线"约束下的城市化和工业化用地需求已经不能只以传统的土地非农化方式来满足。为此，盘活城乡建设用地存量，优化土地利用布局显得尤为重要。秉持"存量调结构腾空间、增量优结构扩空间"的土地开发理念，优化土地资源配置是目前紧张的土地资源状况所需。改革开放以来，我国经济社会高速发展，并取得了令世界瞩目的成就，作为经济社会发展的空间承载以及经济资源要素的土地，在我国的经济社会发展中发挥了重要的作用。但由于我国早期工业化水平以及科学技术落后，经济社会发展方式粗放，反映在土地资源利用上的表现就是粗放的土地利用方式，结果是土地利用结构失衡，空间布局不合理，利用效率不高等。正因为我国长期存在粗放的土地利用方式，促使目前有大量的存量城乡建设用地可供挖掘盘活利用，广西亦如此。

2. 土地整治是盘活存量建设用地的实现方式

存量建设用地是指现有城乡建设用地范围内闲置、低效利用或利用不充分、不合理、产出效益低下的建设用地，即具有二次开发利用潜力的土地。除此之外，还应包括各种非法批地所造成的闲置状态土地。按照行政区可将存量建设用地划分为城镇存量建设用和农村存量建设用地。城镇存量建设用地一般分为批而未供土地、闲置土地和低效利用土地三类。农村存量建设用地是指国土空间规划确定的城镇建设用地扩展边界外的所有可复垦或可盘活的现状集体建设用地，包括农村宅基地、经营性建设用地、公共管理及公共服务设施建设用地和其他存量建设用地四大类。通过对城乡存量建设用地和城乡建设用地整治概念比较可知，城乡存量建设用地是土地整治的对象，对建设用地的整治过程实际上就是盘活城乡存量建设用地的过程。由此看来，对城乡建设用地的整治是实现城乡建设用地资源优化的重要手段，是实现城乡建设用地盘活的必然选择方式。同时，由于土地资源优化配置一般是指因地制宜、合理组织分配土地资源，选择最适合的利用方式，实现土地资源利用的最大化。因此，对城乡存量建设用地整治盘活利用过程其实就是土地资源优化配置的过程。通过对城乡存量建设用地进行调查，发现实际运作过程中存在土地利用不合理、不充分、低效的现象，对这些不合理、粗放、不集约、低效的建设用地加以盘活再利用，避免建设用地的粗放利用。综上所述，土地整治对盘活城乡建设用地，促进区域土地资源合理利用有着举足轻重的作用。

3. 广西土地整治盘活城乡建设用地的主要策略

（1）推进农村建设用地整治，盘活农村建设用地存量的举措。

推进农村建设用地整治，盘活农村建设用地存量的举措包括：一是以"空心村"、闲置宅基地改造为重点，积极稳妥地推进村庄建设用地整治；二是加强区域中心村建设，通过土地整治开展村屯道路和田间道路建设，扩大农户的耕作半径，将耕作区域内零散的居民点合并到中心村；三是持续开展城乡建设用地增减挂钩试点。通过这些举措优化村屯建设用地利用布局，改善农村居民居住环境，提高公共基础设施水平，强化农村居住环境与农耕环境融合，加快美丽广西的建设进程。

（2）推进城镇建设用地整治，盘活城镇建设用地存量的举措。

推进城镇建设用地整治，盘活城镇建设用地存量的举措包括：鼓励有条件的城镇开展旧城改造、挖掘现有工业用地潜力、加快推进产业集聚区发展。积极推进城镇低效用地开发，通过旧城改造、"城中村"改造和工业场地用地改造，加强节地建设和城镇生态环境建设，全面优化城镇用地结构，促进产业转型升级，改善人居环境，提升土地集约利用水平，促进新型城镇化发展。

（三）土地整治促进土地集约利用

1. 土地整治是城乡土地集约利用的重要途径

由于我国人口数量多、耕地面积少，切实保护耕地和合理用地一直是十分前沿的问题，在工业产业化、城市化进程中，土地利用应遵从节约、集约利用的理念，树立科学发展观，严格保护耕地，走节约、集约用地之路。城乡建设用地集约利用是相对于一定时期、一定区域的动态概念，是在城乡建设用地合理布局、用地结构优化的前提下，以国土空间规划、村镇规划及相关法律法规为依据，通过适度规模发展、加强管制等措施，充分利用存量土地，严格控制增量土地，提高土地利用效率，以取得良好经济效益、社会效益和生态效益的一种资源配置方式。无论是一般的农用土地，还是与人生活相关的居住用地，都必须靠政策引导、技术改进、增加投入等方式来提高集约利用水平，以促进经济、社会、生态等方面的可持续发展。当前，广西农村居民点用地现状和农村人口变化不匹配，特别是农村居民点用地存在土地资源浪费式扩张、村庄内部"空心化"和低效利用、人均面积过大而总量规模不减反增、新扩农村居民点占用大量耕地等问题。因此，农村"空心化"与宅基地的整治潜力巨大。农村居民点用地的非正常增长对区域或国家的土地可持续利用、经济社会发展、生态文明建设、人居环境建设等构成严重挑战，推动农村居民点（宅地基）集约化利用、提高土地利用效率意义重大。因此，只有通过政府的政策保障、资金支撑、技术支持以及在农民的支持下展开城乡建设用地综合整治，统筹城乡发展，才能实现区域的土地集约利用。

未来，广西应严格按照"生产发展、生活宽裕、乡风文明、村容整洁、管理民主"的新农村建设的要求，调整优化农村居民点用地布局，逐步推行分散农村居民点的适度集中归并，合理引导农民住宅相对集中建设，形成空间布局合理的农村居民点体系。在城镇近郊区域，坚持统一规划、整体改造、综合配套的原则，积极进行布点调整，有重点地推动中心村建设，鼓励分散的村庄向中心村合并；在自然保护区及水源林地区，限制农村居民点的发展，适当撤并分布在生态敏感区内的村庄，鼓励和引导有条件的村庄集中建房或者迁移到附近集镇、中心村。通过土地整治，实施撤村并点和闲置宅基地的复垦，促进农村居民点向规模化、集约化发展。

2. 土地整治促进土地集约利用的表现形式

在城乡统筹发展背景下的城乡建设用地的集约化利用，具有城乡一体化的体征，表现为通过对城乡建设用地进行整治，促进城乡资源要素互通，优化城乡建设用地布局，从而提升城市和乡村地区经济、社会以及生态水平。土地整治促进城乡土地集约利用可表现为：一方面是通过土地整治，解决村庄内部低效用地（空心村）、自然村落零散分布、居民宅基地重复占地和人均宅基地超标等问题，提倡合理规划村庄用地，提高农村公共资源配备条件从而促成农村建设用地的集约利用。另一方面是针对危旧房区、低效城镇用地、城中村土地利用散乱点及工矿废弃地等问题，通过投入资金改造，完善公共基础设施配套，从而促成城镇用地的集约利用。

3. 广西土地整治促进城乡建设集约利用土地可采取的举措

（1）土地整治促进农村建设用地集约利用可采取的举措。

土地整治促进农村建设用地集约利用可采取的举措包括：一是按照节约用地、因地制宜的要求，以"空心村"、闲置宅基地改造为重点，积极稳妥地推进村庄建设用地整治，包括村庄内废弃、闲置建设用地整治，完善基础设施，改善农村人居环境，改变农村整体面貌。二是依据村镇建设规划布局，加强区域中心村建设，科学划定村屯的人居容量和建设边界，通过土地整治开展村屯道路和田间道路建设，扩大农户的耕作半径，将耕作区域内零散的居民点合并到中心村。三是合理开发利用腾退宅基地、村内废弃地和闲置地，促进居住相对集中、产业相对集聚。严格划定农村居民点扩展边界，合理安排宅基地，优先利用村内空闲地、闲置宅基地和未利用地新建农村住宅，村内有空闲地或宅基地总面积已达标的，原则上不再增加新增宅基地规模。积极引导农村闲置宅基地合理流转，提高农村宅基地利用效率。村庄建设用地整治，要以"空心村"整治和"危旧房"改造为重点，立足现有基础进行房屋和设施改造，目前能用和经改造后能用的住宅不得强行拆除。

（2）土地整治促进城镇建设用地集约利用可采取的举措。

土地整治促进城镇建设用地集约利用可采取的举措包括：一是挖掘现有工

业用地潜力，针对全区工业用地较粗放、挖掘潜力大的特点，推行创新用地计划管理模式，以保护耕地、保障土地所有权权益为出发点，推动存量工业用地整合利用，促进节约集约用地；对旧工业区进行改造和再利用，充分挖掘现有工业用地潜力，提高工业用地经济密度；制定合理的产业用地政策，积极发挥用地标准和价格手段的调控作用，全面推进产业优化升级，加快推进新型工业化。二是加快推进产业集聚区发展，探索土地整治方案，加快工业园区建设和打造管理新模式，积极引入社会资金，引导分散企业向工业园区和生产基地集中，促进集中布局、集约用地；加强工业用地使用监管力度，严格落实闲置土地处置办法，防止土地闲置、低效利用和不合理利用。三是探索旧城、旧村改造和土地复垦的激励机制，研究制定鼓励挖潜盘活存量建设用地的激励机制，推进旧城区、旧工矿、旧村庄和闲置废弃建设用地改造利用；鼓励工业用地在符合规划、不改变用途的前提下，提高建筑密度和容积率，不再收取地价增值收益；按照"谁投资、谁受益"的原则，鼓励和引导社会资金参与土地复垦；依据《土地复垦条例》，综合运用退还耕地占用税、补充耕地指标奖励、经济补贴等手段，调动土地复垦相关各方的积极性。

四、土地整治推动生态文明建设

（一）生态文明理念理应作为新时代国土综合整治的主导理念

党的十八大报告首次将"生态文明建设"单独成篇并载入党章，强调建设"生态文明"关系人民福祉，关乎民族未来，同时，报告也将建设"美丽中国"赋予更高的历史地位，党的十八大从新的历史起点出发，做出"大力推进生态文明建设，努力建设美丽中国"的战略决策。因此，党的十八大召开后，各地紧紧围绕习近平新时代中国特色社会主义思想，贯彻落实习近平关于生态文明建设的重要论述，以"绿水青山就是金山银山"的理念为指导，深化生态文明体制改革，有效激发生态文明体制领域涉及自然资源的改革动力，各地纷纷从优化国土空间开发格局、全面促进资源节约、加大自然生态系统和环境保护力度、加强生态文明制度建设四个方面阐述生态文明建设的战略任务，四个战略任务的高度涵盖性和综合性，为国土综合整治推动生态文明和美丽国土建设等方面提供指引和启发，推动形成人与自然和谐发展的现代化建设发展新格局，形成绿色发展方式和生活方式。

近年来，习近平总书记多次指出：要正确处理好经济发展与生态环境保护的关系，牢固树立保护生态环境就是保护生产力、改善生态环境就是发展生产力的理念。这一重要论述，深刻阐明了生态环境与生产力之间的关系，是对生产力理论的重大发展，饱含尊重自然、谋求人与自然和谐发展的价值理念和发展理念。党的十九大报告指出，要建设成为人与自然和谐共生的现代化，既要创造更多物质财富和精神财富以满足人民日益增长的美好生活需要，也要提供更多优质生态产品以满足人民日益增长的美好生态环境需求。党的十九大报告为我国生态文明建设擘画了宏伟蓝图，为我国走向生态文明新时代指明了方向。

新时代国土整治战略计划的制定，将牢牢结合党的十九大报告描绘的新时代我国生态文明建设的宏伟蓝图和实现美丽中国的战略路径。到2035年，"生态环境根本好转，美丽中国建设目标基本实现"，为国土整治规划的制定提供了时间规划和引领。新时代国土整治的原则，应与"尊重自然、顺应自然、保护自然"理念、与"山水林田湖生命共同体整体保护、系统修复、综合治理"理念、"空间均衡"理念、"保护优先、自然恢复为主"理念牢牢结合。

根据党的十八大、十九大、二十大以及十九届五中全会精神和自治区党委十一届九次全会精神及自治区党委全面深化改革委员会第六、七、八、九次会议讲话精神，在持续推进"蓝天、碧水、净土"保卫战的基础上，建议广西下一步的国土综合整治应着重围绕强化国土空间管控、构建现代治理体系、倡导资源循环利用、强化碳总量控制等方面开展工作。

（二）建成生态文明社会理应成为新时代国土综合整治的终极目标

当前中国资源环境承载能力已经达到或接近上限，环境污染、水土流失、土壤退化、景观破坏等问题日益突出。近年来，国家一直在探索并陆续颁布了生态功能区划、生态保护红线、环境功能区划、水生态环境分区、环境网格化管理、"三线一单"等一系列空间性区划或规则。以《全国主体功能区规划》《全国生态功能区划》和《全国生态脆弱区保护规划纲要》为指导的"类型分区+主要方向+重要工程"的任务模式，多次出现在各类国土整治的文件中。2015年中共中央、国务院印发的《生态文明体制改革总体方案》，要求进一步树立"绿水青山就是金山银山""空间均衡""山水林田湖生命共同体"等理念，构建起由自然资源资产产权制度、国土空间开发保护制度、空间规划体系、资源总量管理和全面节约制度、资源有偿使用和生态补偿制度、环境治理体系、环境治理和生态保护市场体系、生态文明绩效评价考核和责任追究制度八项制度构成的生态文明制度体系，推进生态文明领域国家治理体系和治理能力现代化，努力走向社会主义生态文明新时代。

在生态文明理念不断充实与体制改革向前推进的背景下，结合新时代、新理念、新转变，广西国土综合整治的战略目标应牢牢结合生态文明建设，以空间结构调整优化国土空间功能、以资源高效利用提升国土空间质量、以灾害污染治理保障国土空间安全、以生态系统保护修复打造美丽国土、以整治修复制度体系建设筑牢美丽国土根基，这五方面相互联结、相互补充，以期提升国土空间的适宜度、美丽度和安全性，拓宽国土空间功能和承载力，打造以人为本的高品质国土空间，提升国土可持续发展能力。

广西作为我国西南地区重要的生态屏障，在经济社会发展过程中应秉持生态优先原则，通过生态空间适度规模划定、生态要素结构优化、绿色基础设施网络构建，实现各类空间要素生态综合效应最大化，以优化空间结构功能；对存在规模零散、布局混乱、要素失衡、低效闲置等不宜不适或低效闲置问题的耕作农田、村庄屋宅、城市景观等进行再开发、复垦、整理，进而实现空间格局优化调整、资源利用效率提升；应通过制定差别化的政策措施，基于全地域、全要素和全周期，保护重要、脆弱生态系统发挥自然恢复力，修复、恢复乃至重建严重受损、退化、崩溃的自然生态系统，实现生态系统保护修复；应注重灾害污染空间识别、联防联控体系构建、灾害污染事后处置，以实现地质、洪涝灾害防治和大气、土壤、水重点污染治理；应围绕规划实施保障、多元资金投入运作、全流程监督监管、统筹协调组织管理、生态价值补偿、资源资产提升考评等多个方面，构建国土整治修复的制度体系，将建成生态文明社会作为广西全域国土整治的终极目标。

第三章 广西土地整治进展

广西壮族自治区深入贯彻党中央、国务院的战略部署，落实党的十六大、十七大、十八大、十九大、二十大以来的相关精神，积极推进土地整治工作。本章从高标准基本农田建设、全区补充耕地、土地整治重大工作落实情况以及土地整治的经济、社会、生态三方面效益等进行梳理分析。

一、广西土地整治落实情况

（一）高标准基本农田建设情况

广西大力推进高标准基本农田建设，通过出台文件、制定标准、编制方案，多部门协作共建，全力推进农用地整治，尤其是土地整治重大工程，完成了高标准基本农田建设任务，为巩固粮食安全奠定良好基础。

为了完成国家任务，广西人民政府办公厅印发了《关于印发全区"十二五"高标准基本农田建设实施方案的通知》（桂政办发〔2013〕63号），明确了高标准基本农田建设目标、建设原则、建设内容及要求、职责分工、保障措施及各市任务，以全面推进高标准基本农田建设；2013年11月出台了地方标准《高标准基本农田土地整治建设规范》（DB45/T 951—2013），为广西高标准基本农田土地整治提供了科学的技术依据。

广西通过安排846个农用地整治项目，包括桂中农村土地整治重大工程和整县推进高标准基本农田土地整治重大工程，优先安排国家级基本农田保护区、高标准基本农田建设重点县，向粮食主产区倾斜；以建设集中连片旱涝保收高标准基本农田为重点，聚合各部门资金推动建立集中投入制度；通过土地平整、灌溉与排水、田间道路、农田防护等工程建设建成高标准基本农田，提高耕地质量等级，提升耕地产能，提高广西的粮食综合生产能力。2012—2015年高标准基本农田建设任务与实际建成情况及对比情况见图3-1和表3-1。

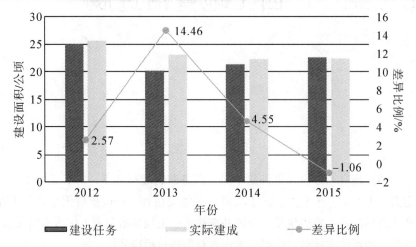

图3-1　2012—2015年高标准基本农田建设任务与实际建成对比

注：数据来源于广西自然资源厅耕保处及各有关部门上报数据。

表3-1　2012—2015年高标准基本农田建设任务与实际建成情况

序号	年份	建设任务/公顷	实际建成/公顷	差异比例/%
1	2012	24.93	25.57	2.57
2	2013	20.20	23.12	14.46
3	2014	21.33	22.30	4.55
4	2015	22.60	22.36	-1.06
合计		89.06	93.35	4.82

　　"十二五"期间，广西规划预期建成89.06公顷高标准基本农田，其中2012年建设任务为24.93公顷，2013年建设任务为20.20公顷，2014年建设任务为21.33公顷，2015年建设任务为22.60公顷。根据年度工作任务，广西人民政府组织财政、国土、水利、农业、扶贫、交通等部门共同开展高标准基本农田建设，2012—2015年广西共完成高标准基本农田建设任务93.35公顷，其中2012年建成25.57公顷，2013年建成23.12公顷，2014年建成22.30公顷，2015年建成22.36公顷，超规划目标4.82%完成了国家下达广西"十二五"期间高标准基本农田建设任务。2012—2015年高标准基本农田详细建设情况见表3-2。

表 3-2　2012—2015 年高标准基本农田建设情况

单位：公顷

年份	建设任务	合计	土地整治项目建成高标准基本农田				其他部门建成高标准基本农田	地方政府组织农民或其他主体等建成高标准基本农田
			小计	一般项目	重大工程	示范建设		
2012	24.933 3	25.572 7	20.452 0	9.190 7	0	11.261 3	4.587 3	0.533 3
2013	20.200 0	23.118 0	11.075 3	11.075 3	0	0	10.042 7	2.000 0
2014	21.333 3	22.300 0	4.992 7	4.992 7	0	0	14.146 7	3.160 7
2015	22.600 0	22.360 0	5.262 0	5.262 0	0	0	16.485 3	0.612 7
合计	89.066 6	93.350 7	41.782 0	30.520 7	0	11.261 3	45.262 0	6.306 7

根据《全国高标准农田建设总体规划》，"十三五"期间，广西高标准农田建设任务是 92.60 公顷，截至 2019 年年底，广西共建成高标准农田 69.22 公顷，到 2020 年年底，完成广西高标准农田建设任务的 90.6%。

（二）全区补充耕地完成情况

1. 2001—2010 年、2011—2015 年全区补充耕地完成情况

2001—2010 年，全区土地开发整理增加耕地目标为 84 800 公顷，其中：耕地整理增加耕地 39 700 公顷；农村居民点整理增加耕地 2 500 公顷；土地复垦增加耕地 6 600 公顷；未利用土地开发增加耕地 36 000 公顷。规划实施期间，全区通过土地整理、开发和复垦实际增加耕地 67 911.8 公顷，比原规划目标少 16 888.2 公顷，只实现规划目标的 80.08%。其中：通过耕地整理增加耕地 13 302.02 公顷，比原规划目标少 26 397.98 公顷，只实现规划目标的 33.51%；土地复垦增加耕地 379.98 公顷，比原规划目标少 6 220.02 公顷，只实现规划目标的 5.76%；土地开发增加耕地 54 229.8 公顷，比原规划目标多 18 229.80 公顷，实现规划目标的 150.64%。其间未实施农村居民点整理项目。2001—2015 年全区补充耕地目标实现情况见表 3-3。

表 3-3　2001—2015 年全区补充耕地目标实现情况

项目	合计	土地开发	农用地整治（耕地整理+农村居民点整理）	土地复垦
2001—2010 年补充耕地规划目标值/万公顷	8.48	3.6	4.22	0.66
2001—2010 年补充耕地完成值/万公顷	6.79	5.42	1.33	0.038

表3-3(续)

项目	合计	土地开发	农用地整治（耕地整理+农村居民点整理）	土地复垦
2001—2010 年实现规划目标比例/%	80.08	150.64	31.52	5.76
2001—2010 年补充耕地任务完成情况盈（+）差（-）/万公顷	-1.69	1.82	-2.89	-0.62
2011—2015 年补充耕地规划目标值/万公顷	4.00	1.92	1.98	0.10
2011—2015 年补充耕地完成值/万公顷	8.25	6.65	1.58	0.02
2011—2015 年实现规划目标比例/%	206.25	346.35	79.80	20.00
2011—2015 年补充耕地任务完成情况盈（+）差（-）/万公顷	4.25	4.73	-0.40	-0.08

2011—2015 年，全区土地开发整理增加耕地目标为 4.00 万公顷（60 万亩）。规划实施期间，通过农用地整治、土地开发和土地复垦实际补充耕地 8.25 万公顷（123.75 万亩），比原规划目标多 4.25 万公顷（63.75 万亩），实现规划目标的 206.25%。其中，通过农用地整治补充耕地 1.58 万公顷（23.7 万亩），比原规划目标少 0.4 万公顷（6 万亩），只实现规划目标的 79.8%；土地复垦补充耕地 0.02 万公顷（0.3 万亩），比原规划目标少 0.08 万公顷（1.2 万亩），只实现规划目标的 20%；土地开发补充耕地 6.65 万公顷（99.75 万亩），比原规划目标多 4.73 万公顷（70.95 万亩），实现规划目标的 346.35%。具体补充耕地目标实现情况见表 3-3。

2. 2001—2010 年、2011—2015 年广西各地区土地整治规划补充耕地完成情况

2001—2010 年，广西已实施、在建、完工和竣工的验收土地整理项目、已经验收确认的土地开发项目和已实施的土地复垦项目，在规划实施期间，各市增加耕地目标完成情况存在较大差异。能够超额完成增加耕地目标的有防城港市、钦州市和贺州市，其中超额完成数量最大的是防城港市；其他各市增加的耕地面积均未达到上一轮土地开发整理规划所确定的目标值。首先，距规划预期目标差距较大的有崇左市、北海市和柳州市，其中差距最大的是崇左市，其完成增加耕地目标的缺口达到 3 619.33 公顷，北海市完成增加耕地目标的缺口也较大，达到了 3 094.47 公顷，柳州市完成增加耕地目标的缺口达到 2 645.65 公顷；其次，南宁市、梧州市、贵港市、百色市和来宾市、河池市完成增加耕地目标的缺口均达到了 1 000 公顷以上。经分析可以看出，上一轮规

划确定增加耕地目标较小的地市完成情况相对较好，而上一轮规划确定增加耕地目标较大的地市完成情况均不理想。2001—2010 年各地区补充耕地目标的完成情况见图 3-2 和表 3-4。

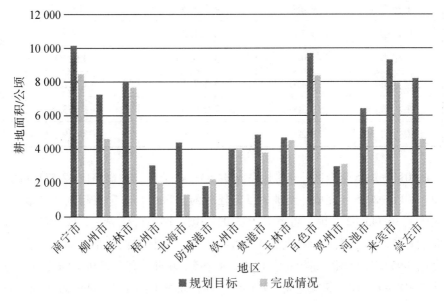

图 3-2　2001—2010 年各地区补充耕地目标完成情况

表 3-4　2001—2010 年各地区补充耕地目标完成情况

单位：公顷

地区	补充耕地规划目标值	补充耕地完成值	补充耕地任务完成情况 盈（+）　差（-）
全区	84 800	67 911.81	-16 888.19
南宁市	10 150	8 451.57	-1 698.43
柳州市	7 250	4 604.35	-2 645.65
桂林市	8 000	7 654.92	-345.08
梧州市	3 050	2 017.51	-1 032.49
北海市	4 400	1 305.53	-3 094.47
防城港市	1 820	2 216.2	396.2
钦州市	4 000	4 046.76	46.76
贵港市	4 850	3 793.02	-1 056.98

表3-4(续)

地区	补充耕地规划目标值	补充耕地完成值	补充耕地任务完成情况 盈（+） 差（-）
玉林市	4 680	4 525.53	-154.47
百色市	9 700	8 362.24	-1 337.76
贺州市	2 980	3 109.75	129.75
河池市	6 420	5 297.37	-1 122.63
来宾市	9 300	7 946.39	-1 353.61
崇左市	8 200	4 580.67	-3 619.33

　　2011—2015年全区补充耕地完成82 534.48公顷，超额完成42 534.48公顷。2011—2015年完成补充耕地目标任务的地区中，南宁市超额完成最多，完成了16 745.02公顷，超额10 057.02公顷；柳州市任务是2 609.00公顷，完成6 771.87公顷，超额完成4 162.87公顷；桂林市任务是2 209.00公顷，完成3 953.74公顷，超额完成1 744.74公顷；梧州市任务是963.00公顷，完成2 918.49公顷，超额完成1 955.49公顷；北海市任务是1 899.00公顷，完成2 721.36公顷，超额完成822.36公顷；防城港市任务是263.00公顷，完成3 679.02公顷，超额完成3 416.02公顷；贵港市任务是2 381.00公顷，完成4 577.41公顷，超额完成2 196.41公顷；百色市任务是1 157.00公顷，完成5 896.95公顷，超额完成4 739.95公顷；贺州市任务是2 916.00公顷，完成5 152.14公顷，超额完成2 236.14公顷；河池市任务是1 989.00公顷，完成7 247.98公顷，超额完成5 258.98公顷；来宾市任务是8 204.00公顷，完成10 009.90公顷，超额完成1 805.90公顷；崇左市任务是2 166.00公顷，完成8 461.92公顷，超额完成6 295.92公顷。差额完成的有：玉林市任务是2 600.00公顷，完成2 295.78公顷，差额完成-304.22公顷；钦州市任务是3 960.00公顷，完成2 102.90公顷，差额完成-1 857.10公顷。根据全区各市新增耕地确认及报备情况分析，各市补充耕地目标完成较好，除钦州市和玉林市因补充耕地后备资源匮乏，未完成规划制定的补充耕地目标外，其他市均能够超额完成补充耕地目标任务，其中，规划实施期间补充耕地目标完成最好的是南宁市，比规划目标值多出10 057.02公顷，补充耕地距规划目标差距最大的是钦州市，距离目标值缺口达1 857.10公顷。2011—2015年各地区补充耕地目标完成情况见图3-3和表3-5。

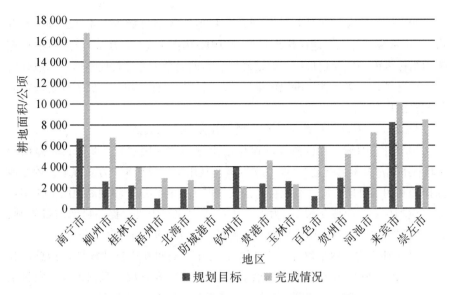

图 3-3　2011—2015 年各地区补充耕地目标完成情况

表 3-5　2011—2015 年各地区补充耕地目标完成情况

单位：公顷

地区	补充耕地规划目标值	补充耕地完成值	补充耕地任务完成情况盈（＋）　差（－）
全区	40 004.00	82 534.48	42 534.48
南宁市	6 688.00	16 745.02	10 057.02
柳州市	2 609.00	6 771.87	4 162.87
桂林市	2 209.00	3 953.74	1 744.74
梧州市	963.00	2 918.49	1 955.49
北海市	1 899.00	2 721.36	822.36
防城港市	263.00	3 679.02	3 416.02
钦州市	3 960.00	2 102.90	-1 857.10
贵港市	2 381.00	4 577.41	2 196.41
玉林市	2 600.00	2 295.78	-304.22
百色市	1 157.00	5 896.95	4 739.95
贺州市	2 916.00	5 152.14	2 236.14
河池市	1 989.00	7 247.98	5 258.98
来宾市	8 204.00	10 009.90	1 805.90
崇左市	2 166.00	8 461.92	6 295.92

2011—2015 年，虽然耕地整理补充耕地比规划目标少 0.4 万公顷（6 万亩），土地复垦补充耕地比规划目标少 0.08 万公顷（1.2 万亩），这两项补充耕地指标未能完成规划目标，但是规划实施期内全区通过耕地整理、土地开发和土地复垦，总实际补充耕地数量远远超过规划目标，超额完成了规划确定的补充耕地任务。

3. 2016—2020 年广西土地整治规划补充耕地完成情况

2020 年 7 月底，广西共实施耕作层土壤剥离利用项目 538 个，剥离面积4 254 公顷，剥离土方量 1 249 万立方米，利用土方量 938.1 万立方米，较好地保护和利用了耕地资源，有效提高了土壤肥力，耕作层土壤剥离利用工作实现了"应剥尽剥、应覆尽覆"。为加大中低产田改造力度，提高耕地质量等别，自治区利用建设项目占用耕地剥离的耕作层表土，提高补充耕地质量。

（1）补充耕地数量情况。广西"十三五"期间补充耕地规划目标总量为58.41 万亩。2020 年 7 月底，广西已补充耕地 93.38 万亩（数据来源于农村土地整治监测监管系统），超额完成"十三五"规划的补充耕地任务。

（2）补充耕地质量情况。按照建设占用耕地"占一补一、占优补优、占水田补水田"的占补要求，广西积极开展提质改造项目建设。截至 2020 年 7 月底，广西已验收确认的提质改造项目实施规模 23.86 万亩，改造为水田20.59 万亩，在一定程度上解决了落实"占优补优"的难题，耕地质量有较大程度提升。

（三）土地整治重大工程实施情况

1. 2001—2010 年广西土地整治重大工程实施情况

2001—2010 年广西在规划期间主要实施了六类土地开发整理重大工程。

（1）广西大石山区五县土地整理项目。

广西大石山区五县土地整理项目涉及 3 个市 5 个县（市、区），共 63 个项目，建设总规模 14 310.34 公顷，预计新增耕地面积 371.089 公顷，批复总投资 25 363.91 万元。2009 年 12 月 31 日，广西大石山区土地整理项目已进行初步验收的项目 18 个，已完工项目 39 个（不含已初步验收项目），在建项目6 个，累计已完成总投资的 95%以上。

（2）广西桂西五县基础设施建设大会战土地整理项目。

广西桂西五县基础设施建设大会战土地整理项目涉及百色市田林县、乐业县、西林县、凌云县、隆林县，共 35 个项目，建设总规模 7 321.74 公顷，预计新增耕地面积 245.18 公顷，批复总投资 24 140.78 万元。该批项目已全部开工建设，部分项目已完成 90%以上的工程量。

（3）边境 3—20 公里兴边富民行动基础设施大会战土地开发整理项目。

边境 3—20 公里兴边富民行动基础设施大会战土地开发整理项目涉及 3 个市（百色市、崇左市、防城港市）8 个县（市、区）共 150 个项目，建设总规模 8 029.58 公顷，预计新增耕地面积 3 772.06 公顷，总投资 29 612.34 万元。其中，土地整理项目 14 个，建设规模 3 949.74 公顷，投资 14 771.25 万元；土地开发项目 136 个，建设规模 4 079.84 公顷，投资 14 841.09 万元。

（4）配套全区小型病险水库除险加固土地整治项目。

配套全区小型病险水库除险加固土地整治项目涉及 14 市 58 个县（市、区），共 58 个项目，建设规模 25 088.31 公顷，预计新增耕地 810.19 公顷，总投资 93 000.01 万元。58 个项目已完成项目规划设计和预算审批工作。

（5）南百高速公路沿线（城乡风貌改造区）土地整理项目。

南百高速公路沿线土地整治项目共 24 个（南宁市 8 个，百色市 16 个），涉及 2 市 8 县（市、区），建设规模 10 857.89 公顷，预计新增耕地 278.44 公顷，总投资 40 000 万元。

（6）2009 年度整村推进土地整治项目。

2009 年度广西整村推进土地整治项目共 78 个，涉及 14 个市 56 个县（市、区），实施规模为 43 259.81 公顷，预计新增耕地 1 304.22 公顷，总投资为 162 813 万元，其中 2009 年为 140 000 万元，2010 年为 22 813 万元。

2. 2011—2015 年广西土地整治重大工程实施情况

规划期内，广西共规划了五大土地整治重大工程，涉及 12 市 54 县（市、区），实施规模 48.30 万公顷，实施安排资金 178.75 亿元；实际实施了三大土地整治重大工程，涉及 13 市 43 县（市、区），实施规模 49.63 万公顷，实施安排资金 113.84 亿元，具体情况见表 3-6 和表 3-7。

表 3-6　"十二五"期间规划的土地整治重大工程情况统计

名称	工程范围	整治规模/万公顷	投资规模/亿元	建设年限
兴边富民土地整治重大工程	北海市海城区、银海区、合浦县，钦州市钦南区、钦北区、灵山县、浦北县，防城港市防城区、东兴市、上思县，崇左市江州区、大新县、凭祥市、天等县、扶绥县、宁明县、龙州县，百色市市辖区、靖西市、平果县、西林县、那坡县、德保县、凌云县、乐业县、隆林县、田林县、田东县、田阳县	28.09	108.78	2011—2015

表3-6（续）

名称	工程范围	整治规模/万公顷	投资规模/亿元	建设年限
河流冲积平原高标准农田建设重大工程	南宁市横县、市辖区，贵港市市辖区、平南县、桂平市，玉林市北流市、陆川县、博白县	7.40	33.28	2011—2020
桂中农村土地整治重大工程	南宁市宾阳县，来宾市兴宾区、忻城县、象州县、武宣县、合山市	13.33	39.00	2011—2015
岩溶地区石漠化区域土地整治重大工程	桂林市临桂区、灵川县、全州县、兴安县、永福县、灌阳县、荔浦县，柳州市鹿寨县、柳江县	4.85	21.80	2011—2020
生态建设土地整治重大工程	河池市环江县、宜州区	1.53	6.86	2011—2020
合计：12市54县（市、区）		48.30	178.75	—

注：建设期是2011—2020年，2011—2015年仅计50%的实施规模、投资规模。

表3-7 "十二五"期间实施的土地整治重大工程情况统计

名称	工程范围	整治规模/万公顷	投资规模/亿元	建设年限
兴边富民大会战（0-20公里）和典型土地整治项目	北海市银海区、合浦县，钦州市灵山县、浦北县，防城港市防城区、东兴市，崇左市江州区、大新县、凭祥市、扶绥县、宁明县、龙州县，百色市靖西市、平果县、那坡县、凌云县	2.37	8.05	2011—2015
桂中农村土地整治重大工程	南宁市宾阳县，来宾市兴宾区、忻城县、象州县、武宣县、合山市	13.33	39.00	2011—2015
整县推进高标准基本农田土地整治重大工程	南宁市江南区、邕宁区，柳州市柳城区、柳江县、鹿寨县，桂林市灌阳县、兴安县，贺州市富川瑶族自治县、钟山县，梧州市蒙山县，玉林市福绵区、博白县、北流市、兴业县，贵港市覃塘县、桂平市，来宾市武宣县、忻城县、象州县，北海市合浦县，百色市田东县	33.93	66.79	2011—2015
合计：13市43县（市、区）		49.63	113.84	—

　　土地整治重大工程的落实情况表现在两方面。一是重大工程实际空间分布与规划有差异，规划期内只有桂中农村土地整治重大工程获得原国土资源部批

准立项，能够完全按规划实施；兴边富民土地整治重大工程未获原国土资源部批复，自治区仅安排了358个计划项目中的93个（兴边富民大会战和典型项目共40个，整县推进重大工程安排了合浦县53个）；整县推进高标准基本农田土地整治重大工程安排了河流冲积平原高标准农田建设重大工程和岩溶地区石漠化区域土地整治重大工程中的11个县（市、区）；生态建设土地整治重大工程未能按照规划进行安排。二是重大工程的工程范围、实施规模和投资规模有差异，实施的工程范围比规划多1个市少15个县（市、区），实施规模比规划多1.33万公顷，投资规模少安排64.91亿元。

由于土地整治重大工程安排受政策影响较大，2012年国家提出大力开展高标准基本农田建设的新要求，为适应新形势新要求，广西调整了土地整治的工作思路，紧密围绕高标准基本农田建设进行土地整治。从重大工程空间上着重考虑高标准基本农田示范县和基本农田示范区，以及粮食主产县；从投资标准上则改变原来亩均2 500元的投资标准，调整为根据基础条件划分为基本具备型、稍加改造型和全面整治型共三种土地整治类型，亩均投资标准分别为700~1 500元、1 000~1 500元、1 500~2 000元，调整后的亩均投资标准降低为1 500元左右。

（1）桂东锰矿及粘土矿土地复垦重大工程落实情况。

上轮规划确定的桂东锰矿及粘土矿土地复垦重大工程涉及2个市共5个县（市、区），具体包括桂林市荔浦县、平乐县，贺州市市辖区、钟山县等。通过采取工程、技术、生物措施，对历史遗留废弃地进行复垦，还清旧账，提高土地利用率和土地覆盖率，拓宽耕地补充途径，改善区域生态环境。规划期内实施规模1.12万公顷（16.8万亩），可增加耕地0.07万公顷（1.05万亩）。规划实施期内，桂东锰矿及粘土矿土地复垦重大工程落实情况较差，除平乐县对历史遗留废弃地复垦为建设用地0.012 6万公顷（0.189 0万亩）外，规划确定的其他4个县均未开展相关工作，其原因主要为：一是规划提出的由县级以上人民政府负责组织复垦，但规划实施期内由于缺少相应的绩效考核机制和约束措施，地方政府重视不足，规划无法执行且效果差；二是缺乏相应资金，上轮规划提出按照"谁投资，谁受益"的原则，吸引社会投资进行复垦，但未明确配备相应配套资金和出台相应的激励机制和奖励办法，导致该项工作无资金保障，规划实施期内无法完成既定目标。

（2）桂西铝土矿矿山土地复垦重大工程落实情况。

桂西铝土矿矿山土地复垦重大工程涉及1个市共3个县（市、区），具体包括百色市的德保县、靖西市、平果县。规划期内实施规模0.12万公顷（1.8

万亩），可增加耕地 0.065 万公顷（0.975 万亩）。规划实施期内，桂西铝土矿矿山土地复垦重大工程 3 个县（市、区）中，只有靖西市、平果县开展了土地复垦工作，共复垦土地 0.072 5 万公顷（1.087 5 万亩），增加耕地 0.072 2 万公顷（1.083 0 万亩），规划期内实际复垦规模远低于规划制定的目标，其原因主要为：缺少强有力的约束机制，导致各地在项目实施过程中重视度不足，对政策贯彻执行不到位，如个别县还没有将土地复垦方案作为办理采矿证的必要条件全面落实；此外复垦方案的批后实施管理监管也不到位，造成土地复垦监管仅仅停留在收取土地复垦保证金和签订土地复垦协议的阶段，缺少土地复垦方案批后实施的有效监管体系和约束机制。

（3）新建铁路公路沿线土地复垦重大工程落实情况。

上轮规划确定的新建铁路公路沿线土地复垦重大工程主要是对以湘桂快速铁路为主轴，贵阳—桂林—广州、昆明—威舍—百色—南宁—广州为横线，永州—贺州—梧州—玉林—河唇、怀化—柳州、黄桶—百色—龙邦为纵线的"一轴二横三纵"的铁路运输网络框架和扩能改造工程与"四纵六横三支线"高速公路网络和城市环城高速公路，以及国道、省道干线公路为主的路网改造工程和其他高等级公路建设用地进行复垦。规划期内实施规模 2.21 万公顷（33.15 万亩），可增加耕地 1.32 万公顷（19.8 万亩）。规划实施期内，全区实际共开工建设铁路、公路 34 条，计划复垦土地面积 1 651.77 公顷，预计可增加耕地 843.77 公顷，规划期内新建、改扩建公路铁路项目基本上均按要求编制了复垦方案，但由于相关政策和管理机制未完善，目前未有复垦项目通过验收确认。

二、广西土地整治实施成效

（一）土地整治经济效益

2001—2009 年土地整治农用地的集约化利用，促进了农民增产增收，提高了耕地质量与土地利用效率。通过加大农业投入、加强农田水利基础设施建设、提高农业科技水平、提高单产与增加复种指数等措施，单位土地 GDP 稳步提高，从 2000 年的 8.66 万元/公顷，增加到 2009 年的 30.30 万元/公顷，增加了 21.64 万元/公顷，增加幅度达到 249.88%。通过各类项目的实施，提高了土地质量，增加了耕地数量，改善了农民生产生活条件，增加了农民就业机会，提高了农民的收入；同时带动了相关产业的发展，促进了社会稳定、健

康、持续发展。农民年人均纯收入从 2000 年的 1 865 元/人提高到 2009 年的
3 690 元/人，增加幅度为 97.86%。土地开发整理通过土地平整，降低了田埂
系数，提高了项目区内耕地的质量，增加了有效耕地面积，提高了土地利用
率。根据已验收土地整理项目情况统计，全区已验收的土地整理项目新增耕地
率大部分都在 5% 以上，部分项目达到了 10% 以上，土地开发项目新增耕地率
基本都在 80% 以上，土地复垦项目新增耕地率基本都在 65% 以上；同时通过
培肥等措施，提高了耕地质量，实现了提高耕地质量与土地利用效益的目标。

2011—2015 年土地整治规划的实施，使建成的高标准农田耕地质量平均
提高 1 个等级，农田粮食生产能力平均每亩提高 50~100 千克。按现行市场粮
食平均收购价格计算，亩均增加产值约 200 元。据此测算，已建成的 1 400.26
万亩高标准农田可新增粮食综合生产能力 10 亿千克，每年可直接促进农民增
收 28 亿元，土地整治项目投入资金 282.43 亿元，基础设施使用年限按 15 年
［广西壮族自治区《高标准基本农田土地整治建设规范》（DB45/T951—2013）
规定基础设计使用年限不少于 15 年］的投入产出比为 1∶1.73，经济效果较
好。土地整治对项目区土地进行平整并配套完善的田间基础设施，为土地流转
和农业现代化打下坚实基础，吸引社会资本投入农业生产建设，带动项目区经
济发展，使项目区群众获得更多的经济效益。

2016—2020 年土地整理规划期内，全区通过各类土地整治活动建成 500 万
亩高标准农田，并补充优质耕地，实现耕地占补数量和质量双补充。结合土地
整治建成 500 万亩高标准农田建设任务综合分析，全区各主要粮食作物整治前
总经济效益预计为 18.97 亿元；整治后，完善了交通水利等基础设施，地块进
一步规整化，可实现规模化经营，利于高效机械化耕作，并实现水肥（药）
一体化，耕地质量提高 1 个等级，亩产单产可提高 100 千克左右，可增加粮食
产能 9.555 亿千克，整治后总收入可达 38.65 亿元。土地整治在保障农业发展
用地、促进经济发展的同时，能实现农业增效和农民增收"双赢"，改善农村
的社会服务体系和生态环境，提高农民生活水平。

（二）土地整治社会效益

土地整治的社会效益包括：通过规划实施提高耕地生产能力，保障国家粮
食安全；增加农民收入和改善农民生产条件，促进"三农"问题的解决；推
动农村土地流转，促进农业现代化发展；开展新农村建设，加快城乡统筹发
展；加强土地生态环境整治，促进生态文明建设。

1. 保障耕地总量动态平衡

2001—2009 年土地开发整理规划实施以来，全区通过土地开发整理实际

补充有效耕地 67 911.85 公顷，连续 9 年实现了全区耕地总量占补平衡。2001—2009 年，全区粮食总产量基本稳定在 1 400 万吨左右，这一方面是得益于粮食政策、科技和市场等因素的推动作用，另一方面是得益于上一轮土地开发整理规划的实施。

"十二五"规划期间，全区预计补充耕地 4 万公顷（60 万亩），耕地年产量提高 92.07 万吨，在完成耕地占补平衡的法定任务，确保经济社会发展对土地的需要的同时，将进一步提高广西的粮食自给能力，缓解人地矛盾，一定程度上有利于改善我国粮食供求关系偏紧的状态，确保粮食安全和减少农村贫困，为社会稳定做出积极贡献。

"十三五"规划期间，预计土地整治建成 450 万～500 万亩高标准农田，通过规整田块形状，提高田块可利用率，配套完善田间灌溉排水系统和道路系统，解决农业机械下田作业难的问题；耕地质量平均提高 1～2 个等级，田块之间的质量等级接近，为土地规模流转提供条件，耕地生产能力的增加将直接提高广西的粮食自给能力，从根本上解决社会经济发展的基础问题，为保障国家粮食安全和稳定社会发展做出积极贡献。

2. 促进城乡统筹协调发展

通过土地开发整理活动，一方面促进了农民增收，另一方面土地开发整理为土地开发整理项目区的居民提供了就业岗位，为当地的发展引入资金，为当地农村经济发展注入活力，促进了全区城乡统筹发展。

农田土地整治将较大幅度地改善田间生产道路、农田灌排设施、农田生态环境等农业生产条件，降低农户的经营成本和风险，增加农民收入。同时，农村建设用地土地整治将对农村建设用地进行统一布局，建设农村公共基础设施，美化村容村貌，促进农村、农业、农民问题的解决。

3. 改善农业生产条件，促进农业产业化发展

通过土地开发整理规划的实施和采取一系列工程措施，可以提高抵御自然灾害的能力，达到田成方、路相通、渠相连、旱能浇、涝能排的目标，促进土地经营的规模化、集约化，不断推动农业由单一的生产功能向生产、生活、生态功能转换，为现代农业及农业产业化创造条件，有力推进农业产业化发展。

在实施土地整治项目过程中，农户通过项目的公众参与权益保障机制了解并参与土地整治工作的决策、筹资、建设、管护全过程，实现了土地权益人对土地利用的整治需求。村委会通过组织土地整治工程建设，增强了村民自治意识，树立了自身的威望，完善了基层民主决策机制，能有效提高基层组织集体的战斗力、凝聚力、创造力。

（三）土地整治生态效益

广西喀斯特地貌区域约占土地总面积的 50%，坡耕地占耕地总面积的 60%以上，水土流失和石漠化是农田退化的主要形式，通过实施"坡改梯"工程，建设排水沟、截流沟，能减缓水土流失，促进生态与生产的良性循环。

农村生态景观是自然环境、土地利用、历史文化等不同要素组合并为人感知的社会功能和价值的综合体。农田是农村生态景观格局的重要组成部分，开展土地整治，通过对农田、道路、灌排水沟渠、防护林、水塘等设施进行合理布设，能降低农田景观破碎化程度，营造出农田成方、道路配套、灌溉排水畅通、绿化成网的农业景观，从而打造出景观优美、人地和谐的宜居环境。

1. 增强区域抗灾能力

通过对田、水、路、林的综合整治，特别是通过对农田水利设施的建设和重新布置，灌溉保证率和水利用系数大大提高，耕地排涝标准将达到十年一遇的暴雨量，二到三日排至农作物耐淹深度，主要建筑物防洪标准将达到二十年一遇的暴雨量，有利于增强建设区耕地抗灾能力，降低区域内的洪涝旱灾和渍害等的威胁。

2. 减少耕地水土流失

规划的实施将显著改善建设区内的水土环境，减少区域内的水土流失。通过土地整治，消除建设区内的弃裸荒地，能提高区域土地利用率，增加区域植被覆盖率，表土流失将明显减少；通过实施农田防护与生态保持工程，降低耕地坡度，完善灌排系统，修建护坡、挡土墙等水土保持工程设施，将在一定程度上遏制水土流失。

3. 改善乡村风貌环境

规划的实施能显著改善建设区内的村屯环境，通过硬化村屯道路，改变部分村屯道路下雨就泥泞不堪的现象；通过修建排污沟和集中设置垃圾池，改变村庄"脏乱差"的现象，让村庄焕发新面貌，真正成为山清水秀的"美丽乡村"。

4. 优化生态景观环境

土地开发整理不仅能明显降低耕地景观破碎化程度，而且使耕地内部道路、沟渠、防护林等廊道类型趋于丰富，比例趋于合理，网络连通度和环通度得到很大提高；能有效改善区域的生态环境，营造出农田成方、路渠配套、排水畅通、绿化成网的令人向往的农业景观。

第四章 广西土地整治的方法与保障措施

以习近平生态文明思想为引领，以"山水林田湖草生命共同体"理念为指导，在优化土地结构、提高耕地质量和产出率、增加农民收入的同时，采用生态环保技术和全域全体系思想实施国土空间综合整治。通过对土地生态系统的维持、修复与重建，提高乡村生态服务功能和景观价值，完善全域尺度生产、生活、生态空间布局，推动以土地整治为平台和纽带的全产业链发展，实现土地整治"1+N"综合效益。

一、土地整治类型及方法应用

（一）生态型土地整治

党的十八大以来，围绕生态文明的可持续发展建设，树立尊重自然、顺应自然、保护自然的生态文明理念，坚持节约资源和保护环境的基本国策，形成绿色、循环、低碳发展的空间格局、产业结构、生产及生活方式，是实现人与自然生命共同体的重要准则。"生态"的核心要义在于人与资源利用关系的和谐，土地资源如何"生态化""和谐化""高效化"成了当前土地合理利用的重要标准和衡量尺度。

土地整治是提高土地利用效率和扩大土地空间容量的重要方式，要求注重生态文明理念的引领，严守国土生态红线。生态型土地整治以生态学、系统学的原理及方法为基础，通过物理、化学、生物工程技术手段，以土地持续利用为目标和最小破坏土地生态系统为前提，充分考虑整治区域的地域环境特征和空间分布格局，优化土地资源空间配置和改善农业生产条件保证国土生态环境，形成"保证数量、注重质量、保护生态、人文和谐"的土地生态整治理念。

广西在贯彻落实习近平生态文明思想，履行好自然资源部门统一行使所有国土空间用途管制和生态保护修复职责的基础上，以生态景观理念为引领，致力于打造具有优化的景观格局与良好的生态景观效应的区域生态系统。同时，按照"试点先行，以点带面"的方式实施3个生态型土地整治示范项目，探索全区土地整治新的发展方向，通过示范项目的实施，为生态型土地综合整治项目总结方法。

1. 理论应用和方法

（1）景观生态学理论应用。

景观生态学是通过生态系统的基础原理结合系统学研究方法，对某一尺度上景观内部结构及功能、动态变化及作用机理进行研究，以达到景观格局及结构优化，促进景观科学利用、合理保护和有效开发的目的。其研究焦点是在时空演化上的生态系统空间格局和生态过程，主要内容是景观空间异质性的发展和动态、异质性景观的相互作用和变化、空间异质性对生物和非生物过程的影响、空间异质性的管理。景观生态型土地整治主要以景观生态学和生态安全格局为理论基础，以生态型土地整治技术为依托，通过调整景观内部斑块、廊道、基质的功能和结构，优化土地整治空间布局，提升土地整治景观的生态稳定性和生态服务价值。

土地整治活动是对地表生态系统的重塑，人类改变和调整土地利用结构及功能，也在不断扰动周围的景观和格局环境；其在时间尺度上活动的强弱和频率会对景观空间产生显著的异质性，进而导致生态空间及景观系统的协同变化。从微观角度上看，生态系统之间的物质流、信息流和能量流在传递和转换过程中，会发生生态系统各要素间的自由组合和重构，从而直接对生态系统的稳定性和恢复力产生影响，打破原生态景观的自然分布规律。当某一生态景观单元遭受土地人为干预与原生态景观相互作用影响时，只有在整体系统空间上达成生态格局的稳定和安全，才能真正实现土地资源的可持续利用。土地整治过程也是人地关系协调的再造，是统筹土地利用生态、经济、社会效益的重要保障。

（2）生态型土地整治方法。

①"绿色"工程整治。

《中华人民共和国职业分类大典》（2015年版）首次将"土地整治工程技术人员"列入国家"绿色职业"，这赋予了当代土地整治全新的时代使命。生态型土地整治应以"绿色"材料、能源、生物等方式开展工程实施，既是土地资源利用和环境保护的可持续，又符合国家"绿水青山就是金山银山"的发展理念。生态型土地整治项目强调生态性原则，围绕"保护生物多样性，促进人与自然和谐共生"的生态文明理念，推崇运用生态环保型材料和生态工程技术措施，因地制宜地进行生态工程规划设计与布局。

在土地开发过程中，土地平整易造成土壤压实和板结现象，导致土层结构和性质的改变；表土剥离会造成土壤质量降低，景观环境的改变势必会造成生态稳定性薄弱。在生态型土地整治中应减少大型机械的使用，鼓励精细化土地平整的工艺流程与方法，施工时通过表土剥离再利用来维持土地质量和保持土地结构的恢复力。"旱改水"工程措施的推进，能有效拦截地表径流，防止水土冲刷、土壤流失、土层侵蚀的危害，在增加水田面积之余，将旱地变成保水、保土、保肥的"三保"耕地。在建造农田灌溉和沟渠排水设施工程时，易造成下垫面的基质改变，阻隔地表水的下渗和水循环作用。污染的农药、化肥极易滞留沟渠之中，造成水资源利用的二次污染，对水生生物生存和繁衍构成威胁。通过采用生态砖材料以减少原材料消耗、引入新型的C20卡扣式生态防护坡块渠道等生态衬砌技术对沟渠进行改造升级，可提升地表水循环的畅通性；建立生物廊道和水系生态净化系统，保证污染物传播的降低和生物多样性的保护。

石漠化、水土流失等生态脆弱区，通过清除石芽、削坡造田工程技术，建造生物防护篱、灌木林丛、池塘小湿地缓冲设施，能达到固土保水、截流保土的生态保护效果。重金属污染的矿区、需要土质改良的盐碱地，可采取添加新物质进行中和反应、置换、萃取、离析等技术来处理。同时，大面积的土地整治易引起乡村绿化破坏、污染严重、地表环境杂乱、空间格局无序等问题，需将土地整治与乡村振兴战略、田园综合体建设相结合，遵循"因地制宜、生态宜居、自然和谐"的原则，打造新型的生态型国土整治新局面。

② 生态评估。

景观生态评价是对景观生态现状的评定，是对景观生态格局和演变过程、人为干扰程度方式和自然的协调、土地整治和规划实施建设、景观生态可持续发展的检测，是保证区域景观生态环境的重要手段，是景观规划、管理和保护的依据基础。其主要内容包括景观生态安全格局分析及优化、景观生态风险评估，景观原生性、生态敏感性、生态适宜性、生态健康性、生物多样性评价等方面。

实施土地整治项目前后，应坚持做好生态环境和生物多样性调查工作，多采用资料收集法与现场查勘法，并结合专家和公众咨询法进行。以此了解项目区生态环境敏感程度和生态环境质量，农业废弃物处理现状和农田生态系统面临的压力、问题及原因，生物栖息地面积及分布情况等。根据调查现状分析可知土地利用类型和地表生态系统的演化，不同景观斑块结构和功能的变迁，景观生态系统的稳定性和抵抗力反应强弱；可通过构建评估体系、计算定量指标、空间分析等方法，对景观生态安全格局、景观生态风险性质、各类生态系统交互状态进行描述和评定。通过建立景观生态评价体系，可对土地整治项目进行可行性预判，能准确把握分析土地整治前后的景观格局变化，提出景观生态保护、景观生态改造、景观生态塑造的规划措施；并依据评价过程和结论进行模拟，从规律中得到土地整治工程技术标准参数，为生态型土地整治提供科学客观的实施法则，为经验总结和后续推广提供技术支撑和前沿基础。

③ 整治监督。

广西就生态土地综合整治建立管理机制和工程监管信息系统，制定绩效考核办法，对全域土地综合整治进行追踪问效和评估考核。各地区自然资源主管部门充分运用遥感监测、国土空间基础信息平台"一张图"、农村土地整治监测监管、资金监管系统等技术手段，对工程实施全过程进行监管。在国土资源遥感监测"一张图"和农村土地整治监测监管系统的基础上，广西研发了土地开发整理项目管理系统，该系统可以掌握全区土地整治项目的实施情况和基础数据，有利于实现土地整治项目的全程全面监管；正在开发的耕地保护性信息综合技术服务平台，拟设置县级耕地质量等别成果年度更新模块、土地整治项目建设监管模块、高标准基本农田建设监管模块、新增耕地指标交易后续管理模块、地球物理化学成果应用模块等，可以将各类耕地保护信息数据进行整合，为政府部门的决策提供基础大数据支撑。

④ 投资投入。

土地整治市场化是解决当前生态型土地整治资金不足问题的重要方法，传统土地整治项目基本由政府财政资金全额投资，财政资金压力巨大。生态型土地整治倡导多元化、多模式投入，以政府资金为主导，鼓励采取多种方式引导和规范社会资本投资或参与项目建设。各级政府部门参与制定社会资本投资土地整治项目的优惠政策，建立健全社会资本准入和退出机制，推进土地整治产业化。

《广西壮族自治区自然资源厅 广西壮族自治区财政厅 广西壮族自治区农业农村厅关于印发引导和规范社会资本参与土地整治项目建设指导意见的通知》（桂自然资发〔2018〕16 号）表明：生态型土地整治示范项目应积极采

取"先建后补、以奖代补"的方式进行建设，充分发挥财政资金撬动社会资本的作用。项目建设完成后，产生的补充耕地指标和城乡建设用地增减挂钩节余指标可以依法依规进行交易，指标交易综合收益作为资金来源之一，可实现投资多元化，改变以往单纯由财政资金投入土地整治的投资模式，有力减轻财政资金压力。

⑤ 实施效益分析。

区别于传统土地整治对地表环境和形态的损坏，生态型土地整治项目遵循自然生态规律，最大限度地利用原生地貌，保持当地相对完整的生态系统；注重对生态环境的保护和生态材料工艺的应用；针对土壤质量、生态环境修复，配套生态基础设施等以提升农村生态服务系统功能。生态型土地整治的效益评价目的在于，对土地整治前后的效果进行对比，并掌握实施不足的原因和抓住改进源头。评价流程主要涉及以下四个方面：①采取主成分分析法选取相关评价指标，构建土地开发整理规划实施效益评价指标体系；②运用层次分析法或特尔菲法等确定评价体系各指标权重；③运用模糊统计法确定各指标隶属度，通过多层次模糊综合评价法对土地开发整理规划实施前后的经济效益、社会效益、生态效益以及综合效益进行评价；④根据土地开发整理规划实施前后情况进行定性或定量的分析，评定效益等级。根据效益分析结果可制定方向性实施策略。

2. 实现途径和方式

广西生态型土地整治主要由土地平整工程、灌溉及排水工程、田间道路工程、农田防护与生态环境保持工程及其他工程组成。主要建设项目包括生态路、景观路、生态净化池、生态沟渠、生物通道、塘堰生态整修、道路景观树、生物逃生板、生物应急池等。工程建设采用生态砖等生态型工程建设材料，能有效减少原材料的消耗，减少混凝土的使用。工程布局应尽量考虑减少工程对原有自然生态条件的扰动和对原有生态系统的破坏，因地制宜地设置生物通道和生态池等生态工程，为渠道和田间的生物提供栖息、繁殖、摄食以及避难的空间，以维持生物正常的生存空间活动，保护生物生境。

通过实施生态型土地整治示范项目共建成生态路 2 593 米，景观路 2 026 米，生态渠道 7 319.8 米，生态池 37 座，净化池 2 座，生物通道 22 210 米，生物逃生板 50 座，生物应急池 81 座，塘堰生态整修 108.5 米，道路景观树 38 542 株，土地平整约 90 公顷，灌排渠道 19 372 米，田间道路 17 753 米等（见表 4-1）。生态型土地整治示范项目在有效维护生态平衡，为生物繁衍生息预留栖息空间，保护项目区农田生态环境和生物多样性的同时，还能推动环境友好型社会的建设。目前，南宁市西乡塘区石埠街道办石西村生态型土地整治示范项目、北海市铁山港区南康镇大伞塘村田园综合体土地整治项目、贺州市平桂区黄田镇长龙村生态景观型土地整治示范项目3个广西首批生态型土地整治示范项目已完成工程建设并自验。根据生态工程实施情况，可以划归为5种典型工程类别。

表4-1　生态型土地整治示范项目建设明细

项目	南宁市西乡塘区石埠街道办石西村生态型土地整治	北海市铁山港区南康镇大伞塘村田园综合体土地整治	贺州市平桂区黄田镇长龙村生态景观型土地整治
生态路/米	—	2 593	—
景观路/米	—	2 026	—
生态池/座	34	3	—
生物通道/米	—	—	22 210
净化池/座	2		
生态渠道/米	—	—	7 319.8
生物逃生板/座	—		50
生物应急池/座	—		81
道路景观树/株	37 342		1 200
塘堰生态整修/米	108.5	—	—
土地平整/公顷	35.7	20.5	33.9
灌排渠道/米	12 533	6 839	—
田间道路/米	2 062	9 937	5 754
输水管道/米	24		1 619
涵管/座	—		114

（1）土地平整工程。

土地平整是对区域地形、土壤与自然因素限制的改善，不同的自然特性与土地利用条件，平整的规模和方式也有区别。例如，在地形起伏较小的平原地区，平整的地块规模较大；地势低洼、涝灾较重的地区，平整的地块规模稍小；机械化水平较高的地区，地块规模偏大；机械化水平较低的地区，地块规模偏小。不同地区的生产习惯与基础设施差异，也会影响到土地平整工程内容。例如，旱作区、井灌区、自流灌溉区、割草地、放牧地、园地、林地等，其平整地块的长度、宽度、规模、形状、高程、平整方案都会根据实际情况调整。因此，土地平整需要结合项目区实际条件、因地制宜地进行。

广西土地平整工程在改善地块规模和结构，增加生产景观道路，平衡区域农田生产生态格局上尤为频繁。土地平整工程的实施中，降低了大型机械的使用频率，进行精细化土地平整的工艺流程与方法。施工时通过将农田的表土耕作层进行剥离，全部加以收集，用塑料布掩盖储存于土地整理区周围，待土地平整后再将表土耕作层原状回填，为减量化复垦、土壤改良、造地及其他用途的耕地质量建设活动提供土壤资源，从而实现优质土壤保护与科学再利用，保护了耕地，提高了新增耕地质量。对有污染的土地，根据地块场地环境调查结果，确定污染范围和污染程度，然后引入先进技术和措施对其进行分类处理。

（2）沟、渠、塘生态化建设工程。

沟、渠、塘生态化建设工程是维持灌溉和排水、保证生物生存环境及涵养水源功能的主要设施。在建设过程中应注重生态保育设计，设置栖息避难及多孔质空间，在沟渠侧壁等间隔设置鱼虾躲藏空间、动物脱逃斜坡和青蛙跳板。例如，斗沟边坡采用生态衬砌方式，预留生态孔，建成后相比于传统土地整理项目有利于水草等土生植物的生长，为生物提供了栖息空间，更利于生物的逃生。农沟采用土质断面，有利于降低农田地下水位，促进水生植物生长，为生物提供栖息空间等。生物池塘缓冲设施有利于水源保护和缓冲蓄水，应选择具有生态性的灌溉渠道材料，引导天然生态材料的选择和生态混凝土的使用。尽量减少硬质沟渠，有条件的区域可采用连锁块、土质沟渠等增加水土交换的生态沟渠形态。

（3）田间道路工程。

田间道路布局应合理确定道路路线、宽度和密度，满足农业机械化、生产生活便利和生态保护的需要，尽量减少对沿线动植物的影响。根据工程类型可划分为田间主道、田间次道、生产路、涵洞、桥梁、其他道路设施等。田间主道设计为混凝土路面，为项目区的对外交通运输、田间作业生产物资、农产品运输及田间机械化作业服务。生态化道路工程的布局应考虑自然空间的生境避让。强化生态保育设计，在生产路、田间道路路基部分搭建"生态涵洞"和"生态管涵"等小型通道，保障被分割地块的物质交流和生物的自由迁徙。例如，对蛙类栖息地有阻隔作用的田间路、生产路，设置涵管或生态孔，在涵管和田面之间设置生态袋，并在生态袋中种植菖蒲等植物，为其提供隐蔽场所。同时，路面防止过度硬化，尽量使用生态环保的材料，增强路面透水性，改善道路聚热性能。尽量就地取材并采用砂石铺筑路面、泥土等材料铺筑路基，保证路肩花草生存。另外，条件适宜的区域可结合农业采摘及观光旅游设置休闲步道，采取铺设环保砖或就地取材的石块使其兼具景观效果和生态渗透性。

（4）农田渍水净化工程。

根据项目实际情况，将项目低洼地设计成农田渍水生态净化池，农田渍水通过农沟排入净化池净化后再排入河流。水系净化工程土地整治过程中，灌溉水源地要对灌溉水质、含沙量等方面进行检测，在不符合《地表水环境质量标准》（GB3838—2002）规定的5类地表水环境质量标准的水体区域，应配置水系净化工程，确保灌溉水质符合《农田灌溉水质标准》（GB5084—2005）的规定。为保证水质安全，对项目的水质情况从预防到实施进行全过程控制。对农业面源污染，从源头控制其排放，通过精准施肥，加强田间管理等方法，结合生态沟渠、人工湿地技术等工艺措施，进行源头治理。在农田灌溉系统中设置农田回归水的收集系统，将灌水时渠道水质良好的退水、弃水、稻田落干排水、地下水等进行收集后再循环利用。农田渍水在排入河道之前增加生态净化措施，去除或者降低化肥、农药等农业污染物质含量，防止农业污染扩散。水源净化措施包括修建由人工修整建成池塘，设置围堤和防渗层，依靠塘内生长的微生物来处理污水的氧化塘；建立人工湿地；设置生态浮岛等。这些措施都可以大大净化水质，达到水资源的循环利用，生态浮岛能使水体透明度大幅提高，特别是对藻类有很好的抑制效果，最终使水质指标得到有效的改善。

（5）生态景观工程。

生态景观工程以生态景观学原理为基础，建立在生物工艺、物理工艺及其他工艺的基础上，使人类向系统内投入较少的能量与物质，通过系统内部物质循环和能量转换获得较大的生产量、生态效益和社会效益。它是通过设计具有人工特征的景观来改造、治理以及协调生态环境的。工程实施基于这一思路，通过构建斑块—廊道—基质的景观网络加以实现。廊道是指景观中与相邻周边环境不同的线性或带状结构，可以看作线状或带状的斑块，常见的廊道包括农田间的防风林带、河流、道路、峡谷、输电线路等，可分为线状廊道、带状廊道、河流廊道3大类型，起到微观尺度将景观分离、大中尺度将景观连接的作用。基质主要包含森林基质、草原基质、农田基质，具有范围广、连接度高的特点，通常基质面积超过现存任何景观要素类型。结合当前我国土地整治以及景观设计情况来说，可以从物种种类、土质情况等方面进行探究，合理应用现代化技术，进而达到土地生态化整治以及景观设计的效果。一是土地整治领域中物种恢复技术，这种技术需要结合各个领域生物物种特性及需求加以科学探究，合理选择整治技术，全面设定迎合该领域整治需求的物种多样性评估标准；二是结合不同整治技术，对技术给土地整治领域水土流失带来的影响进行研究，设计出迎合该领域农业保护、梯田设计等技术对策，给土地整治及景观设计的落实提供依据。

3. 广西典型性经验

通过开展生态型土地整治示范项目试点，以"山水林田湖草生命共同体"理念为指导，积极探索出因地制宜的生态整治模式。在确保生态环境不被破坏，耕地质量有所提升的前提下，通过对宜耕后备资源进行开发利用，增加有效耕地面积；通过耕地提质改造（旱改水）工程项目的实施，对项目区旱地进行土地平整；通过升级改造项目区旱地水利灌溉设施，提高耕地灌溉保证率，增加项目区水田面积；同时通过工程措施、技术措施对项目区内的耕地进行提质改造，有效提高耕地质量，提升耕地产出率，提高粮食产能和地力总体适应能力。3 个试点项目实施后，新增耕地面积 0.794 2 公顷，新增水田面积 22.34 公顷。耕地面积和水田面积的增加以及产能的提升，能有效促进耕地保护，落实耕地占补平衡。

项目实施建成集中连片、设施配套、高产稳产、生态良好、抗灾能力强、与现代农业生产和经营方式相适应的高标准基本农田 396.204 3 公顷，农业基础设施的完善，为农业产业规模化、现代化发展提供了良好的条件，有利于吸引企业前来流转土地发展产业经济，促进农村产业兴旺，有助于项目区农民多种渠道增加收入，实现农民富裕。同时将不超过 15% 的工程施工费用于村庄整治，对部分村屯进行美化及清洁，建设村屯道路和排污设施，实现美丽乡村建设，助力乡村振兴。生态整治理念的转变，能够改变传统土地整治项目"重经济效益、轻生态效益"的情况，实现农村生态效益、经济效益和社会效益共同提高，从而推动生态文明建设。

（1）政府主导，部门协同，群众参与。

生态型土地整治项目充分发挥政府的主导作用，在政府的统筹协调下，各相关部门群策群力，协同推进项目建设，形成工作合力。同时发挥集体经济组织和农民群众的作用，在项目选址、规划设计、工程实施、验收等重点环节以公示或征求意见等方式，积极主动接受项目区群众监督，保障公众知情权与监督权；对于工序工艺简单的工程，鼓励项目所在地发动和组织民众积极参与实施建设，参与质量监督、后期管护等工作，充分调动项目区广大农民群众参与建设的积极性，共同推进项目建设实施，保障公众参与权。

（2）试点先行，示范引领。

为贯彻落实习近平生态文明思想，履行好自然资源部门统一行使所有国土空间用途管制和生态保护修复职责，按照"试点先行，以点带面"的方式，率先安排3个生态型土地整治示范项目作为试点，制定了《广西壮族自治区自然资源厅办公室关于做好生态型土地整治示范项目有关工作的通知》（桂自然资办〔2019〕156号），明确了生态型土地整治项目的总体要求、目标任务、基本原则、工程设计及建设要求、实施管理等方面内容。通过示范项目的实施，为生态型土地综合整治项目总结方法，积累经验，为完善相关政策制度奠定基础。

（3）践行生态文明理念，因地制宜布局生态工程。

生态型土地整治项目强调生态性原则，项目实施前坚持做好生态现状和生物多样性调查工作，充分衔接各部门相关规划，围绕"保护生物多样性，促进人与自然和谐共生"的生态文明理念，推崇运用生态环保型材料和生态工程技术措施，因地制宜地进行生态工程规划设计布局。通过采用生态砖材料以减少原材料消耗、引入新型的C20卡扣式生态防护坡块渠道等生态衬砌技术对沟渠进行改造升级，有效保护农田生态环境；根据动物种类、迁徙习惯等布设水系廊道以及生物通道等，将破碎化生境连接起来，建立起生态工程网络系统，为动物提供无障碍式的逃生通道，有效保护生物多样性；将土地整治与美丽乡村、田园综合体建设相结合，遵循"因地制宜、生态整治、和谐修景"的原则，打造项目区的点、线、面生态景观，使项目区形成集自然保护、农耕保护、农田景观于一体的生态景观网络系统。

（4）鼓励投资多元化，引进社会资本参与投资建设。

生态型土地整治倡导多元化、多模式投入，鼓励采取多种方式引导和规范社会资本投资或参与项目建设。根据《广西壮族自治区自然资源厅 广西壮族自治区财政厅 广西壮族自治区农业农村厅关于印发引导和规范社会资本参与土地整治项目建设指导意见的通知》（桂自然资发〔2018〕16号），生态型土地整治示范项目中除南宁市西乡塘区石埠街道办石西村生态型土地整治示范项目由自治区财政全额投资建设外，其他2个项目采取"先建后补、以奖代补"的方式建设，自治区财政奖补2个项目投资总额的50%，其余资金由项目实施主体投入资金建设，充分发挥财政资金撬动社会资本的作用。

（5）聚合各部门力量，打造"土地整治+"生态圈。

在政府主导作用下，统筹整合各部门资金和力量，集中打造"土地整治+田园综合体"模式，建立形成多方集聚的"土地整治+"生态圈，塑造全新的土地整治新格局。贺州市平桂区黄田镇长龙村生态景观型土地整治项目结合贺州市秀峰共享田园综合体项目，打造"土地整治+现代农业+休闲旅游"的示范区；南宁市西乡塘区石埠街道办石西村生态型土地整治示范项目融入田园综合体，打造"美丽南方"田园综合体建设试点项目；北海市结合当地实际，统筹各相关部门项目建设标准，开展北海市铁山港区南康镇大伞塘村田园综合体土地整治项目，并辐射带动整个南康镇特色小镇建设。

（6）强化考核机制，促进项目扎实推进。

将生态型土地整治示范项目纳入部门年度绩效考核任务，能够强化地方对生态型土地整治示范项目建设工作的高度重视，推动地方积极主动加强项目实施管理、周密部署、统筹安排，及时协调解决项目实施过程中存在的问题，扎实推进生态型土地整治示范项目建设，确保项目区按照计划完成土地整治项目任务和绩效考评。

（二）土地综合整治

以习近平新时代中国特色社会主义思想为指导，全面贯彻党的十九大、二十大、十九届二中、三中、四中全会精神和习近平总书记关于广西工作的重要指示精神，牢固树立"绿水青山就是金山银山"的理念，统筹推进全域土地综合整治，优化农村生产、生活、生态空间布局，创新自然资源制度供给和要素保障，促进耕地保护和土地节约集约利用，构建高效集约、生态宜居、山清水秀的国土空间新格局，为广西乡村振兴和高质量发展提供有力支撑。

在工业化、城镇化和农业现代化快速推进的背景下，自然资源和生态环境约束日益凸显。在同一空间上，乡村耕地碎片化、空间布局无序化、土地资源利用低效化、生态质量退化等多维度问题并存，单一要素、单一手段的土地整治模式已经难以完全解决综合问题。广西需在国土空间规划的引领下，进行全域规划、整体设计、综合治理、多措并举，用"内涵综合、目标综合、手段综合、效益综合"的综合性手段进行土地整治。通过统筹农用地、低效建设用地和生态保护修复，促进耕地保护和土地集约节约利用，保障一二三产业融合发展用地，改善农村生态环境，助推乡村振兴。

为贯彻落实习近平生态文明思想和习近平总书记对浙江"千村示范、万村整治"重要批示精神，提高全域土地综合整治的针对性、科学性、有效性和可操作性，根据《自然资源部关于开展全域土地综合整治试点工作的通知》《自然资源部国土空间生态修复司关于印发〈全域土地综合整治试点实施要点（试行）〉》制定了《广西壮族自治区自然资源厅关于印发开展全域土地综合整治助推乡村振兴意见的通知》（桂自然资规〔2020〕9号）及有关法律法规、技术标准。在总结前期土地综合整治经验和意见，借鉴区外全域综合整治先进理念和相关标准的基础上，广西开展了桂林全州庙头镇李家村、柳州市柳南区太阳村镇、北流市民乐镇、三江侗族自治县良口乡和里村与南寨村、贺州平桂黄田镇安山村等区域示范试点工作。为夯实基础，强化监管，稳妥有序推进试点工作的开展，广西结合《全域土地综合整治试点实施方案编制大纲（试行）》（2021年4月），探索土地综合整治工作的技术、方法和模式。

1. 主要技术与方法应用

土地综合整治坚持全域规划、整体设计、综合治理的目标准则，工程技术和方法应用主要涉及潜力分析、编制报告及方案、规划设计三个主要方面。

（1）潜力分析。

① 资源潜力分析。依据县乡国土空间规划及村庄规划确定土地利用功能分区，针对乡村振兴与产业发展需求、自然资源利用和生态保护修复存在的问题，结合乡村社会经济基础和资金保障能力，分析开展土地综合整治的可行性和合理性，提出目标任务、重点区域、整治内容，以及新增耕地潜力，涉及农村建设用地拆旧复垦的，要予以重点说明。其中，县级联席会议办公室负责组织各行业主管部门开展资源潜力调查工作，以最新年度土地利用现状变更调查数据为基础，结合最新国土调查成果，以乡镇为单位，全面调查高标准农田建设、农村建设用地复垦、宜耕土地后备资源开发、耕地质量提升的潜力，并同步调查农居建设、产业发展、公共设施、基础设施、生态保护、乡村农耕文化保护等各项用地需求，以及乡镇政府、村委会的执行能力和群众意愿。

② 合理选择工程区和整治类型。按照选点的基本条件和整治类型要求，科学合理确定工程区、整治类型和整治区域，原则上以一个乡镇为单元，也可以是一个或毗邻的几个符合条件的行政村组成工程区域。根据乡镇国土空间规划和村庄规划（土地利用总体规划、城乡规划）确定的功能和布局，将确需人工措施进行整治以实现规划目的的拆旧建新、整理复垦、零星开发、修复治理等区域划定为整治区域，并全部落实到图斑地块。划定的整治区域应相对集中连片，依据国土空间规划（土地利用总体规划），可以根据需要对区域内已有项目进行优化整合。

（2）编制报告及方案。

① 编制可行性研究报告。土地综合整治工程可行性研究报告是在基础调查、整治潜力、国土空间优化、用地平衡、环境影响、水土资源平衡等分析的基础上，对整治区域、整治任务、指标和布局等的科学性、合理性和可实施性进行充分论证。各项指标提出，要与三调数据相衔接，待三调数据正式启用后，再按要求相应进行调整。对整治前违法占用的耕地，复垦后的耕地面积不

计入新增耕地面积。可行性研究报告编制过程中应充分征询相关部门意见。可行性研究报告由县级联席会议办公室组织相关行业主管部门进行编制。可行性研究报告内容包括开展综合整治项目的缘由、必要性、可行性，各子项目所在地资源禀赋、产业发展、土地利用、生态环境等现状及存在问题，各子项目工程的规划布局、建设内容、投资估算、效益分析等。实施全域工程确需优化调整永久基本农田的，应在可行性研究报告中体现永久基本农田调整的相关内容。

②编制或调整村庄规划。推进村庄规划编制，将整治任务纳入村庄规划。乡（镇）人民政府在县级联席会议办公室的统筹下负责组织编制"多规合一"的实用性村庄规划，可以以一个或几个行政村为单元编制。村庄规划编制参照《广西壮族自治区村庄规划编制技术导则（试行）》有关要求执行，应按照宜农则农、宜建则建、宜留则留、宜整则整的原则，明确全域土地综合整治的目标任务、整治区域、主要内容和布局要求，将整治任务、指标落实到具体地块，并明确实施时序、项目安排、资金估算和投资来源等内容，确保整治区域耕地质量有提升、新增耕地面积原则上不少于整治区域原有耕地面积的 5%，整治后的建设用地总量不突破整治区域内整治前建设用地面积。

对已完成乡镇国土空间规划或村庄规划编制的地区，但不能满足开展土地综合整治，或涉及永久基本农田调整的，可按上述要求依程序对规划进行一次性修改。村庄规划修改方案应对规划实施的合理性、可行性和可操作性进行充分论证，重点阐述耕地和永久基本农田保护情况、生态保护红线和历史文脉等保护情况、建设用地结构调整和布局优化的必要性、实现资金平衡的可行性、项目实施及年度安排的可操作性等内容。村庄规划完成审批后，应严格按照规划开展整治工作。

③编制永久基本农田调整方案。严禁假借综合整治之名，随意调整永久基本农田布局，整治区域内无法避让、确需对永久基本农田进行调整的，应遵循确保新增永久基本农田面积原则上不少于整治区域调整面积的 5%、质量有提升、生态有改善、布局更集中连片、总体保持稳定的原则，由县级自然资源主管部门会同农业农村局组织编制永久基本农田调整方案。通过分析调出永久基本农田是否必要、是否合理，集中连片程度有无提高、零星分布图斑是否减少、增加面积是否达标、质量能否提高，说明永久基本农田补划的情况，明确拟调出、补划永久基本农田地块的空间位置、数量、质量等别、地类，并制作相应图件、前后对照表格和文本报告。补划地块如涉及土地整治新增耕地或提质改造耕地的，还应相应明确土地整治相关目标任务。永久基本农田调整方案

经市、县逐级组织听证、论证，报自治区自然资源厅会同农业农村厅审核通过后纳入国土空间规划和村庄规划，即允许按方案开展实施永久基本农田布局调整工作，自治区自然资源厅、农业农村厅按职责实施"事中事后"监管。

④ 编制实施方案。全域工程实施方案（以下简称"实施方案"）由县级联席会议办公室组织编制，编制过程中应充分征询相关部门意见，合理安排各类子项目。实施方案的主要内容包括：项目区域基本情况（包括乡镇基本情况、项目建设的必要性），建设目标（包括耕地保护、村庄建设、基础设施及公共服务设施建设、产业发展、生态保护、人居环境整治等方面的目标），项目安排（包括项目名称、位置、建设规模、新增耕地面积、计划投资、资金来源、建设期限），实施保障（包括组织保障、资金保障、监测监管、制度保障）等。实施方案由市级联席会议办公室审核，审核通过后报市级人民政府批复，市级人民政府也可授权相关部门进行批复。

（3）规划设计。

规划设计的主要工作内容包括地形图测量、规划设计和施工图设计。土地整治类子项目按以下规定执行，其他类型项目按其行业管理规定执行。

① 地形图测量。立项批复后，工程项目承担单位要严格按照国家和自治区制定的工程标准和技术规程等相关专业规定进行地形图测量。

② 项目规划和施工图设计。土地整治类子项目规划设计的内容包括项目综合说明、项目区概况、项目分析、规划方案、工程设计、土地权属调整、工程施工组织设计、实施管理、后期管护、投资预算和效益分析等；施工图设计的内容包括施工图设计与原规划设计的衔接说明、施工依据、设计原则、设计基础资料、每个单项工程的设计标准、施工技术要求（施工方法、施工工艺、施工要求、施工注意事项）、工程量统计、材料统计等。建议规划设计精度达到施工图深度，避免规划设计与施工图设计相关内容的重复工作。

③ 规划设计和施工图设计审批。县级自然资源主管部门对土地整治类子项目的规划设计和施工图设计进行初审后，报市级自然资源主管部门审查。市级自然资源主管部门组织市、县有关部门及专家对项目规划设计开展两级联审。如果规划设计深度已达到施工图设计要求，可将规划设计审批和施工图设计审批环节合并。评审通过后，下达规划设计和施工图设计批复文件，并报自治区自然资源主管部门备案。规划设计主要针对报件、设计内容、基本指标、基础分析、工程设计、图件及预算编制等方面进行审查。

④ 设计预算审批。土地整治类子项目规划设计经批复后，县级自然资源主管部门将项目预算送同级财政部门评审，并下达项目预算。社会资金全额投

入的项目无须进行此环节。

2. 广西典型性经验

广西全域综合整治以科学合理规划为前提，以乡镇为基本实施单元（整治区域可以是乡镇全部或部分行政村），整体推进农用地整理、建设用地整理和乡村生态保护修复，解决城乡融合发展和农村一二三产业融合发展用地障碍，改善农村人居环境，促进农村产业兴旺，助力建成一批农田集中连片、农业规模经营、村镇美丽集聚、环境宜居宜业、产业融合发展的示范村镇。2020年，全区实施不少于20个全域土地综合整治工程；到2022年、2025年全区各县（市、区）实施全域土地综合整治工程分别达到3个、10个以上。工程实施期限一般为3年，原则上不超过5年。

（1）产业融合，科学布局。

广西自然资源生态修复中心策划设计了柳南区太阳村镇（百乐村、山湾村、上等村、四合村、太阳村、桐村村和新圩村7个村）、北流市新圩镇河村等全域土地综合整治项目，项目实施规模分别为5 722.18公顷和693.87公顷，总投资额为19.718 682亿元和3 681.16万元，项目已被列入广西全域土地综合整治试点并申报国家试点，致力于将其打造成为全域土地综合整治示范工程、样板工程。

柳南区太阳村镇经验：实施期为3年，通过土地综合整治，可新增耕地面积60.54公顷。其通过项目策划和设计，将项目区进行功能分区，总体形成"一轴一心双节点六区"的功能布局，形成了科学、多层次的规划布局和可操作的方案，并借助全域土地综合整治项目允许调整永久基本农田政策红利，优化用地结构，解决产业用地，促进产业融合，真正做到了"一本蓝图绘到底"。通过全域土地综合整治、产业发展建设融合，结合现代农业、原料加工、商贸物流、文化推广、旅游开发等产业业态，将一二三产业融合起来，构筑以螺蛳粉文化为核心和亮点的产业体系，以美丽乡村标准打造城郊新农村。自治区自然资源生态修复中心作为柳南项目的策划者、参与者和推动者，将集中力量推进项目实施，着力解决柳南区耕地碎片化、村庄建设用地布局无序化等问题，打破资源要素瓶颈，促进柳南区农村一二三产业融合发展，让柳南区实现产业更兴旺、生态更宜居、村集体更富裕、农民更实惠的美好愿景。

北流市新圩镇河村经验：2018年，新圩镇邀请专业机构对河村村庄改造进行规划，编制了《河村美丽宜居（乡土特色）试点村规划》，并按照"一带一河两区四示范"的总体规划思路，着力打造农村人居环境整治示范点、南流江综合整治示范点、传统文化传承示范点、宅基地改革示范点。其规划思路是采取整体设计和综合整治的模式，坚持问题和目标导向，结合河村自然资源禀赋和存在的问题，统筹推进农用地整治、建设用地整治和农村生态保护修复工程，将项目建成融合古村文化和乡村生态休闲旅游为一体的全域土地综合整治示范项目。北流市成立了由市长"挂帅"的全域土地综合整治试点项目领导小组，将土地综合整治作为助推村级集体经济发展壮大和乡村振兴的重要抓手，着力破解村级集体经济发展薄弱的难题，并以制度创新为突破口，抓住关键环节，加强制度建设。

（2）政府主导，收益反哺。

以政府为实施主体，围绕"土地整治+"打造项目收益反哺、土地出让金反哺等激发人民积极性的措施。

柳南区太阳村镇经验：柳南区通过实施"增减挂钩+土地整治"的办法，把土地出让金反哺项目区。柳南区以政府为实施主体，柳州市土地交易储备中心出资为项目业主，共同推进增减挂钩拆旧建新。项目业主可通过土地整治收益反哺项目区、与上级政府协调获得更多财政补贴支持、与本地区各部门协调获取各部门配套资金、开展项目推介会及其他招商引资活动吸引社会资本等，多渠道筹集资金开展土地整治工作；利用城乡建设用地增减挂钩土地出让指标收获的 6.7 亿元，反哺项目安置区和基础设施建设。土地出让金反哺项目区，使得项目区面貌焕然一新。目前，柳南区已建成 5 个农民集中安置区，拆迁农户 1 180 户，4 602 人住进了统一规划建设的联排小楼；完善了道路、农田水利等农业基础设施；垃圾处理、污水排放等设施建立健全，减少了对周围环境的污染；原来的荒草坡地及裸露地、农村宅基地成为耕地，促进了生态环境的改善；复垦后土地经营管理增加了对劳动力的需求，为项目区农民提供了就业机会，农民在形成规模的土地上发展高产优质高效农业，达到了农业增产、农民增收的效果。通过实施"增减挂钩+土地整治"，将城镇建新地块有偿供地所得收益返还农村，还有效解决了试点地区新农村建设"缺资金"难题，缓解了建设用地供需矛盾，破解了"城镇缺地、农村缺钱"难题，促进了城乡统筹发展。

北流市新圩镇河村经验：北流市政府及相关部门先后制定出台了《北流市零星分散农村集体经营性建设用地整治复垦项目实施方案》《北流市人民政府关于印发北流市自然资源领域土地整治项目服务乡村振兴战略实施方案（2021 年修订版）的通知》等一系列政策文件，印发了《村民合作社建设工作方案》，要求全市 278 个行政村设立村民合作社，重点从项目工程实施方式、基层监管经费来源、项目收益反哺及资金使用等方面进行改革创新，形成了

"政府主导—部门业务指导—村级实施"的实施模式。坚持多元化投入、资源化收益，走社会效益反哺的路子，明确土地整治项目指标收益要"取之于民、用之于民"，部分收益要反哺项目区，引导农民投工投劳参与土地综合整治，夯实了农民在土地综合整治中的利益主体地位，激发了乡镇政府和村民的积极性，充分调动了村级组织的内生动力。全市复垦的1.49万亩建设用地已入市1.1万亩，为集体经济组织带来工作经费收入2 890万元。二期工程由村民合作社实施完成后，预计村级集体经济组织可获得收益1.4亿元。全域土地综合整治项目在为集体经济组织带来收益的同时，可使当地群众以务工的形式深度参与，2019年，全市278个行政村集体经济收入平均每村增加3.25万元，最高增加25.08万元。土地整治和乡村振兴战略的实施，使乡村风貌得到很大改善，农村生产生活条件得到提高，提升了社会主义新农村建设水平。

（3）活用政策，土地整治改造升级。

通过实施全域土地综合整治项目，结合奖补政策和乡村振兴发展，促进了传统土地整治向全域土地综合整治的全面转型升级。

柳南区太阳村镇经验：在开展全域土地综合整治过程中，柳南区注重以民为本，尊重村民意愿，向群众宣传土地拆旧复垦的政策利好，并取得群众的认可，最大化保障了原住民的利益。同时，实施奖补办法，通过多模式整治提高群众参与的积极性。柳南区把创建国家级现代农业产业园获得的5 700万元中央奖补资金和自治区给予的300万元、市级给予的700万元支持螺蛳粉原料生产基地的资金，用于项目区建设或实施奖补。

对实施土地流转、退桉改竹、规模基地整治、太阳河治理等土地综合整治项目进行重点奖补。此外，还有财政奖补、金融奖补、创新创业、品牌扶持等。在种养等基地的奖补上，柳南区实施了"退桉改竹"土地整治工程，对退出桉树改种竹子每亩给予700元至2 000元的补助。连片种植30亩以上甜竹，每亩补贴350元；其他基地如豆角种植每亩补贴600元、养螺每亩补助螺种500元等。一系列奖补举措进一步助推了农民参与土地整治、产业园区规模农业基地建设的积极性。通过群众的积极参与，2018年创建的柳南区现代农业产业园于2019年12月被认定为国家级现代农业产业园，规划面积72.9万亩，覆盖3个乡镇、10万人口，当年实现总产值62.8亿元，带动2.4万人脱贫增收。2020年，柳南区投资约1.2亿元完成太阳河河道治理6.4千米，通过河道整治、生态修复、建设护岸工程，昔日群众清洗韭黄造成的河水污染，如今实现了"水清、岸绿、河畅、景美"的目标。

北流市新圩镇河村经验：北流市河村通过乡村振兴促进土地整治换代升

级，盘活了乡村存量建设用地，增添了乡村发展活力。通过着力解决农村宅基地历史遗留问题，对零星分散集体建设用地进行整理，有效解决了城镇开发建设项目及乡村产业项目的用地难题，促进了产业振兴，增强了乡村的自我造血功能，提高了建设用地节约集约利用水平，提高了耕地质量，缓解了全市耕地占补平衡的工作压力。

目前，河村每天有上百名当地群众投入项目施工建设中，成立的北流新圩壮美河山有限公司采取市场化运作方式，由公司向银行融资，从农民手中收购闲置的房屋和土地，以最低的成本对可保留的房屋进行修缮，对不宜保留的房屋和闲置土地整治复垦，再通过用地指标交易"变现"，偿还银行贷款后，剩余收益全部用于乡村振兴。项目仅实施半年时间，河村已拆除闲置废弃房屋251间，面积约为 10 580.75 平方米，实施道路硬化约 1 200 米、建设排水沟约160 米，完成建设用地复垦 9.01 公顷，完成旱地复垦面积 49.2 亩；按照"修旧如旧，就地取材"模式，2019 年以来，河村全面开展"三清三拆"，对老房子进行修缮，实施住宅立面改造、景观建设、河道整治和各项配套设施建设，部分房屋打造成共享农庄、民宿客栈、茶馆、图书馆、艺术工作室等，大大改善了村容村貌；全村共修缮老房子 40 栋，改造美化新房子 503 栋，修复和新建景观 13 个。项目将结合自然资源禀赋和存在问题，对河村进行整体设计和综合整治，通过推进农用地、建设用地整治和村庄生态保护修复工程，打造"全域规划、全要素整治"的土地整治"升级版"。

二、土地整治保障措施

（一）行政手段

1. 整村整治

所谓整村整治，即新农村建设土地综合整治整村推进，是指把土地整理复垦开发、城乡建设用地增减挂钩和新农村建设结合起来，以村为单位，通过实施村庄合并、新村建设和土地流转，促进农民居住向中心村镇集中、农业向适度规模经营集中、工业向园区集中。广西整村推进土地整治项目工程是广西壮族自治区党委、广西壮族自治区人民政府从长远和全局出发，响应党中央号召，实践科学发展观，大力开展土地整治工作，积极推进社会主义新农村建设和城乡统筹发展的重要举措。从 2005 年开始，广西壮族自治区分 3 批对广西壮族自治区 4 060 个贫困村实施整村推进，从群众最关心、最紧迫、最直接、最现实的切身利益入手，变小规模分散式扶贫为综合性集中扶贫，整合力量，将扶贫资金、扶贫项目、带扶力量、技术服务全面整合到村。2009 年，为落实《广西壮族自治区人民政府办公厅关于印发〈广西整村推进土地整治重大工程实施方案〉的通知》（桂政办发〔2009〕194 号）的文件要求，拟在2009—2012 年投资 70 亿元实施整村推进土地整治重大工程（以下简称"整村推进项目"）。

2009 年以来，全区共批复实施整村推进项目八个批次 441 个，涉及全区14 个市 109 个县（市、区），基本覆盖了全区范围，总实施规模为 247 941.31公顷，竣工后新增耕地 7 862.72 公顷，批复预算 927 592.98 万元。整村推进项目建成后将使广西 1 171 个村、257 万人口受益，并将建成 190 102.5 公顷高标准基本农田。截至 2020 年 11 月，全区安排的项目已完成竣工验收 437 个，未验收项目 3 个，取消项目 1 个，项目情况见表 4-2。

表 4-2　整村推进批次项目概况

批次	项目个数/个	实施规模/公顷	预计新增耕地/公顷	项目预算批复/万元
2009 年	78	42 158.70	1 505.70	160 364.77
2010 年第一批	80	45 780.05	1 697.85	170 180.48
2010 年第四批	20	11 999.11	386.37	45 178.47
2011 年第一批	89	48 583.45	1 502.63	180 680.48
2011 年第二批	45	25 338.24	790.85	94 590.5
2012 年第一批	89	49 686.16	1 405.90	185 457.34
2012 年第二批	30	19 092.96	495.12	71 701.04
2013 年第一批	10	5 302.63	78.3	19 439.9
小计	441	247 941.30	7 862.72	927 592.98

根据"整村推进"土地整治模式，推进村庄整治，开展村庄基础设施和公共服务设施建设，改善农村生活条件，使得土地整治真正成为解决"三农"问题的有力措施。自治区原国土资源管理部门负责项目评估立项、规划审批、实施监管、竣工验收等阶段节点工作，市县国土资源管理部门负责组织项目申报、规划方案编制、施工招标、工程施工等工作，各级国土部门对土地整治项目建设的责任分工落实明确。当前，广西土地整治工作已成为新农村建设和城乡统筹发展的重要抓手和新的平台，2009 年以前，广西投资土地整治项目仅

20多亿元；2009年以来，广西投入土地整治项目共达145亿元，随着投资力度的加大，受益群众不断增多，社会各界人士特别是农民群众在深入了解土地整治政策及切身受到土地整治的好处后，无不对这项利国利民的工作报以积极欢迎的态度，对树立国土部门乃至政府的良好形象起到了巨大作用。

在大力开展整村推进土地整治项目过程中，自治区原国土资源管理部门以土地整治为平台，充分吸纳及配合自治区各部门开展了多种模式的土地整治工作，如结合小型病险水库除险加固土地整治项目、南百高速沿线（城乡风貌改造区）土地整治项目、边境3-20公里兴边富民行动基础设施大会战土地整治项目、农村土地综合整治项目、贫困地区基本农田整治项目、高标准基本农田建设土地整治示范项目等多项工作，使得自治区惠农工程有了更多的抓手和投资方向，通过整合各项资金，项目的开展取得了显著的成效。

2. 整县整治

自治区原国土资源管理部门承接了国家土地整治重大工程——桂中农村土地整治重大工程建设任务，并提出了"整县推进"模式，土地整治项目由单个项目区建设转变为区域建设，发挥了土地整治建设农业生产基础的特性；项目建设模式开始由国土部门单独承担向市县政府组织统筹发展，由市县政府提出申报区域性项目的意向，并负责区域性整治项目的总体建设任务，利用政府行政手段开展项目建设协调工作，市县各级国土资源管理部门还继续承担项目具体实施建设工作。2010—2018年，广西土地整治进入规模化建设阶段。

"十二五"期间，广西通过实施整县推进高标准基本农田土地整治重大工程为主，以农民和农业经营主体自发开展"小块并大块"耕地整治项目为辅，采取集中区域、集中投资、以奖代补等多种形式组织开展土地整治建设，增加有效耕地面积、提高耕地质量、改善农村生产生活条件，促进农民增收达到86.6亿多元。通过实施土地整治，"十二五"期间广西新增耕地面积34.57万亩；项目区范围内耕地利用等别平均提升0.68；新增粮食产能99.91万吨；项目区田间道路通达度达43.71%；新增和改善机耕面积379.3万亩，农田防涝面积77.24万亩，节水灌溉面积75.64万亩；促进土地流转面积372.91万亩，全区受惠总人数1 035.41万人。

全区第三期整县推进高标准基本农田土地整治重大工程建设，将投资25.5亿元，在8个市24个县（市、区）实施土地整治193.93万亩，计划建成高标准基本农田143.45万亩；工程实施期限为2016—2019年。24个项目县中，贫困县20个，涉及资金21.01亿元，占总投入的82.3%。按照国务院批复的《全国高标准农田建设总体规划》，到2020年，广西要完成2 725万亩高标准农田建设任务。

（二）经济手段

1. 广西现行土地整治项目投融资模式

从全区 2017 年土地整治资金拨付情况来看，自治区共下发土地整治项目资金 9.21 亿元，其中 8.21 亿元用于整县推进土地整治重大工程的实施，1 亿元用于土地整治奖补资金的拨付，该部分资金全部来源于自治区财政资金。

（1）财政投资，高标准农田建设模式。

2013 年，依据党的十八大关于"三农"工作的有关精神和国家在"十二五"规划期间对土地整治工作的总体要求，自治区决定在全区各市县开展第一期整县推进高标准基本农田土地整治重大工程（以下简称"整县推进土地整治工程"）建设。整县推进土地整治工程是以"提质、增粮、建高标"为建设目标，按照"缺什么，补什么"的原则，因地制宜地分类建设高标准基本农田。2013—2018 年，广西共开展了三期整县推进土地整治重大工程建设，成为广西高标准农田建设的主要构成。三期整县推进土地整治重大工程共涉及 24 市 45 个县（市、区），共 714 个子项目，总实施规模为 705.12 万亩，总投资约 100.84 亿元，均为财政投资，预计可建成高标准农田面积为 591.73 万亩。

（2）"村民自建"筹资投劳融资模式。

"村民自建"实施土地整治是构建农民自主参与机制、引入市场机制这一"看不见的手"进行资源优化配置、实现农村基础设施建设管理创新的重要举措。2012 年以来，广西在总结崇左市龙州县农民自发开展"小块并大块"耕地整治实践经验的基础上，为了鼓励"小块并大块"耕地整治，出台了相关规范性文件和政策措施。通过政府引导，种植专业大户、家庭农场、农民合作社和农业生产企业在自发自愿的前提下，保留原有耕地面积不变，自行组织实施"小块并大块"的耕地平整和耕地配套设施建设，将原有零星分布不规整的土地进行平整，整合成相对集中成片、面积大小均衡的耕地，并调整相应的土地承包经营权。截至 2018 年年底，广西"小块并大块"耕地整治已完成 376.22 万亩，共下达财政奖补资金 32.91 亿元，形成了"先建后奖、以奖代补、以补促建"的土地整治模式。

（3）实施主体"先建后补"融资模式。

2014 年以来，广西以制糖企业、农业企业、种植合作社、家庭农场、种植大户以及广西农垦集团公司等为龙头，以市场为导向，以科技为支撑，以"小块并大块"为主要模式开展了连片蔗区面积不小于 200 亩的优质高产高糖糖料蔗基地土地整治建设。自治区财政根据全区 500 万亩"双高"基地建设的需要和自治区承担的补助标准,通过整合现行中央、自治区相关专项资金和新增预算安排,将资金统筹用于"双高"基地土地整治和水利化建设上,按每亩 2 478 元实行综合补助,由县级包干使用。各市县按每亩 462 元筹措财政补助资金,经营主体按要求落实所承担的每亩 660 元的建设资金,并与各级财政补助资金统筹使用。目前,通过优质高产高糖糖料蔗基地建设,广西已建成符合"四化"要求的 253.40 万亩高标准农田。

2. 政府和社会资本合作(Public-Private Partnership,以下简称"PPP")创新模式

(1)政策依据。

① 中央政策。

2017 年 2 月 6 日,国务院办公厅印发的《国务院办公厅关于创新农村基础设施投融资体制机制的指导意见》(国办发〔2017〕17 号)中指出,支持各地通过政府和社会资本合作模式,引导社会资本投向农村基础设施领域。鼓励按照"公益性项目、市场化运作"理念,大力推进政府购买服务,创新农村基础设施建设和运营模式。支持地方政府将农村基础设施项目整体打包,提高收益能力,并建立运营补偿机制,保障社会资本获得合理投资回报。该文件为创新土地整治投融资体制机制、拓宽投融资渠道、优化投融资模式、加快土地整治建设步伐提供了政策性的指导意见,也明确了各级政府事权和投入的责任,促进广西土地整治创新投融资模式的推进。2017 年 5 月 31 日,为贯彻落实《中共中央 国务院关于深入推进农业供给侧结构性改革 加快培育农业农村发展新动能的若干意见》、《国务院办公厅关于创新农村基础设施投融资体制机制的指导意见》(国办发〔2017〕17 号)、《国务院办公厅转发财政部发展改革委人民银行关于在公共服务领域推广政府和社会资本合作模式指导意见的通知》(国办发〔2015〕42 号)精神,深化农业供给侧结构性改革,引导社会资本积极参与农业领域政府和社会资本合作(PPP)项目投资、建设、运营,改善农业农村公共服务供给,财政部和农业部下发了《关于深入推进农业领域政府和社会资本合作的实施意见》(财金〔2017〕50 号)。文件指出,重点引导和鼓励社会资本参与的农业公共产品和服务供给之一为高标准农田建设,应重点支持集中连片、旱涝保收、稳产高产、生态友好的高标准农田建设,支持开展土地平整、土壤改良与培肥、灌溉与排水、田间道路、农田防护与生态环境保持、农田输配电等工程建设,支持耕地治理修复。该文件为广西探索高标准农田土地整治建设采用 PPP 模式提供了政策保障,推动了政府职能的转

变，提高了土地整治投资的有效性和工程的使用效益。为进一步深化农村金融改革创新，加大对"三农"的金融支持力度，引导农村土地经营权有序流转，应慎重稳妥推进农民住房财产权抵押、担保、转让试点，做好农村承包土地（指耕地）的经营权和农民住房财产权（以下统称"两权"）抵押贷款试点工作，根据《国务院关于开展农村承包土地的经营权和农民住房财产权抵押贷款试点的指导意见》（国发〔2015〕45 号）和《全国人大常委会关于授权国务院在北京市大兴区等 232 个试点县（市、区）、天津市蓟县等 59 个试点县（市、区）行政区域分别暂时调整实施有关法律规定的决定》精神，2016 年 3 月 15 日，中国人民银行、中国银行业监督管理委员会、中国保险监督管理委员会、财政部、农业部联合印发了《农村承包土地的经营权抵押贷款试点暂行办法》（以下简称"办法"）。办法第五条规定"通过家庭承包方式依法取得土地承包经营权和通过合法流转方式获得承包土地的经营权的农户及农业经营主体（以下称"借款人"），均可按程序向银行业金融机构申请农村承包土地的经营权抵押贷款"，并且在全国人大常委会授权的农村承包土地的经营权抵押贷款 232 个试点县（市、区）中包括了广西壮族自治区的田阳县、田东县、玉林市玉州区、象州县、南宁市武鸣区、东兴市、北流市和兴业县 8 个县（市、区），这一政策为社会资本投入土地整治建设提供了又一条融资渠道。

② 地方政策。

2015 年 7 月 16 日，广西壮族自治区人民政府办公厅下发了《广西壮族自治区人民政府办公厅关于推广运用政府和社会资本合作模式增加公共产品供给的指导意见》（桂政办发〔2015〕65 号），在广西正式推广使用 PPP 模式开展公共服务及基础设施领域项目建设。文中强调了推广运用 PPP 模式的重要性和紧迫感，准确把握了推广运用 PPP 模式的总体方向，建立健全推广运用 PPP 模式的各项工作机制，为广西开展 PPP 模式建设指明了方向。2015 年 12 月 2 日，广西壮族自治区财政厅、广西发展改革委、中国人民银行南宁中心支行下发了《广西壮族自治区财政厅 广西壮族自治区发展和改革委员会 中国人民银行南宁中心支行关于在公共领域推广运用政府和社会资本合作模式的实施意见》（桂财金〔2015〕87 号），文件对推进广西 PPP 改革制定了相关的政策措施，包括建立健全工作推进机制，提高改革效率；实行多样化土地供应，保障项目建设用地；发挥财政职能作用，引导社会资本参与改革；构建金融创新机制，加大金融服务力度；夯实基础管理工作，提高改革保障水平五大措施内容，加快了广西基础设施和公共服务领域采用 PPP 模式的改革推进工作。2016 年 12 月 9 日，广西壮族自治区财政厅下发的《关于加大财政扶持力度推动 PPP 改革的通知》（桂财金〔2016〕67 号）对《财政部关于实施政府和社会资本合作项目以奖代补政策的通知》（财金〔2015〕158 号）进行了落实，并建立了自治区财政以奖代补机制，落实了企业上市的财政支持政策，设立了广西政府投资引导基金。自治区财政以奖代补机制奖励对象包括市县人民政府、政府融资平台公司、项目公司和咨询机构，对已经完成采购手续、确定社会资本方、签订合作协议书的新建项目或存量项目，自治区财政将给予一次性奖励；对同时符合中央财政、自治区财政奖励政策的项目，按照最高额度奖励；加大了政府引导作用，坚持市场运作，进一步鼓励社会资本参股开展 PPP 项目建设。

（2）适用范围和实施要求。

①PPP 模式的适用范围。

PPP 改革是转变政府职能、激发市场活力、打造经济新增长点的重要举措，也是财政改革的重要内容。PPP 改革要遵循"政府引导、市场运作，依法合规、重诺履约，公开透明、公众收益，积极稳妥、协同推进"的原则，围绕增加公共产品供给和提高公共服务质量，重点鼓励在能源、交通运输、水利、环境保护、农业、林业、科技、保障性安居工程、医疗、卫生、养老、教育、文化等公共服务领域推广运用 PPP 模式，以吸引社会资本参与。其中，在能源、交通运输、水利、环境保护、市政工程等特定领域需要实施特许经营的，还需按照《基础设施和公共事业特许经营管理办法》的规定办理相关手续。对于已建成的项目，应积极运用 PPP 模式，引入社会资本并组建项目公司，通过项目租赁、重组、转让等方式进行升级改造或合作经营，以缓解财政资金压力、提升经营管理水平、改善公共服务质量。

②实施 PPP 项目的基本要求。

投资规模较大、需求长期稳定、价格调整机制灵活、市场化程度较高的基础设施及公共服务类项目，适宜采用政府和社会资本合作模式。采用 PPP 模式的项目应符合以下条件：第一，政府负有提供责任。采用 PPP 模式的项目必须为政府义务提供的公共服务项目，项目须具有公益性。第二，需求长期稳定。采用 PPP 模式的项目需有工程建成后的运营和维护，在社会资本与政府的项目合作期内，企业通过运营和维护能够有一个稳定的回报。第三，适宜由社会资本方承担。采用 PPP 模式的项目类型主要为城市基础设施等公益性事业，不涉及国家安全或重大公共利益等内容，可由社会资本方承担项目设计、建设、运营和维护。

（3）土地整治 PPP 模式。

综合分析政府和社会资本合作项目的基本要求，以及广西土地整治项目的建设特点，广西土地整治运用 PPP 模式开展项目建设可采用"建设—拥有—运营"（BOO）和"建设—运营—移交"（BOT）两种建设模式。

①建设—拥有—运营（BOO）模式。

政府通过购买服务，采用建设—拥有—运营模式推进项目，项目建成后企业依靠政府付费回收投资成本，并在合作期限内完成对项目建成工程的后期管护和维修工作，以及保证在合作期内土地整治建设工程的正常运行与使用。政府每年通过项目建设工程的完好程度和运行情况对企业进行绩效考评，并根据考评结果进行付费。BOO 模式适用于一般土地整治项目。BOO 模式建设的优点为：政府完成了高标准农田建设任务，并且通过购买服务实现了土地整治工程的后期维护工作，缓解了财政资金的短期大量投入困难。BOO 模式建设的缺点为：社会资本投入的积极性难以调动。

②建设—运营—移交（BOT）模式。

广西采用建设—运营—移交模式开展土地整治项目建设，政府所选取的社会资本方具备对整治后耕地进行经营的能力，以实现土地流转，企业在完成土地整治项目工程建设后，可继续在项目区内耕地上开展农业产业经营，并完成工程管护和维修工作。政府每年通过项目建设工程的完好程度和运行情况对企业进行绩效考评，并根据考评结果对企业进行补贴，土地整治项目形成的新增耕地指标，进行交易后的部分收益可归企业所得，企业每年的经营收益、指标交易收益和政府补贴则作为企业的合理回报。

BOT 模式适用条件为：土地权属清晰，项目区所在县市有土地流转成功先例。BOT 模式建设的优点为：政府完成了高标准农田建设任务，促进了土地流转，增加了农民收入，拓宽了农民增收渠道，减少了财政资金的投入；土地整治建设工程更具针对性，工程使用率更高，促进新增耕地率的提高。BOT 模式建设的缺点为：土地流转到期后土地权属调整工作难度较大。根据《财政部关于实施政府和社会资本合作项目以奖代补政策的通知》（财金〔2015〕158号），在项目完成采购确定社会资本合作方后，地方可申请中央对 PPP 项目的以奖代补资金，奖励金由财政部门统筹用于项目生命周期过程中的各项财政支出，主要包括项目前期费用补助、运营补贴等，这在一定程度上减轻了地方财政的压力。依据广西各地方实际情况，土地整治项目可结合以上两种模式开展建设，因地制宜，充分发挥市场机制作用，保障广西完成高标准农田建设。

（三）制度保障

结合国土空间规划的实施要求、发展趋势以及土地综合整治的新形势，构建科学的全域土地综合整治实施保障体系。

（1）强化法律法规运用。

建立以法律法规为中心、专项法规和地方法规相配套的运作体系，强化自治区、市级、县级的地方性法律法规的建设。

（2）建立工作新机制。

建立政府主导、国土搭台、部门合作、公众参与的工作机制，落实全域土地综合整治的责任，建立目标责任制，将综合整治目标任务完成情况作为考核各部门工作绩效的重要内容。

（3）完善科技管理制度。

通过地方政府统筹政策和资源，制定推动乡村发展的体制机制，完善综合整治科技管理制度，出台人才、土地、财政等资源要素面向农业农村的政策措施，推进土地综合整治管理信息化建设，加强对综合整治项目的动态监测和预警体系，保障项目有序推进。

第五章 广西土地整治创新模式

本章结合自治区开展的多项土地整治工作进行阐述，主要从兴边富民土地整治模式、"小块并大块"土地整治模式、生态型土地整治、耕作层土壤剥离利用和盘阳河流域全域土地综合整治五个方面进行分析。

一、兴边富民土地整治模式

根据国家《兴边富民行动"十三五"规划》《全国土地整治规划（2016—2020年）》《国土资源部 财政部关于进一步做好中央支持土地整治重大工程有关工作的通知》，为贯彻中央生态文明、藏粮于地战略精神，广西壮族自治区人民政府计划以建设高标准基本农田为目标，在防城港市、崇左市、百色市3市实施兴边富民土地整治重大工程。

兴边富民土地整治重大工程分别位于百色市、崇左市、防城港市、钦州市、北海市，为保证项目实施能按照有关要求顺利进行，自治区原国土资源厅专门成立了兴边富民土地整治重大工程办公室，由厅主要领导和相关处室负责人组成，统筹推进广西兴边富民土地整治重大工程项目建设。广西人民政府高度重视兴边富民项目，多次召开会议听取项目进度汇报，对规划和政策制定等方面的重大问题提出具体的指导性意见，研究部署加快推进工作的具体措施和办法，并要求自治区自然资源厅加强督导，确保项目顺利完成。自治区原国土资源厅采取有力措施，深入现场调研，加强组织协调，解决实际问题，顺利推进广西兴边富民土地整治重大工程项目的实施，并取得显著成效，见表5-1。

表 5-1　广西兴边富民土地整治重大工程项目立项统计

序号	项目所在地		项目名称	项目类型	立项批复实施规模/公顷	立项批复总投资/万元
	市	县(市、区)				
1	防城港市	防城区	防城港市防城区滩营乡那屋背村等2个村土地整治项目	典型项目	889.913 9	3 004.44
2	防城港市	上思县	防城港市上思县叫安乡那工村土地整治项目	典型项目	982.212 3	3 683.29
3	防城港市	东兴市	防城港市东兴市马路镇大桥村等2个村土地整治项目	0-20公里	293.834 8	881.5
4	崇左市	扶绥县	崇左市扶绥县龙头乡那贵村等2个村土地整治项目	典型项目	872.708 8	3 272.66
5	崇左市	扶绥县	崇左市扶绥县中东镇九和村等2个村土地整治项目	典型项目	810.125 7	2 607.74
6	崇左市	宁明县	崇左市宁明县北江乡林芬村土地整治项目	典型项目	601.027	2 253.86
7	崇左市	宁明县	崇左市宁明县北江乡那小村土地整治项目	典型项目	1 551.066 3	5 816.51
8	崇左市	龙州县	崇左市龙州县水口镇罗回村土地整治项目	典型项目	956.232 6	3 585.86
9	崇左市	大新县	崇左市大新县恩城乡新合村等3个村土地整治项目	典型项目	1 446.563 4	5 424.6
10	崇左市	宁明县	崇左市宁明县爱店镇堪爱村土地整治项目	0-20公里	106.156 2	318.47
11	崇左市	宁明县	崇左市宁明县寨安乡渠围村等3个村土地整治项目	0-20公里	772.851 5	201.35
12	崇左市	宁明县	崇左市宁明县桐棉乡恭敬村土地整治项目	0-20公里	67.118 1	2 318.55
13	崇左市	宁明县	崇左市宁明县峙浪乡思陵村土地整治项目	0-20公里	134.422 2	403.27
14	崇左市	龙州县	崇左市龙州县彬桥乡俸村村等2个村土地整治项目	0-20公里	442.748 4	703.91
15	崇左市	龙州县	崇左市龙州县武德乡科甲村土地整治项目	0-20公里	770.228 2	1 328.25
16	崇左市	龙州县	崇左市龙州县水口镇埂宜村土地整治项目	0-20公里	445.544 1	1 023.9
17	崇左市	龙州县	崇左市龙州县八角乡八角村等2个村土地整治项目	0-20公里	234.637 3	1 336.63
18	崇左市	龙州县	崇左市龙州县上降乡呼咬村土地整治项目	0-20公里	341.300 6	2 310.68
19	崇左市	大新县	崇左市大新县堪圩乡民智村土地整治项目	0-20公里	210.743 5	632.23
20	崇左市	大新县	崇左市大新县下雷镇土湖社区土地整治项目	0-20公里	187.549 4	562.65
21	崇左市	凭祥市	崇左市凭祥市友谊镇平而村等2个村土地整治项目	0-20公里	351.350 1	671.41
22	崇左市	凭祥市	崇左市凭祥市上石镇下敖村等2个村土地整治项目	0-20公里	223.804 2	1 054.05
23	百色市	田东县	百色市田东县祥周镇甘莲村土地整治项目	典型项目	561.403 1	2 105.25
24	百色市	平果县	百色市平果县太平镇古案村等2个村土地整治项目	典型项目	327.270 4	1 227.26

表5-1(续1)

序号	项目所在地		项目名称	项目类型	立项批复实施规模/公顷	立项批复总投资/万元
	市	县(市、区)				
25	百色市	靖西市	百色市靖西市湖润镇峒牌村等3个村土地整治项目	0-20公里	617.296 9	1 100.73
26	百色市	靖西市	百色市靖西市同德乡伏马村等2个村土地整治项目	0-20公里	321.432 9	1 851.89
27	百色市	靖西市	百色市靖西市岳圩镇利兴村等4个村土地整治项目	0-20公里	611.583 4	1 182.1
28	百色市	靖西市	百色市靖西市壬庄乡敏马村等3个村土地整治项目	0-20公里	414.063 7	1 242.19
29	百色市	靖西市	百色市靖西市安宁乡果布村等3个村土地整治项目	0-20公里	366.908 4	964.3
30	百色市	靖西市	百色市靖西市龙邦镇其龙村等3个村土地整治项目	0-20公里	394.032 3	1 834.75
31	百色市	那坡县	百色市那坡县百合乡大华村等4个村土地整治项目	0-20公里	639.749 2	1 919.25
32	百色市	那坡县	百色市那坡县平孟镇弄汤村等4个村土地整治项目	0-20公里	545.487 2	1 636.46
33	百色市	平果县	百色市平果县马头镇等12个乡镇土地开垦项目	开垦项目	229.621 1	1 635.79
34	百色市	右江区	百色市右江区永乐镇土地开垦项目（一期）	开垦项目	365.347 0	748.80
35	百色市	右江区	百色市右江区龙景街道、汪甸瑶族乡等2个乡镇土地开垦项目（一期）	开垦项目	64.392 8	162.34
36	防城港市	防城区	防城港市防城区扶隆镇那果村、那勉村、小峰经济作物场土地开垦项目	开垦项目	7.440 2	68.67
37	防城港市	防城区	防城区华石镇旱塘村土地开垦项目	开垦项目	14.365 4	155.15
38	防城港市	防城区	防城区那梭镇那梭农场土地开垦项目	开垦项目	7.682	172.35
39	防城港市	东兴市	东兴市冲榄村等3个村土地开垦项目	开垦项目	36.913 7	257.44
40	防城港市	东兴市	东兴市广西农垦国有火光农场1队土地开垦项目	开垦项目	80.082	759.19
41	防城港市	上思县	防城港市上思县叫安镇叫安村等14个村土地开垦项目	开垦项目	142.736 3	238.99
42	防城港市	上思县	防城港市上思县南屏瑶族乡英明村等2个村土地开垦项目	开垦项目	28.507 9	166.54
43	防城港市	上思县	防城港市上思县在妙镇在妙村等6个村土地开垦项目	开垦项目	107.458 4	428.07
44	防城港市	上思县	防城港市上思县平福乡平福村等9个村土地开垦项目	开垦项目	115.99	448.28
45	防城港市	上思县	防城港市上思县华兰镇华兰村等5个村土地开垦项目	开垦项目	71.68	264.23

表5-1(续2)

序号	项目所在地		项目名称	项目类型	立项批复实施规模/公顷	立项批复总投资/万元
	市	县(市、区)				
46	防城港市	上思县	防城港市上思县那琴乡那琴村等2个村、公正乡公正村等2个村土地开垦项目	开垦项目	15.7	80.24
47	百色市	平果县	百色市平果县果化镇等3个镇耕地提质改造项目	旱改水	60.900 9	139.13
48	百色市	右江区	百色市右江区大楞乡、泮水乡耕地提质改造(旱改水)项目	旱改水	31.183 0	194.40
49	百色市	右江区	百色市右江区龙川镇、四塘镇等4个镇耕地提质改造(旱改水)项目	旱改水	18.805 6	144.63
50	百色市	田东县	田东县作登瑶族乡大板村耕地提质改造(旱改水)项目	旱改水	83.315 2	304.92
51	百色市	田东县	田东县平马镇东达村耕地提质改造(旱改水)项目(二期)	旱改水	51.741 8	333.17
52	百色市	田东县	田东县林逢镇福兰村耕地提质改造(旱改水)项目	旱改水	46.893	359.48
53	百色市	田东县	田东县平马镇游昌村耕地提质改造(旱改水)项目	旱改水	45.636	337.04
54	百色市	田东县	田东县朔良镇南立村耕地提质改造(旱改水)项目	旱改水	41.936 3	410.32
55	百色市	田东县	田东县作登瑶族乡训信村耕地提质改造(旱改水)项目	旱改水	22.019 7	239.19
56	百色市	田东县	田东县思林镇英竹村耕地提质改造(旱改水)项目	旱改水	8.462 8	146.66
57	百色市	田东县	田东县那拔镇六洲村耕地提质改造(旱改水)项目	旱改水	16.698 3	212.74
58	百色市	田东县	百色市田东县祥周镇康元村等2个村耕地提质改造(旱改水)项目	旱改水	118.271 5	838.01
59	防城港市	防城区	防城区那良镇那巴、五联和大村3个村耕地"提质改造"土地整治项目	旱改水	89.05	667.88
60	防城港市	防城区	防城区华石镇那湾村、黄江村耕地"提质改造"土地整治项目	旱改水	33.711 6	334.51
61	防城港市	东兴市	东兴市江平镇那漏"旱改水"耕地质量改造项目	旱改水	24.008 9	218.85
62	防城港市	上思县	上思县在妙镇那苗村耕地提质改造(旱改水)项目	旱改水	214.438 5	2 279.416 2
63	防城港市	上思县	上思县在妙镇佛子村百定屯、枯练屯耕地提质改造(旱改水)项目	旱改水	76.370 2	1 118.16
64	防城港市	上思县	上思县在妙镇佛子村那目屯、兰奉屯耕地提质改造(旱改水)项目	旱改水	67.958	830.54

（一）兴边富民土地整治重大工程项目完成情况

兴边富民土地整治重大工程共 64 个子项目，2013 年立项实施的土地整治项目 32 个，包括耕地提质改造项目 18 个、土地开垦项目 14 个。百色市涉及 25 个土地整治项目，其中靖西市 6 个项目，那坡县 2 个项目，平果县 3 个项目，田东县 10 个项目，右江区 4 个项目；崇左市涉及 19 个土地整治项目，其中大新县 3 个项目，扶绥县 2 个项目，龙州县 6 个项目，宁明县 6 个项目，凭祥市 2 个项目；防城港市涉及 20 个土地整治项目，其中东兴市 4 个项目，防城区 6 个项目，上思县 10 个项目。各子项目完成情况见表 5-2。

2019 年 9 月，兴边富民土地整治重大工程 64 个子项目已全部完成建设，并完成竣工验收、验收确认等工作。建设项目区已开始正常生产，并配套了基础设施路、水、电以及其他附属设施等。

表 5-2　广西兴边富民土地整治重大工程项目一览

市	县(市,区)	序号	具体项目名称
百色市	靖西市	1	百色市靖西市湖润镇峒牌村等 3 个村土地整治项目
		2	百色市靖西市同德乡伏马村等 2 个村土地整治项目
		3	百色市靖西市岳圩镇利兴村等 4 个村土地整治项目
		4	百色市靖西市壬庄乡敏马村等 3 个村土地整治项目
		5	百色市靖西市安宁乡果布村等 3 个村土地整治项目
		6	百色市靖西市龙邦镇其龙村等 3 个村土地整治项目
	那坡县	1	百色市那坡县百合乡大华村等 4 个村土地整治项目
		2	百色市那坡县平孟镇弄汤村等 4 个村土地整治项目
	平果县	1	百色市平果县太平镇古案村等 2 个村土地整治项目
		2	百色市平果县马头镇等 12 个乡镇土地开垦项目
		3	百色市平果县果化镇等 3 个镇耕地提质改造项目
	田东县	1	百色市田东县祥周镇甘莲村土地整治项目
		2	田东县作登瑶族乡大板村耕地提质改造（旱改水）项目
		3	田东县平马镇东达村耕地提质改造（旱改水）项目（二期）
		4	田东县林逢镇福兰村耕地提质改造（旱改水）项目
		5	田东县平马镇游昌村耕地提质改造（旱改水）项目
		6	田东县朔良镇南立村耕地提质改造（旱改水）项目
		7	田东县作登瑶族乡训信村耕地提质改造（旱改水）项目
		8	田东县思林镇英竹村耕地提质改造（旱改水）项目

表5-2(续1)

市	县(市、区)	序号	具体项目名称
百色市	田东县	9	田东县那拔镇六洲村耕提质改造（旱改水）项目
		10	田东县祥周镇康元村等2个村耕地提质改造（旱改水）项目
	右江区	1	百色市右江区永乐镇土地开垦项目（一期）
		2	右江区龙景街道、汪甸瑶族乡等2个乡镇土地开垦项目（一期）
		3	百色市右江区大楞乡、泮水乡耕地提质改造（旱改水）项目
		4	右江区龙川镇、四塘镇等4个镇耕地提质改造（旱改水）项目
崇左市	大新县	1	崇左市大新县恩城乡新合村等3个村土地整治项目
		2	崇左市大新县堪圩乡民智村土地整治项目
		3	崇左市大新县下雷镇土湖社区土地整治项目
	扶绥县	1	崇左市扶绥县龙头乡那贵村等2个村土地整治项目
		2	崇左市扶绥县中东镇九和村等2个村土地整治项目
	龙州县	1	崇左市龙州县水口镇罗回村土地整治项目
		2	崇左市龙州县彬桥乡俸村村等2个村土地整治项目
		3	崇左市龙州县武德乡科甲村土地整治项目
		4	崇左市龙州县水口镇埂宜村土地整治项目
		5	崇左市龙州县八角乡八角村等2个村土地整治项目
		6	崇左市龙州县上降乡呼咬村土地整治项目
	宁明县	1	崇左市宁明县北江乡林芬村土地整治项目
		2	崇左市宁明县北江乡那小村土地整治项目
		3	崇左市宁明县爱店镇堪爱村土地整治项目
		4	崇左市宁明县寨安乡渠围村等3个村土地整治项目
		5	崇左市宁明县桐棉乡恭敬村土地整治项目
		6	崇左市宁明县峙浪乡思陵村土地整治项目
	凭祥市	1	崇左市凭祥市友谊镇平而村等2个村土地整治项目
		2	崇左市凭祥市上石镇下敖村等2个村土地整治项目
防城港市	东兴市	1	防城港市东兴市马路镇大桥村等2个村土地整治项目
		2	东兴市冲榄村等3个村土地开垦项目
		3	东兴市广西农垦国有火光农场1队土地开垦项目
		4	东兴市江平镇那漏"旱改水"耕地质量改造项目
	防城区	1	防城港市防城区滩营乡那屋背村等2个村土地整治项目
		2	防城区扶隆镇那果村、那勉村、小峰经济作物场土地开垦项目

表5-2(续2)

市	县(市、区)	序号	具体项目名称
防城港市	防城区	3	·防城区华石镇旱塘村土地开垦项目
		4	防城区那梭镇那梭农场土地开垦项目
		5	那良镇那巴、五联和大村3个村耕地"提质改造"土地整治项目
		6	防城区华石镇那湾村、黄江村耕地"提质改造"土地整治项目
	上思县	1	防城港市上思县叫安乡那工村土地整治项目
		2	防城港市上思县叫安镇叫安村等14个村土地开垦项目
		3	防城港市上思县南屏瑶族乡英明村等2个村土地开垦项目
		4	防城港市上思县在妙镇在妙村等6个村土地开垦项目
		5	防城港市上思县平福乡平福村等9个村土地开垦项目
		6	防城港市上思县华兰镇华兰村等5个村土地开垦项目
		7	防城港市上思县那琴乡那琴村等2个村、公正乡公正村等2个村土地开垦项目
		8	上思县在妙镇那苗村耕地提质改造（旱改水）项目
		9	防城港市上思县平福乡平福村等9个村土地开垦
		10	防城港市上思县华兰镇华兰村等5个村土地开垦项目

（二）兴边富民土地整治重大工程项目成效

1. 新增耕地成效

全区 64 个子项目总建设规模为 19 541.910 8 公顷，新增耕地面积为 836.295 2 公顷（旱地 819.354 7 公顷，水田 16.940 5 公顷），新增耕地率为 4.28%，新增粮食产能指标为 5 563.235 2 千克。通过提质改造（旱改水）工程，新增水田 683.988 1 公顷，提升产能指标 1 560.616 2 千克。

新增耕地主要来源于土地开垦项目及土地整治项目。

（1）土地开垦：兴边富民土地整治重大工程中 14 个土地开垦子项目区的总建设面积为 1 101.658 4 公顷。

新增耕地的开发过程主要是通过结合最新的 1∶1 000 实测地形图以及现场逐块核实，分析新增耕地开垦或开发的难易程度、工程措施的可行性，并与地块所属村屯代表充分沟通获得同意后，实行破碎石芽、翻耕捡石、修建田埂等措施，将非耕地改造为耕地的过程。

经统计，建设完成后，土地开垦子项目区内新增加 836.295 2 公顷耕地面积，新增耕地率为 75.91%，其中新增旱地 819.354 7 公顷，新增水田 16.940 5

公顷。

（2）土地整治：兴边富民土地整治重大工程中 32 个土地整治子项目区的总建设规模为 17 491.345 9 公顷，通过对实施范围内二调为非耕地的地类，包括其他草地、田坎等地类，以及不合理设置且已废弃的沟渠路等，通过采取工程措施，布局优化，将其整治为耕地。

经统计，建设完成后，土地整治子项目区新增了 16.940 5 公顷耕地面积，土地整治项目的新增耕地率为 0.1%。

新增水田主要来源于耕地提质改造（旱改水）项目。兴边富民土地整治重大工程中 18 个耕地提质改造（旱改水）项目，实施总规模为 948.906 5 公顷，涉及提质改造工程的面积共计 683.988 1 公顷。对实施地块内二调为旱地的区域采取土地平整、格田及客土回填、土壤改良构建犁底层等工程措施使原旱地具备保水防渗能力，同时增设灌溉设施使项目区灌溉率达到 80% 以上，符合种植水生作物的标准。项目建成后，耕地提质改造区域内新增水田 683.988 1 公顷。

兴边富民土地整治重大工程新增耕地来源见表 5-3。

表 5-3　兴边富民土地整治重大工程新增耕地来源

单位：公顷

市	新增耕地面积	新增耕地来源		提质改造新增水田面积
		农用地开发	耕地整治	
百色市	443.674 4	439.813 2	3.861 2	347.310 3
崇左市	13.079 3	0	13.079 3	0
防城港市	379.541 5	379.541 5	0	336.677 8
总计	836.295 2	819.354 7	16.940 5	683.988 1

实施兴边富民土地整治重大工程项目是贯彻落实国家保护耕地政策方针的重要举措，项目实施以后，有效增加了自治区耕地面积，缓解了补充耕地指标紧缺现状。

2. 高标准基本农田建设成效

工程实施前，项目区内水田灌溉系统水利用率较低，原有土质渠道渗漏严重，排水系统较差，常有淹渍现象。农田没有防护措施，暴雨季节经常出现水土流失现象，耕地产能较低。通过土地整治建设，项目区水田具有了较完备的灌溉排水体系，水源灌溉充足，土壤肥力较高，抗御旱涝灾害能力大大提高。

道路系统的完善更方便农民下田耕作，农田管理有所改善，基本解决了项目区存在的问题。再经过土壤培肥措施，提高了耕地产能，基本达到"田成方、路相通、渠相连、旱能灌、涝能排"的高标准基本农田建设条件。兴边富民土地整治重大工程 64 个项目区，共建成高标准基本农田 13 910.981 7 公顷，建设始终围绕"富民、兴边、强国、睦邻"的理念，以达到社会主义新农村建设的要求。

3. 节水灌溉成效

为节约灌溉水资源，同时保证灌溉效果，根据作物需水规律和灌溉可供水状况，对现有灌溉设施进行改建、防渗处理，并新建节水新型渠道，以最大限度地减少输、配、灌水过程中的水量损失，把有效的灌溉水量最佳地供给到作物生育期，使单位水量投入的产出最大，实现高产、高效。节水措施主要包括以下两个方面：

（1）工程设施。

对项目区原有土质渠道进行"三面光"防渗漏处理；对新建渠道采用混凝土护底、浆砌石或混凝土表面抹 M7.5 砂浆；对渠道交叉建筑物（构筑物）施行沥青砂浆填缝、水泥砂浆抹面等措施，大幅减少渠水渗漏损失，节约灌溉用水。

（2）非工程节水。

工程建设完成后，向农民推广介绍"薄、浅、湿、晒"的科学灌溉制度，减少农作物耗水量，从使用源头上控制水量浪费。同时，结合节水增产栽培技术、农业结构调整、地表覆盖、土壤培肥等提高作物水分利用效率的农业技术，达到节水增产、增益的目的。一方面，组织村干成立领导小组，对渠系工程进行管理，延长其使用寿命，保证供水正常。另一方面，加强田间灌溉用水管理，实行按需供水，充分灌溉农田，不过量不断流，提高田间水利用系数。

工程实施后，新增和改善灌溉面积达 5 526.742 9 公顷，平均灌溉水综合利用系数提高到 0.47，灌溉保证率提高了 45.8%，项目区内灌溉保证率不低于 75%，满足作物生长用水需求，灌溉效果增益良好；新增和改善农田防涝面积达 3 466.042 6 公顷，增强了农田防洪排涝能力，降低了水毁风险；新增和改善节水灌溉面积达 2 594.560 6 公顷，亩均用水量一定程度有所减少，以崇左片区的项目为例，项目竣工后亩均用水由 7 139.154 立方米减少至 4 460.219 立方米，达到了节水增产的目的。

4. 土地资源节约集约成效

节约集约利用土地资源是生态文明建设的基础，是经济社会可持续发展的必由之路。兴边富民土地整治重大工程始终围绕"保护耕地、节约集约用地"的理念，合理规划工程建设。从数量上看，整治前的 64 个子项目区未利用地总面积为 432.233 7 公顷，土地整治后，未利用地面积为 401.860 3 公顷，减少了 30.373 4 公顷；耕地规模增加了 836.295 2 公顷，土地利用率提高了 3.63%，土地利用结构得到改善。

耕地保护方面，从耕地质量上看，实施前项目区内耕地平均质量等别为 8.39，实施后项目区内耕地平均质量等别为 8.10，耕地质量有提升；其中新增旱地平均质量等别为 9.34；通过提质改造，新增水田的平均耕地质量等别为 7.2。

兴边富民项目实施后，农业生产条件改善，耕地产出增加，新增粮食产能 3.368 1 万吨。

总体上看，项目区土地利用向着结构更加合理、程度更加集约、效益更加凸显的方向转变。

5. 农业发展成效

（1）实现农业发展机械化。

土地综合整治开始前，由于田间道路不完善，机械无法开进大部分农田，农民田间作业主要靠人工种植开垦，效率低且人力劳作强度大。经过土地整治后，村内建立了较完备的道路网，田间道路通达率达到 90%以上，机械进田作业变得更加方便，能够代替人工劳动进行生产，节省了劳务成本和生产资金的开支，提高了生产效率，降低了生产成本，扩大了经济效益，为社会经济的发展注入了新的活力。土地整治建设后，项目区 90%以上的耕地实现了机械化。

（2）推动农业发展规模化。

兴边富民土地整治重大工程的土地平整区面积为 1 406.080 5 公顷，新增耕地面积为 836.295 2 公顷，增加了村庄的农田储备，耕地灌溉和排水效率的提高和田间路网的完善，为农业生产大规模机械化作业和专业生产打下坚实基础。

（3）引导农业发展产业化。

地方政府在农业生产规模大、劳动力少的基础上，以市场为导向，以经济效益为中心，以主导产业、产品为重点，实行区域化布局、专业化生产、一体化经营、社会化服务、企业化管理，形成了种养加、产供销、内外贸、农工商一体化的生产经营体系。通过优化组合各种生产要素，引导农民积极种植，利用各种新型农业经营实体，推动农业产业化，加强农业产业集聚，提高农产品附加值，开拓农民增产和增收的渠道，逐步实现与大市场对接。

6. 村庄建设成效

兴边富民土地整治重大工程建设充分利用现有的房屋、设施及环境，完善了村屯基础设施建设，改善了村庄环境，提高了村民居住舒适度。交通便利性方面，重建了村内主要道路，解决了下雨天道路泥泞的问题，提高了村庄道路质量。另外，新建了多条村屯硬化道路，与田间道、生产路结合，形成交通路网，实现村庄之间、村民居所之间、农田之间的连接，方便农民出行及下田作业。64 个子项目区共修建村屯道路 1 207.040 1 千米，基本满足村内活动需要。村庄卫生整洁方面，在各自然村内修建垃圾池，收集村民的生活垃圾以统一进行处理，避免垃圾乱丢影响村内卫生的情况，改善村庄脏乱差的现状；布设排污沟，及时排出污水，保持村内环境整洁，美化环境；并修建垃圾池 111 座，排污沟 15 493.312 3 米。

农户文体休闲方面，在村内建设小型的晒谷场，农忙时用于谷物晾晒，农闲时用于举办文体活动或健身娱乐，既方便生产，又可丰富村民日常生活，共修建晒谷场 39 503.22 平方米。通过实施村庄整治，较好地解决了村庄行路、排水等问题，改善了农民生产生活条件和农村人居环境质量，促进了乡风文明。

7. 经济效益

工程实施后，项目区各地块的规整化有利于高效机械化耕作；灌溉设施的配套提高了灌溉效率，节省了灌溉费用；道路系统的完善，使得农业机械可以通达田间地头，大大降低了劳动强度。农田生产条件得到改善，从而带动种植结构的调整，增加了粮食和经济作物产量，项目区内水田流转亩均年增加租金 310.25 元，旱地流转亩均年增加租金 275 元，水浇地流转亩均年增加租金 125 元。

8. 社会效益

兴边富民土地整治重大工程建设将国家的各项惠农政策真正惠及了边境地区的村庄村户，经统计，本次工程受益总人数为 268 467 人，有利于推动建成边防人民生产发展、生活宽裕、乡风文明、村容整洁、管理民主的新农村模式，不断促进社会主义新农村建设发展，达到增强边防民族团结、社会稳定、边防稳固的目的。

工程实施后，新增和改善灌溉面积 5 526.742 9 公顷，农田质量产量增加，有效缓解了粮食压力，解决了部分农业人口的生活问题，对维护社会稳定有一定作用；有效地改善了区域的农业生产、生活条件，为今后农业经济的集约化经营打下基础；农田基础设施更加完善，降低了农业生产成本，项目区的农民人均年收入提升 1 772.40 元，有效地增加了农民收入，提高了农民种田的积极性。

9. 生态效益

项目实施后，项目区的水资源得到科学合理的开发利用，提高了灌溉水利用率；农田防护工程的建设，有效地防止了水土流失，改善了农业生态环境，对农作物和自然生态环境起到了积极的保护作用。

二、"小块并大块"土地整治模式

（一）"小块并大块"土地整治起源

随着改革开放的不断深入、市场经济的不断发展以及农村城镇化建设的加快推进，农户承包的耕地"面积小、地块多、分布散、机耕难、效益低"等问题日益凸显，已不适应现代农业发展所提出的新挑战，不符合农业规模化、集约化、产业化的发展要求。因此，改变这种耕地零散、过度分割、各自为"种"的落后农业经营状况，提高农业生产效益，成为广大农民群众的迫切愿望。

1996 年 7 月，龙州县上龙乡弄农屯农民黄忠伟和同屯的农鸿成、农文财、黄天保、黄东在一起聊天，谈到土地零散带来的高强度劳动，便提议几家就近互换土地，将小块并作大块以便耕作。几个人"一拍即合"，第二天就把同一片土地里的地块进行了互换。这一换，使他们 5 户人家仿佛一下子"换了人间"，过去由于土地分散，耕作劳累不说，收入也屈指可数；现在每亩地的收入翻了差不多一倍，达到 1 000 多元，实现了"温饱有余"。而他们"小块并大块"互换土地的做法，为突破农业生产力发展瓶颈找到了新的路径，形成了耕地节约集约利用和土地流转的新模式。弄农屯农民的"创意"很快引起当地党委、政府的关注和重视。1999 年，弄农屯以群众自愿为前提，全屯群众共同参与，将原本零星分散的耕地整理连片，重新按原有承包面积连片划分。整理并地后，村民用拖拉机深耕，种植的黑皮果蔗平均亩产达 8 吨，每亩增收 3 000 元，经济效益显著提高（见图 5-1、图 5-2）。之后，周边板卜屯、板塘屯等村屯纷纷效仿，因地制宜地推行土地"小块并大块"，掀起了耕地"并地"热潮。

图 5-1　龙州县并地前耕地状况

图 5-2　龙州县"小块并大块"项目实施后效果

（二）"小块并大块"土地整治主要做法

1. 做好群众思想工作

土地"小块并大块"具体由所在屯的村民小组组织进行，村党总支和村委会负责群众的宣传动员工作。由屯（队）长对"并地"的时间、区域、群众意愿等进行初步调查，特别是把群众意愿放在首位，确保"并地"工作获得广泛的群众基础。在村民会议讨论过程中，对个别农户存在的顾虑情绪，村党总支和村委会应协助村民小组干部做好群众的思想工作。针对抽签靠后的农户反悔的情况，村委会既要坚持原则，又要要求这些农户遵守抽签前的承诺，耐心做好思想工作。

2. 农民自愿自发组织

土地"小块并大块"必须是在农民自愿基础上进行的，首先由有将耕地

"小块并大块"意愿的农民自发组织。其次由村民小组或村干部带头召开动员大会，向村民宣传"小块并大块"的好处。最后，获得三分之二以上的村民同意并自愿签订"小块并大块"土地权属调整协议。

3. 成立工作小组，清查土地工作

召开村民大会，经召开动员会村民同意实施"小块并大块"后，由村民小组成立工作小组，对参与整合的地块进行土地丈量，描绘地块现状，登记地块类型和面积、逐个对地块进行编号，并将清查成果进行公示，公示期结束，待村民无异议后，自行组织实施。

4. 制定土地整合方案

待核查成果公示无异议后，由工作小组制定土地整合方案，土地整合方案包括地块重新分配方式，地块路网、沟、渠的规划布设和土地整合实施办法等。土地整合方案制定后交由村民会议进行讨论，获得三分之二以上村民同意则通过该方案，并再次公示无异议后再实施。同时，将实施方案报送村委会和乡人民政府备案。

5. 确定土地整合分配程序

成立土地分配工作小组，小组成员由村民推荐产生。该小组负责各户承包土地面积的核查和地块路网、渠道规划。整合后的地块分配方式为：由村民小组会议确定地块分配起点，采取抽签方式确定农户选地先后顺序，农户从分配起点开始自由连片测量土地。调配完成后各农户对地块进行签字认可。

6. 办理确权登记手续

合并调整完成后，按照抽签分配顺序绘制好分配后的地块图纸，造册登记签字确认，待农户确认后按手印方可生效，并鼓励农户向政府申请换发新的土地承包经营证。

（三）"小块并大块"土地整治模式创新成效

"小块并大块"土地整治模式的出现，打破了耕地过度分割的困难局面，消除了规模经营困难的问题，改善了农业机械化作业条件、解决了农民增收缓慢的难题，促进了农业产业结构调整及规模经营，提高了土地利用集约水平，增强了村民民主管理意识，突破了农业发展瓶颈，促进了土地资源、技术和资金等生产要素的优化配置，为农业产业化发展增添了新的活力。

土地"小块并大块"即自然屯在坚持农村土地承包经营制度下，通过召开村民大会讨论，在三分之二以上成员同意的前提下，铲除各农户在同一区域内的若干地块田埂、田间小道和水利渠道，整合成大块土地后再重新分配给农户。土地"小块并大块"不改变农户原有土地承包总面积，只改变地理位置。2010 年中央农村工作领导小组办公室调研组到崇左调研，称赞龙州"小块并大块"土地流转模式"开了全国先河""在中国是首例"。国务院农村综合改革工作小组办公室、原国土资源部也先后对龙州县创新实施"小块并大块，分钱不分田"的土地整治模式给予了高度评价。中央电视台、人民日报、新华社、光明日报、中国国土报等多家媒体也对此进行了多次报道。2013 年，"龙州模式"被列为全国土地改革试点，作为重点推广经验之一，优先在西南八省份喀斯特地区进行推广。

"小块并大块"土地整治模式有效增加了耕地面积，提高了耕地效益。实践证明，通过合理设置机耕路、整治原地块间未利用地，能大量减少田埂，小块土地的田埂得以平整，解决了地块过度分割问题，土地面积增加 3%～5%，土地资源得到充分利用，有效增加可耕地面积；通过完善排灌渠道，改善耕地基础条件，肥力培植等，能基本实现"田成方、路成行、沟相通、渠相连"高标准农田建设目标；一般土地整治项目从选址到工程竣工验收历时 1 年多，政府每亩至少需投资 2 500 元以上，而农民自发"小块并大块"最多只需要 3 个月时间，且亩均仅需补助 1 800 元，既省时、省力、省钱，又实现了"低投入、高回报、高效率"。

"小块并大块"土地整治模式推动了农业农村经济的发展，促进了农业增效，增加了农民收入。开展土地"小块并大块"后，为改善农村生产生活条件，农民群众纷纷出谋划策，通过"一事一议"筹资筹劳加强农业基础建设，积极参与村内民主管理，增强了村民民主议事与决策的意识和建设新农村的凝聚力。同时，"小块并大块"后便于机械化耕作，通过高新科学技术的推广使用，大大节省了劳动力，带来了农业产业化、经营规模化，进一步挖掘了农业内部增收潜力，促进了农村土地、技术、劳力等生产要素的优化配置。据测算，土地"小块并大块"后，平均每亩降低生产成本 200 元左右，增加效益 300～800 元，农民从土地"小块并大块"中得到更多的实惠，有力推动了农业农村经济社会的发展。同时，开展"小块并大块"后，能更好地同步实施土地流转、甘蔗高效节水灌溉工程和农业机械化等，实现农业生产效益最大化，切切实实地使农民享受到了改革的胜利果实。

三、生态型土地整治

（一）生态型土地整治主要做法

1. 政府主导，部门协同，群众参与

生态型土地整治项目充分发挥政府的主导作用，在政府的统筹协调下，各相关部门群策群力，协同推进项目建设，形成工作合力。同时发挥集体经济组织和农民群众的作用，在项目选址、规划设计、工程实施、验收等重点环节以公示或征求意见等方式，积极主动接受项目区群众监督，保障公众知情权与监督权；对于工序工艺简单的工程，鼓励项目所在地发动和组织民众积极参与实施建设，参与质量监督、后期管护等工作，充分调动项目区广大农民群众参与建设的积极性，共同推进项目建设实施，保障公众参与权。

2. 建立试点示范区

为贯彻落实习近平生态文明思想，履行好自然资源部门统一行使所有国土空间用途管制和生态保护修复职责，按照"试点先行，以点带面"的方式，率先安排 3 个生态型土地整治示范项目作为试点，以"习近平生态文明思想"为引领，以"山水林田湖草生命共同体"理念为指导，制定了《广西壮族自治区自然资源厅办公室关于做好生态型土地整治示范项目有关工作的通知》（桂自然资办〔2019〕156 号），明确了生态型土地整治项目总体要求、目标任务、基本原则、工程设计及建设要求、实施管理等方面的内容，为生态型土地整治项目的实施提供探索性指导，为完善相关政策制度奠定基础。

3. 因地制宜布局生态工程

生态型土地整治项目强调生态性原则，项目实施前坚持做好生态现状和生物多样性调查工作，充分衔接各部门相关规划，围绕"保护生物多样性，促进人与自然和谐共生"的生态文明理念，推崇运用生态环保型材料和生态工程技术措施，因地制宜地进行生态工程规划设计布局。采用生态型工程建设材料，能有效减少原材料消耗，减少混凝土的使用，构建生态环保型社会。应尽量减少工程对原有自然生态条件的扰动和对原有生态系统的破坏，因地制宜地建设生物通道和生态池等生态工程，为渠道和田间的生物提供栖息、繁殖、摄食以及避难的空间，以维持生物正常的生存空间活动，保护生物生境。

4. 鼓励社会资本参与投资建设

倡导生态型土地整治多元化多模式投入，鼓励采取多种方式引导和规范社

会资本投资或参与项目建设。根据《广西壮族自治区自然资源厅广西壮族自治区财政厅广西壮族自治区农业农村厅关于印发引导和规范社会资本参与土地整治项目建设指导意见的通知》（桂自然资发〔2018〕16号），3个生态型土地整治项目中除南宁市西乡塘区石埠街道办石西村生态型土地整治示范项目由自治区财政全额投资建设外，其余2个项目采取"先建后补、以奖代补"方式进行建设，自治区财政奖补2个项目投资总额的50%，其余由项目实施主体投入资金建设，充分发挥财政资金撬动社会资本的作用。

5. 打造"土地整治+"生态圈

在政府主导作用下，统筹整合各部门资金和力量，集中打造土地整治+田园综合体。贺州市整合自然资源、农业农村、文旅等其他部门资金，在贺州市平桂区黄田镇长龙村生态景观型土地整治项目的基础上建设贺州市秀峰共享田园综合体项目，整合各方力量，打通阻碍城乡各类要素有序流动的壁垒，建立形成多方集聚的"土地整治+"生态圈，塑造了全新的土地整治新格局。

6. 健全考核机制

将生态型土地整治项目纳入部门年度绩效考核任务，强化地方对生态型土地整治示范项目建设工作的高度重视，推动地方积极主动加强项目实施管理，周密部署，统筹安排，及时协调解决项目实施过程中存在的问题，扎实推进生态型土地整治示范项目建设，确保按照计划完成土地整治项目任务和绩效考评。

（二）生态型土地整治建设成效

1. 生态整治理念的转变，推动生态文明建设

通过开展生态型土地整治示范项目试点工作，以"山水林田湖草生命共同体"理念为指导，积极探索出因地制宜的生态整治模式。生态型土地整治示范项目通过采用生态砖材料以减少原材料消耗、引入新型的C20卡扣式生态防护坡块渠道等生态衬砌技术对沟渠进行改造升级，保护农田生态环境；根据动物种类、迁徙习惯等布设水系廊道以及生物通道等，将破碎化生境连接起来，建立生态工程网络系统，为动物提供无障碍式的逃生通道，有效保护生物多样性；将土地整治与美丽乡村、田园综合体建设相结合，遵循"因地制宜、生态整治、和谐修景"的原则，打造项目区的点、线、面生态景观，使项目区形成集自然保护、农耕保护、农田景观于一体的生态景观网络系统。生态整治理念的转变，改变了传统土地整治项目重经济效益轻生态效益的情况，实现了农村生态效益、经济效益和社会效益共同提高，从而推动生态文明建设。

2. 促进耕地保护，落实耕地占补平衡

在确保生态环境不被破坏，耕地质量有提升的前提下，通过对宜耕后备资源进行开发利用，增加有效耕地面积；通过耕地提质改造（旱改水）工程项目的实施，对项目区旱地进行土地平整；升级改造项目区旱地水利灌溉设施，提高耕地灌溉保证率，增加项目区水田面积；同时通过工程措施、技术措施对项目区内的耕地进行提质改造，有效提高耕地质量，提升耕地产出率，提高粮食产能和地力总体适应能力。3 个试点项目实施后，新增耕地面积 0.794 2 公顷，新增水田面积 22.34 公顷，耕地面积和水田面积的增加以及产能的提升，能有效促进耕地保护，落实耕地占补平衡。

3. 建设生态工程，实现生物多样性保护

生态型土地整治示范项目的规划设计注重植入生态理念，通过生态沟渠、生态道路、生态净化池、生物通道、生物应急池等生态工程的建设，改善项目区生态环境。通过实施生态型土地整治示范项目共建成生态路 2 593 米，景观路 2 026 米，生态渠道 7 665 米，生态净化池 8 座，生物通道 59 条，生物逃生板 55 座，生物应急池 81 座，塘堰生态整修 163 米，道路景观树 610 株，有效维护了生态平衡，为生物繁衍生息预留了栖息空间，保护了项目区农田生态环境和生物多样性，推动了"环境友好"型社会的建设。

4. 农业农村基础设施完善，助力乡村振兴

通过项目实施，建成集中连片、设施配套、高产稳产、生态良好、抗灾能力强、与现代农业生产和经营方式相适应的高标准基本农田 396.204 3 公顷，农业基础设施的完善，为农业产业规模化、现代化发展提供了良好的条件，有利于吸引企业前来流转土地发展产业经济，促进农村产业兴旺，有助于项目区农民多种渠道增加收入，实现农民富裕。同时利用不超过 15% 的工程施工费用于村庄整治，对部分村屯、村庄进行美化及清洁，建设村屯道路和排污设施，实现美丽乡村建设，助力乡村振兴。

5. 实现投资多元化，减轻财政资金压力

传统土地整治项目基本都是由政府财政资金全额投资的，财政资金存在巨大压力，生态型土地整治项目在广西大力鼓励社会资本参与土地整治建设的政策引导下，北海市铁山港区南康镇大伞塘村田园综合体土地整治项目和贺州市平桂区黄田镇长龙村生态景观型土地整治示范项目通过"先建后补、以奖代补"方式引进社会资金投入，自治区财政资金按项目投资总额的 50% 进行奖补，其余资金由项目实施主体自行筹集，引进社会资本投入 1 194.33 万元。项目建设完成后，产生的补充耕地指标和城乡建设用地增减挂钩节余指标可以

依法依规进行交易，指标交易综合收益作为资金来源之一，实现投资多元化，改变以往单纯由财政资金投入土地整治的投资模式，有力地减轻了财政资金压力。

四、耕作层土壤剥离利用

（一）耕作层土壤剥离主要做法

1. 指导思想

坚持以科学发展观为统领，以保护和利用耕地资源为目标，按照"政府推动、市场运作"的原则，坚持统筹规划，认真开展耕作层土壤剥离工作，落实最严格的耕地保护制度，切实保护和利用好难以再生的耕作层土壤资源，实现耕地数量、质量和生态管护相统一，全面提高耕地的综合利用水平，探索保护耕地的新渠道和新方式，为发展广西现代农业提供坚实的资源保障。

2. 工作目标

以保护和利用耕地资源为目标，通过开展耕作层土壤剥离工作，探索建立一套涵盖耕作层土壤剥离、存储、管理、交易、使用等全过程的工作机制，为广西补充耕地、土地整治、高标准基本农田建设、中低产田改造、工矿等废弃地复垦、地质环境治理等工程提供优质土壤，使耕地保护真正实现由数量管理向数量、质量、生态"三位一体"综合管理转变，为广西耕地资源的永续利用和粮食安全做出新的贡献。

3. 实施原则

（1）政府主导、协同推进原则。

政府主导是推进耕作层表土剥离利用顺利开展的关键。全区各级政府要统一部署、统一规划、统一推进，财政、国土、农业、水利、交通、住建、环保、规划等相关部门要积极配合，形成"政府推动、需求拉动、政策驱动、政企联动"的"四动"剥离利用工作。

（2）谁用地、谁剥离原则。

按照城镇批次用地由财政出资，单独选址用地由企业出资的原则，落实耕作层表土剥离保证金。由用地单位负责其所占用耕地耕作层土壤的剥离、存储工作，将耕作层剥离所发生的费用计入建设用地成本。

（3）科学规划、统筹管理原则。

耕作层表土剥离利用是一项综合性土地利用活动，科学规划是做好耕作层表土剥离利用工作的前提。全区各地要编制好耕作层表土剥离利用规划，且耕作层表土剥离利用规划要与主体功能区规划、国民经济和社会发展规划、城镇化发展规划、土地利用总体规划、城市建设规划、高标准农田建设规划等相衔接，切实做到表土剥离和利用在时间、空间上对接，同步实施，剥离和利用土壤方能达到平衡，从而优化运输距离，降低剥离利用成本。

（4）先剥后用，就近利用原则。

非农业建设占用的耕地项目必须在项目建设实施前开展耕作层土壤剥离工作，所剥离的耕作层土壤就近恢复或就近用于补充耕地项目、土地整治项目、中低产田改造、土地复垦、其他农用地改良，尽量做到耕作层土壤剥离利用活动在时间、空间上的衔接。

（5）有偿使用、奖补激励原则。

剥离的耕作层土壤实行有偿原则。凡利用剥离耕作层土壤开展补充耕地、土地整治、高标准基本农田建设、中低产田改造和土地复垦等土壤改良项目的，优先予以安排，并在资金上给予扶持；被占用耕地耕作层土壤剥离工作开展较好的地方，优先保证其年度农用地转用计划指标；建设单位剥离被占用耕地耕作层土壤工作经验收合格的，可对收缴的耕地开垦费给予一定优惠。

4. 实施办法

（1）注重前期勘察规划，夯实剥离工作基础。

一是提前部署安排，实现剥离利用与改扩建方案融合。在项目建设前期，应进行提前谋划，结合线性工程项目特点，明确具体的耕作层剥离利用施工方案及技术要求。采取合同约束，将耕作层剥离、运输、存储、利用等有关工作内容、技术要求、目标考核写入合同条款，规范开展耕作层剥离利用的施工和监理，确保耕作层剥离利用工作落到实处。因地制宜地确定耕作层剥离利用相关费用概预算数额，并纳入相关预算管理和工作量审计及费用核算拨付的文件当中，以确保经费来源及资金使用方案可行，费用收支合理合规。二是科学调查评价，摸清耕作层土壤剥离资源底数。通过实地踏勘采样，获取待剥离区域耕作层土壤表层质地、土层厚度、耕作层厚度、污染状况、pH 值、有机质、土壤类型、剖面结构等信息，并结合土壤样品检测结果，科学核算耕作层土壤剥离潜力。鉴于沿线市县耕地后备资源多寡不均，耕作层土壤资源需求不同，需因地制宜地进行耕作层剥离目标的差别化设计，优化剥离方案。三是统筹规划，促进剥、储、用空间对接。针对高速公路改扩建项目耕作层剥离线长面广，剥离存储点需求多，利用空间优化迫切等问题，综合考虑线性工程自身特点、剥离土壤堆放的安全性、取用的便利性、运输成本及用地获得可行性等因素，统筹规划、合理布局储存点位，探索5种存储用地模式，实现工程弃土和存储绿化一体开展，利用存储空间位置统一，确保表土的剥离、存储及复垦过程的有效衔接。

（2）探索创新施工工艺，用好剥离土壤资源。

通过对耕作层土壤剥离利用技术方法的探索，广西编制了《土壤剥离与利用方案》及《建设占用耕地表土剥离利用技术规范》，规范了耕作层土壤剥离利用工程工艺。一是创新剥离工艺，规范推进剥离工程。根据耕地经营特点和耕作层土壤有效土层厚度、有机质含量、砾石含量及耕作层厚度等，界定耕作层土壤剥离厚度。例如，水田剥离厚度为0.4~0.45米、旱地（包括园地）剥离厚度为0.35~0.4米。通过实践耕作层土壤条带式、倒推式剥离工艺，摸索出了沿平行高速公路走向的条带倒推式耕作层土壤剥离方法，拌料厂、预制厂等占地相对集中的临时用地采取一次性剥离方法。根据平原、丘陵等不同地形，水田、旱地等耕地地类，采用差异性的耕作层土壤剥离机械组合。二是完善运输及存储管理，保持剥离土壤自然肥力。设计运输路线时，依据线路最短和费用最低原则及工程施工特点，考虑存储点与剥离点的空间位置关系，并依据土方量平衡计算结果，开展运输路线优化工作。在存储机械作业时，由一个方向以后退的方式进行卸土，并明确存储土壤堆放高度、坡降、存储时间等技术要求；通过设立标示牌，明确存储点土壤保护目标、保护措施和责任单位；通过修建挡土墙、排水沟，播撒草籽，物理覆盖等措施，确保所存储的耕作层土壤稳定堆放，覆盖到位，排水良好等。三是探索利用模式，延续剥离土壤资源的生产力。依据回覆地区土壤理化性质的评价结果，结合耕地后备资源压力，确定剥离土壤的回覆利用布局及回覆厚度，测算平衡回覆土方量，并进行储存点、回覆点的空间对应，匹配合适的回覆路线。平原区耕作层土壤回覆主要采用中间堆置法和分田块式回覆工艺；丘陵区耕作层土壤回覆主要采用条带倒推式剥离回覆工艺、分段剥离工艺、邻近回填工艺、耕作层土壤逐台下移回覆工艺及表土逐行置换工艺。

（3）推进多部门联动，创新组织管理模式。

一是自治区层面利用政策推动。广西下发多个文件方案，明确提出柳南高速公路改扩建试点在耕作层土壤剥离利用、相关政策、运作模式、资金投入等方面的探索，并将表土剥离利用工程技术及相关政策纳入研究范围，提出奖励办法，鼓励剥离土壤有偿使用等，对耕作层剥离利用实施范围、工作步骤、鼓励措施、保障措施等方面内容给出了指导性意见，为柳南高速公路改扩建工程耕作层土壤剥离利用工作的开展奠定基础。二是广西桂海高速公路有限公司业主层面管理规范。业主单位在施工建设之前对柳南高速公路改扩建耕作层土壤剥离利用的施工图进行专项设计，并将工程量纳入工程量清单进行招标，制定完成相应的实施方案，之后制定并下发《建设占用耕地表土剥离利用技术规范》《柳南高速公路改扩建工程耕作层土壤剥离标准化施工技术指南》《土壤剥离与利用方案》等一系列文件，规范了耕作层土壤剥离、存储、保育等施工工序及要点，明确了剥离土壤的利用方向，全方位探索了前期调查评价、施工准备、灌木清除、耕作层剥离、运输、存储等工作，并在剥离过程中及时跟踪检查与监管。三是施工单位层面发挥主观能动性。各参建单位均按照广西桂海高速公路有限公司的要求成立耕作层土壤剥离领导小组，并制定耕作层土壤剥离管理办法和剥离实施细则，建立表土剥离跟踪台账，定期召开会议，最长每月组织一次讨论总结会议，最短每周召开一次总结会议，以了解剥离进度与存在问题，并将表土剥离工作纳入劳务队绩效考核，实施奖励与惩罚制度，有效地保障了工作的推进。

（二）耕作层土壤剥离建设成效

根据广西的相关工作部署，各地统一思想，高度重视，均陆续开展了耕作层剥离利用试点项目，成效显著。其中桂林、南宁、贵港、贺州、来宾等地开展效果较好。截至2016年年底，全区各地共剥离耕作层土壤1 006.7公顷。超额完成任务296%。南宁市目前试点的泉南高速公路南宁至柳州（鹿寨）段改扩建工程与中国（广西）—东盟经济技术开发区非农建设项目占用耕地耕作层土壤剥离及利用试点项目正在实施表土剥离利用工程，现已剥离耕地70万立方米；桂林市除对已经实施过表土剥离项目的临桂区继续抓紧推进外，还选取了荔浦县、兴安县等县作为2016年的试点，目前已实施剥离耕地135.66公顷；贵港市已确定试点项目为桂平市大藤峡表土剥离试点及贵港市港北区园博园表土剥离再利用项目，目前全市已完成表土剥离的土壤面积共计66.94公顷；来宾市为泉南高速改扩建工程落实4个储存点，剥离表土79.31公顷；柳州、贺州、百色等市积极推动表土剥离利用试点工作，贺州在八步、平桂、富川、钟山、昭平等地均确定了试点项目，实施表土剥离102.39公顷，柳州市剥离表土148.99公顷，百色市剥离表土140.46公顷。

广西柳南高速全长248.7千米，起于柳州市鹿寨北枢纽互通，止于南宁市那容互通东，途径鹿寨、柳州、来宾等10市县，项目以沿原有道路两侧拼宽改扩建为主，局部采取两侧分离或新建方式进行改扩建。因沿线低山、平原、洼地等地形条件复杂，红壤、水稻土、赤红壤等土壤类型多样，水田、旱地、林果等利用方式均有，耕作层剥离利用中面临着剥离对象多样、剥离条件复杂、剥离涉及单位多、剥离利用成本高、利益群体协调任务重、预算资金落实不足等多重难题。据勘察设计和估算，项目实际可剥离量为 110 万立方米，新增投资约需 7 200 万元。2017 年 3 月，已完成剥离量为 99.54 万立方米，占实际可剥离量的 90.49%；落实存储点 46 个，原合同计划为每个标段 2 个，超出计划的 64.2%，其中，企业单独租赁农民的有 25 个，利用临时站场满足的有 7 个，与土地复垦、开发项目结合的有 8 个。扣减村民复耕、荒地改造、旱地改良、取弃场复垦及边坡绿化达 25.05 万立方米，地方国土局土地整治示范项目达 4.8 万立方米，目前已存储土壤达 69.7 万立方米。经调查，土地整理（改良、改造、复垦）面积约 850 亩，土地开垦面积 43 亩，总计 59.5 公顷。新增耕地主要种植甘蔗，土壤改良后，每公顷增产约 7.5 吨，按每吨 500 元计算，增加经济效益约 22.31 万元。

五、盘阳河流域全域土地综合整治

（一）项目建设内容

1. 主要建设内容

盘阳河流域全域土地综合整治项目位于河池市巴马县东北侧盘阳河两岸，距离巴马城区 6 千米，涉及巴马镇坡腾等 8 个村、甲篆镇百马等 8 个村，共 16 个行政村，拟建设规模为 24 176.777 5 公顷，计划实施期限为 2019 年 1 月至 2025 年 12 月，预计总投资 86 427.36 万元。主要建设内容包括土地整治类、生态修复类和建设类三大工程，其中土地整治类工程预计总投资 9 173.49 万元，建设内容包括耕地提质改造（59.890 5 公顷）、城乡建设用地增减挂钩（5.378 8 公顷）、宜耕后备资源开发（11.516 6 公顷）、废弃采矿用地复垦（27.018 0 公顷）、残次林地开垦（25.389 3 公顷）、生态型农田整治（49.172 2 公顷）和耕作层表土剥离利用（320.150 5 公顷）；生态修复类工程预计总投资 36 560.46 万元，建设内容包括岩溶石漠化治理（1 331.57 公顷）、矿山保护与修复（89.84 公顷）、地质灾害防治（14 处）、生物多样性保护与修复（14 364.943 7 公顷）、水环境保护与修复（2 378.271 8 公顷）；建设类工程预计总投资 40 693.41 万元，建设内容包括村庄建设、盘阳河旅游带建设、产业融合发展等工程。项目预计新增耕地 69.302 6 公顷，新增耕地率为 5.16%。项目区内各类建设产业用地拟需划出基本农田面积 102.386 6 公顷，将基本农田储备区共 104.455 4 公顷作为补划面积，同时将 12.740 5 公顷旱改水划入基本农田储备区，占需调整基本农田面积的 12.44%。

2. 项目主要特色

一是该项目属于生态保护治理和国土空间综合治理重点区域，是生态脆弱重点保护地区项目，项目的实施对保障国家和自治区生态安全，改善区域生态环境和经济社会发展意义重大。

二是该项目是自治区计划重点打造盘阳河流域山水林田湖草系统的项目，主要开展盘阳河流域生态保护修复有关的工作，以及编制巴马瑶族自治县各部门相关规划，政府积极性高，能够将产业融合及生态修复有机融合，打造自治区级重大工程。

三是项目工程坚持生态理念，采取生态石笼技术，保护渠道两岸农田；采用生态石笼与植物相结合的形式，开展防冲护岸绿化，确保在满足防冲需要的同时，提高项目区生态环境及自然景观的水平，形成园田河综合生态体；构建生物通道和生态池，有效维护生物多样性，保护项目区生态环境。

（二）项目建设成效

1. 社会效益

项目区开展全域土地综合整治，通过农田整治、耕地提质改造（旱改水）、宜耕后备资源土地开发、城乡建设用地增减挂钩、残次林地开垦等工作，使区域内耕地的质量等别得到提高。提升农业生产规模与土地利用率，为农业机械化、规模化、集约化生产提供良好的条件，提高农民参与社会化生产的能力，促进项目区内落后低效的生产方式，推动现代农业的发展。整治项目范围内土地统一流转，农民获得的流转收益每年为几百元到几千元；通过耕地提质改造新增水田，土地流转价按照水田标准，农民收益增加。同时，将原有碎片化土地流转后，农民时间更加自由，可通过其他方式增加收入，如可借助产业发展良机，开展农家乐项目创收，或利用基地项目提供的就业机会参加工作，实现稳定收入，从而迈出乡村振兴"生活富裕"总要求的第一步。

2. 生态效益

（1）推进矿山修复治理。

项目区开展国土综合整治，加快补齐生态短板，对项目区内破损山体和露天采矿因地制宜地开展矿山地质生态修复。推进绿色矿山建设，探索创新治理模式，将矿山地质环境恢复治理与土地复垦、观光旅游等绿色产业融合发展。加大监督执法力度，对区域内矿山地质环境保护和治理恢复责任履行情况开展巡视，最终达到全面治理，实现经济效益、环境效益和社会效益的最大化。

（2）提升区域生态环境。

项目区开展国土综合整治，能够完善项目区农村基础设施和公共服务，改善农村生产生活条件，降低农村生活污染，提升村庄生态环境。树立山水林田湖草是一个生命共同体的理念，加强对项目区自然生态空间的整体保护，减少对化肥、农药、农膜等化学产品的使用，降低农田生产污染。对生态环境脆弱地区进行退耕还林、还草，加强防护林带等配套设施的建设，修复和改善乡村生态环境，提升区域生态功能和服务价值。

3. 经济效益

（1）获取指标收益。

通过开展土地综合整治，能够获取相关指标收益。其中，耕地提质改造（旱改水）面积为 73.472 9 公顷（折合 1 102.09 亩），旱改水指标收益按 15 万元/亩测算，指标收益金额为 16 531.35 万元；开垦面积为 29.639 2 公顷（折合 444.59 亩），按照开垦为旱地的标准，旱地指标收益按 4 万元/亩测算，指标收益金额为 1 778.36 万元；城乡建设用地增减挂钩面积为 2.044 8 公顷（折合 30.67 亩），增减挂钩指标收益按 25 万元/亩测算，指标收益金额为 766.75 万元；经过开展土地综合整治项目，整治后项目区产生指标收益 19 076.57 万元，可有效缓解地方财政压力。项目区指标收益统计见表 5-4。

表 5-4　项目区指标收益统计

项目名称	指标产出量/亩	指标收益/万·亩$^{-1}$	收益总额/万元
耕地提质改造项目	1 102.09	15	16 531.35
开垦项目（宜耕后备、残次林地、废弃采矿）	444.59	4	1 778.36
城乡建设用地增减挂钩项目	30.67	25	766.75
合计	1 577.35	—	19 076.46

（2）提升土地经济产出。

通过开展土地综合整治，推进土地平整工程，规整零碎分散田块，提高田面平整程度，提升农业生产规模；合理规划和修建农田基础设施，完善田间道路和水利设施系统，增强农田防洪排涝能力；通过加固盘阳河两岸堤坝，防洪御灾，保护生态环境；实施耕地提质改造工程，提升耕地质量，提高耕地产出；推进宜耕后备土地资源开发，增加耕地面积；通过废弃采矿用地复垦和城乡建设用地增减挂钩，盘活土地存量，提高土地集约节约利用程度的同时提高土地经济产出。

（3）提高农民经济收入。

通过扩大耕地面积和提高耕地质量，可提高土地生产能力，降低生产成本，优化农民的土地投入与产出结构，进而增加当地农民收入，激发农民种地积极性，有助于促进项目区基本农田的建设和保护。同时，旅游产业的引入也为当地居民提供了很好的就业机会，可有效减少当地农村剩余劳动力。农田水利设施及农村交通设施的配置完善，为农业规模化、集约化、机械化提供了良好的发展平台，便于现代化农业技术的推广与应用，提高农业科技含量，进而增加农业的利润空间。

第六章 广西土地整治的典型案例

一、广西兴边富民土地整治项目：大新县恩城乡

广西壮族自治区人民政府高度重视兴边富民土地整治工作，多次召开会议听取项目进度汇报，对规划和政策制定等方面的重大问题提出具体的指导性意见，并研究部署加快推进工作的具体措施和办法。自治区原国土资源厅专门成立了兴边富民重大工程办公室，由厅主要领导和相关处室负责人组成，统筹推进广西兴边富民重大工程项目建设。广西兴边富民重大工程项目涉及 64 个项目，分别位于崇左市、百色市和防城港市。在实践中，形成了"政府主导、国土搭台，部门联动、农民参与"的模式，层层落实承包责任制，明确各相关部门的任务和责任，加强对项目建设的指导、协调和督促，取得了良好的整治效果。现以大新县恩城乡 3 个村（新合村、陆榜村、维新村）土地整治项目为例，对案例的基本概况、主要做法、取得的成效和经验总结进行分析。

（一）项目基本概况

崇左市大新县恩城乡新合村土地整治项目于 2013 年 8 月 29 日立项。2014年 11 月 4 日开工，根据崇自然资发〔2019〕54 号文件，2018 年 12 月 29 日完成 A 标段竣工验收，2018 年 4 月 28 日完成 B 标段竣工验收。

项目区位于崇左市大新县恩城乡，涉及新合村、陆榜村、维新村 3 个行政村，地处大新县南部，距大新县城仅 20 千米，距崇左市区 55 千米。项目区土地权属清晰，无权属纠纷。其项目性质为国家投资土地整治重大工程，实施面积为 1 446.563 4 公顷，其中水田 424.878 7 公顷，旱地 729.632 9 公顷。项目总投资 3 232.69 万元，工程建设情况为：①完成格田平整 103.305 公顷；②修建灌、排（渠）管道共 55.004 千米；③拓宽田间道路 51.132 千米，其中田间

道 40.951 千米，生产路 10.181 千米；修建下田坡道 116 座，回车台 5 座，会车道 10 座；④修建坡面防护截、排水沟 2.031 千米，挡土墙 565 米；⑤修建晒场 8 257 平方米，村屯道路 3.636 千米，垃圾池 10 座。

项目区位于岩溶洼地工程类型区，属石漠化区整治类项目，根据《广西壮族自治区土地整治工程建设标准》和《广西石漠化治理技术规程》的相关要求，结合项目区的实际情况，进行项目规划设计，重点进行石漠化治理，其主要内容有：

（1）土地平整工程：在项目区水源充足的田块内进行土地平整，建成 991.49 公顷的高标准基本农田，归并分割细碎的地块，提高灌溉均匀度，以满足未来集约化、规模化、专业化、机械化的农业生产要求，形成田成方、格田化的格局；耕地内石芽清除工程：对 431.26 公顷的石漠化区进行整治，项目区分散在耕地中间的裸露石芽面积总计 28.92 公顷，规划对裸露的石芽进行清除，平整区清除到田面 60 厘米以下，非平整区清除到田面 40 厘米以下，清除后回填客土覆盖整理为耕地；新增耕地工程：开发、复垦可利用的其他草地和废弃坑塘等，提高土地利用率，预计可新增耕地 55.221 8 公顷（含不稳定新增耕地 34.612 0 公顷）。

（2）农田水利工程。针对项目区大部分耕地干旱缺水的问题，充分利用团结水利工程、榜屯水库和武能山泉水等灌溉水源，进行田间水利设施配套，提高水利用率，根本解决项目区灌溉用水问题，水田面积将大幅度提高，预计新增灌溉面积 143.002 2 公顷，改善灌溉面积 424.878 7 公顷，新增灌溉面积占实施面积的 9.89%，效益显著。

（3）田间道路工程。在农业综合开发项目建设的基础上，进一步提高建设标准，硬化改造现有主干道路，在这基础之上，对田间道路系统重新规划，布设田间主道、次道和生产路，完善田间交通系统，构建项目区内外交通路网，提高道路通达度和道路标准。规划拟修建田间主道 21 498 米、田间次道 24 460 米、生产路 13 402 米，使项目区田间主次道密度达到 34 米/公顷，生产路密度达到 10 米/公顷，道路通达率达到 95%以上；从而方便群众生产生活，降低农产品运输成本，解决群众交通不便等问题，为实现机械化奠定坚实的基础。

（4）农田防护与水土保持工程。本项目为石漠化区整治类项目，重点对 431.26 公顷的石漠化区的耕地进行整治，通过清除石芽，修建截水沟，修筑护岸，布设防护林等工程措施，减缓石漠化进程，改造区域生态环境。

（5）其他工程。根据《村庄整治技术规范》，结合村庄发展现状，规划建设新胜、陆屯和那敏 3 个改建型村屯。通过开展村庄基础设施配套建设，修建 4 个晒谷场、硬化 15 条屯内道路，修建 10 个垃圾池，丰富农民文化生活，改善农村生活条件。

（二）主要做法

为便于土地权属调整和规划设计报告叙述，根据土地权属情况，以村界为分区界线，将项目区分为新合村（A）、陆榜村（B）和维新村（C）三个片区。

1. 土地利用布局

根据大新县土地利用规划、土地限制性因素分析和土地适应性评价等，对项目区范围内的土地利用进行空间布局上的优化，以取得最佳的经济、社会和生态效益。

项目区属于岩溶洼地工程类型区，四周环山，其大部分耕地地形坡为 1 至 2 度。项目区整体地势由东向西、由北向南倾斜。支沟贯穿整个项目区，是项目区最低洼的区域。根据项目区水源分布特点、地形条件、当地农业特色等因素，对项目区进行规划。

新合村，石芽多，开展机械化耕作难度较大，且水源得不得保障，不适合进行平整，主要以种植甘蔗等传统作物为主。

维新村位于榜屯水库下游，为团结水利的控灌区，该区域以建设高标准基本农田为主，是项目区中的甘蔗主产区，适合种植早熟、高糖、高产、宿根性好的优良甘蔗新品种——桂糖 30，能进一步提高甘蔗产量及蔗糖分，增加甘蔗良种储备，加速广西甘蔗主栽品种的更新换代，促进蔗糖生产的可持续发展。

维新村巴山北部属武能泉灌溉区域，是项目区中的粮食主产区，适合大力发展优质谷，通过积极推广高产优质的新两优 6 号、Y 两优 1 号、中两优 1 号等超级水稻，实施"吨粮田"示范基地建成无公害蔬菜基地，成为崇左市蔬菜基地样板示范点，其种植的蔬菜品种以青椒、西红柿、美国甜豌豆、四季豆、食用菌、马铃薯、叶菜类、瓜类等品种为主。

维新村新胜屯东部以旱地为主，以种植当地高产农作物甘蔗为主，规划为高产甘蔗种植区，以巩固恩城乡甘蔗支柱产业。项目区土地整理前后具体面积变化情况见表 6-1。

表6-1 项目区土地利用结构调整

一级类	二级类	整治前		整治后		面积增减/公顷
		面积/公顷	比例/%	面积/公顷	比例/%	
耕地(01)	水田(011)	424.878 7	29.37	588.490 7	40.68	163.612 0
	旱地(013)	729.632 9	50.44	586.630 7	40.55	−143.002 2
	小计	1 154.511 6	79.81	1 175.121 4	81.24	20.609 8
园地(02)	果园(021)	52.985 2	3.66	52.985 2	3.66	0
	小计	52.985 2	3.66	52.985 2	3.66	0
草地(04)	其他草地(043)	9.079	0.63	5.715 3	0.40	−3.363 7
	小计	9.079	0.63	5.715 3	0.40	−3.363 7
城镇村及工矿用地(20)	村庄(203)	62.196 5	4.30	62.196 5	4.30	0
	小计	62.196 5	4.30	62.196 5	4.30	0
交通运输用地(10)	农村道路(104)	18.704 2	1.29	22.804 2	1.58	4.100 0
	小计	18.704 2	1.29	22.804 2	1.58	4.100 0
水域及水利设施用地(11)	坑塘水面(114)	22.852 8	1.58	18.597 8	1.29	−4.255 0
	沟渠(117)	24.639 9	1.70	16.879 5	1.17	−7.760 4
	小计	47.492 7	3.28	35.477 3	2.45	−12.015 4
其他土地(12)	设施农用地(122)	0.223 5	0.02	0.223 5	0.02	0
	田坎(123)	7.361 1	0.51	3.713 1	0.26	−3.648 0
	裸地(127)	94.009 6	6.50	88.326 9	6.11	−5.682 7
	小计	101.594 2	7.02	92.263 5	6.38	−9.330 7
合计		1 446.563 4	100	1 446.563 4	100	0

2. 工程平面布局

为了满足未来集约化、规模化、专业化、机械化的农业生产要求，推动农村产业化进程和产业结构的调整，项目区按照集中连片、方便实施及因地制宜的原则，对适宜进行土地平整的319.61公顷的耕地进行规划，占项目区总面积的22.09%。

项目区通过清理石芽、客土回填等措施，将可开发的原有其他草地、原有废弃坑塘、裸地等整理成耕地；通过田块归并，减少部分田坎，清理耕地内杂乱分布的石芽，增加耕地，方便机械耕作。土地平整后，可达到提高耕作机械工作效率、保障田块灌溉、排水畅通、提高耕地质量、保持耕地肥力等目的，满足规模经营的要求。本项目土地平整工程采用局部平整方案。受地形和水源限制，应选取水源充足、地势平坦的区域，按照先易后难、先近后远、先缓后陡、先水田后旱地的原则进行土地平整。

3. 灌溉与排水

一是水源工程布局。项目区规划后利用的灌溉水源主要有桃城河、武能泉、维新泉、榜屯水库。项目区通过团结水坝引入桃城河水，团结水坝位于恩城乡护国村下禁屯，水坝坝高 3.5 米，坝顶长 80 米，坝顶宽 1.2 米，设计引水流量 2.5 立方米/秒，正常引水流量 2.0 立方米/秒。财政局农业综合开发办公室已对团结坝进行加固维修，并对其进行硬化改造，以保障项目区灌溉用水。

武能泉位于项目区外武能屯北侧，该山泉水常年均有水源，且水源富余，少有干枯情况出现，出水量为 0.75 立方米/秒；维新泉位于维新街北部，213省道旁边，出水量为 0.25 立方米/秒，武能泉和维新泉现状完好，可直接取水灌溉。榜屯水库为小型水库，该水库库区内有泉眼，主要以蓄积榜屯泉为主，榜屯泉出水流量为 0.30 立方米/秒；水库另有外引干沟 B01 来水，引水流量为 0.197 8 立方米/秒，总库容为 19 万立方米，主要灌溉项目区内的田块，但由于坝体坍塌，漏水严重，基本起不到积蓄功能，本项目规划在坝体内侧修建一段墙式护岸。

二是灌溉工程布局。团结干渠由北向南进入项目区，是项目区最主要的水源之一，起于团结水坝，至巴吕屯分水到支渠和斗渠，其下级渠道自西向东灌溉 B 片区北部的大部分田块。榜屯水库位于榜屯南部，项目区内设 2 个取水口，下接 2 条灌溉渠道，自东向西灌溉 B 片区南部的田块。武能泉由渠道自流灌溉，通过修建斗渠，能灌溉 C 片区西部的大部分水田。维新泉作为补充水源。

三是排水工程布局。项目区地势由东北向西南方向倾斜，项目区中部一条支沟贯穿项目区，是项目区最主要的排水通道，也是项目区地势最低的区域。A 片区古亮屯周边，临近支沟，可直接排入支沟内，最终汇入黑水河；A 片区新合村北侧，该区域地势低洼，地形复杂，通过布置一条东西方向斗沟，将水排入黑水河。B 片区主道南侧，地势由北向南倾斜，也可直接布置斗、农沟将涝水排入支沟内；主道北侧，地势由南向北倾斜，通过东西方向布置一条斗沟，连至南干渠，在这基础上布置农沟，将涝水排出。C 片区位于支沟的两边，可直接布置斗、农沟将涝水排入支沟内。

此外，榜屯水库也是项目区的一个排水承泄区。为了雨水能快速汇集至水库，还布置一部分引水渠道将雨水和山涧水汇集到水库中来。

4. 田间道路

本项目道路布置结合项目区现有道路情况、村屯人口情况、村屯道路通行情况，以及项目区的农作物与农产品的运输方式、运输特点、运输量、运输需求等，以最经济、最实用为出发点规划本项目区的道路系统。

省道213东西方向穿过项目区，村屯零星分布在项目区内，主要位于省道213北侧，通过布置田间主道连接省道，可形成棋盘式网状道路交通网络。

项目区武能南部田块和榜屯南部田块主要以水田为主，种植水稻、蔬菜和食用菌等，运输量大且运输时段长，但运输机械相对小，以农用三轮车为主，故道路布置以该区域为主，道路建设标准相对较高，多采用浆砌石路肩，路面宽度较小。项目区其他区域以旱地为主，主要种植甘蔗，运输机械大且集中在甘蔗收割季节，故路面宽度相对较大，但道路通达率和道路标准相对低，多采用土路肩。

5. 农田防护与生态环境保持

项目区内基本没有农田防护设施，存在一定的水土流失现象，每至雨季，降雨夹带泥土冲入中间支沟，耕地的保土保肥能力差，导致耕作层薄、石芽多，严重影响农作物生长。项目规划对支沟进行改造，裁弯取直，进行硬化，并设置防护林，防止雨水带走肥土。

在项目实施过程中，因土地平整及施工其他农田水利工程，在短期间可能会造成水土流失，所以在施工过程中应注意做好区域及周边的水土保持与环境保护工作，并对水源采取一定的保护措施。具体水土保持方案如下：

①根据工程水土流失的特点、危害程度和防治目标，水土保持设计采取分区分期防治，工程建设前期以水土保持工程措施为主，因地制宜，辅以生物工程措施相结合，能快速有效地遏制水土流失；后期以植物工程措施为主，以防止水土流失，改善生态环境。

②主体工程防治区主要根据挖方、填方情况，对路基边坡防护、路基排水系统、路基压实和绿化工程实施防护措施，从而保护路基的稳定，排除路基路面积水，美化公路运行环境，保证公路的安全稳定运行。

③取土场防治区根据取土场所在的地理位置及地形条件进行综合治理，主要采取坡面防护、防洪排水、覆土造地等措施。取土场在取土的过程中破坏了原有地表的自然坡度，形成了裸露坡面，因此应对其进行治理改造，对裸露面进行削坡，并在开挖坡面上覆土造田；土地整治后再进行植物防护，在开挖坡

面坡顶设截水沟防治水土流失，恢复植被，充分利用土地资源。实现水土流失防治由被动控制到主动治理开发的根本转变，能确保工程建设及运营期不发生严重的水土流失。

④弃土场防治区应采取挡土墙、护坡工程以及综合排水工程和土地整治等水土保持措施进行防护，主要包括设置渣场排水系统、挡渣墙，堆渣后回填表土，使土地表面平整，再进行人工夯实；坡面进行植物防护，以恢复植被。同时，防治弃渣下泄，稳定边坡，能有效恢复和改善土地生产力。

临时工程用地防治区在施工中的临时占地，应将原有地表中有肥力的土壤推至一旁，待施工完毕后，再将这些熟土用于恢复原有表层，以利于今后耕种。根据当地的自然情况，对裸露地除硬覆盖外，还应种植适合地区的常绿植物等，使公路建设造成的地表裸露面尽可能恢复植被。

项目实施后，应注意在开挖土与石料场种植草、树以恢复植被，防止水土流失。

（三）取得的成效

1. 经济效益

一是改善农业生产条件。项目区土地通过整治后，将较大地改善农业生产条件，提高土地的适宜性，整治后种植结构可随市场需求状况及时进行调整。根据目前项目区种植结构，结合现在市场需求，规划实施后，项目区耕地将以种植水稻、甘蔗等作物为主。项目增加的产值扣除增加的运行成本后即为整理后的效益。耕作成本包含种子、投入工日、农药、肥料、水费等费用。耕作成本均以种植面积计。

二是降低运行成本。运行成本包括项目区各类设施的年维修维护费、耕作成本、项目区管理人员工资及福利社保和其他费用等。其中：

年维修维护费：按项目固定资产投资的 1.5%~2.0% 计算，年维修维护费约为 91.95 万元。

耕作成本：耕作成本包含种子、投入工日、农药、肥料、水费等费用。耕作成本均以种植面积计。

对于原有耕地部分：整治前主要存在土地未经平整，渠系及排水系统不配套，灌溉保证率低，旱、涝灾害均比较严重，田间道路缺乏，道路通达率低，耕作成本偏高等问题。整治前原有耕地耕作成本如表 6-2 所示。

表 6-2 整治前原有耕地耕作成本

类别	植被	种植比例/%	播种面积/亩	亩均成本/元	成本/万元
粮食作物	早稻	15.00	2 597.65	220.00	57.15
	晚稻	15.00	2 597.65	230.00	59.75
	玉米	5.00	865.88	225.00	19.48
经济作物	甘蔗	80.00	13 854.14	650.00	900.52
	花生	5.00	865.88	198.00	17.14
合计		120.00	20 781.21	—	1 054.04

通过完善的灌排设施和交通设施，平整格田，将较大地提高灌溉保证率和道路通达率，提高土地的适宜性，改善农业生产条件，从而大大地降低了耕作成本，水田和旱地的综合复种指数也提高到 130%。经概算，项目实施后，耕作成本为 965.46 万元。整治后原有耕地耕作成本见表 6-3。

表 6-3 整治后原有耕地耕作成本

类别	植被	种植比例/%	播种面积/亩	亩均成本/元	成本/万元
粮食作物	早稻	20.00	3 463.53	190.00	65.81
	晚稻	25.00	4 329.42	200.00	86.59
	玉米	5.00	865.88	210.00	18.18
经济作物	甘蔗	75.00	12 988.26	600.00	779.30
	花生	5.00	865.88	180.00	15.59
合计		130.00	22 512.98	—	965.46

对于新增耕地部分：耕作成本是全部新增耕地的耕作成本，项目新增耕地 20.609 8 公顷（只计算本次土地整治增加的新增耕地部分），种植面积 401.89 亩。新增耕地耕作成本如表 6-4 所示。

表 6-4 新增耕地耕作成本

类别	植被	种植比例/%	播种面积/亩	亩均成本/元	成本/万元
粮食作物	早稻	20.00	61.83	190.00	1.17
	晚稻	25.00	77.29	200.00	1.55
	玉米	5.00	15.46	355.00	0.55

表6-4(续)

类别	植被	种植比例/%	播种面积/亩	亩均成本/元	成本/万元
经济作物	甘蔗	75.00	231.86	600.00	13.91
	花生	5.00	15.46	180.00	0.28
合计		130.00	401.89	—	17.46

从上可知,项目区整治前总耕作成本为1 054.04万元,整治后项目区总耕作成本为965.46万元+17.46万元=982.92万元,合计减少耕作成本71.12万元。

2. 社会效益

一是增加有效耕地面积,提高耕地质量。通过实施土地平整、清除石芽、小田并大田、权属调整、田块规整等措施,建设了991.49公顷高标准基本农田;通过把项目区内现有宜农的废弃坑塘、其他草地等开发整理为耕地,使耕地面积达到1 175.121 4公顷,新增耕地55.221 8公顷,新增耕地率3.82%,增加了土地利用率,增强了农业发展后劲,为农业持续稳定发展提供了保障,确保了当地耕地总量的动态平衡。通过工程、技术措施改造中低产田589公顷,减少中低产田140公顷,提高耕地质量1~2个等级。

二是改善农田基础设施,改善中低产田,提高耕地质量。项目区骨干水利设施得到明显改善。同时,该土地整治项目实施后,项目区内的农田基础设施也得到显著改善,最终项目区水利用率可提高到71%,每年可节约用水540.83万立方米。预计新增灌溉面积143.002 2公顷,改善灌溉面积424.878 7公顷,大幅度增强了抗灾能力,使项目区原来的中低产田改变成为旱涝保收的稳产高产田。

三是构建便捷高效的田间道路体系,提高道路通达率。通过配套田间道路和生产路,改善了项目区对外交通条件,构建了便捷高效的田间道路体系,使田块之间、居民点之间、田块与居民点之间形成便捷的交通联系;优化了现有田间道路布局,使项目区建成后田间道路能通达绝大多数耕作田块,田间道路通达率达到95%以上,满足了群众农业耕作和生产生活的需要。

四是扩大农民就业机会,增加农民收入,有利于农村社会稳定。通过土地整治,提高了土地的产出率和利用率,增加了农民收入。工程实施后,人均年收入可增加315元,增加了当地农民的收入,有利于保持农村社会稳定。

五是提高粮食产量,保障国家粮食安全。通过土地整治,增加耕地面积,项目区复种指数从120%提高至130%,并在推广农业新品种和配方施肥等新技术后，提高单产，最终可使项目区粮食产能提高 130.19 万千克，对保障国家粮食安全起到了显著的作用。

六是增加耕地面积和供养人数。工程实施后，耕地质量提高，土地利用结构发生变化，新增耕地 20.609 8 公顷（本次采用工程实施后的新增耕地面积进行分析），主要来源于裸地、其他草地、坑塘水面及田坎占地面积。按照当地耕地供养人数水平，新增耕地可供养人数 514 人，可在一定程度上缓解人地紧张的矛盾。

七是聚合涉农资金，建成 3 个改建型村屯。项目区还将聚合大新县财政局等部门的涉农资金 800 万元，同步开展土地整治工程建设，以改善基础设施条件和灌溉条件；结合项目规划的村屯道路硬化工程，建成那敏、陆屯和新胜3 个改建型村屯，将更好地美化村容村貌，改善农民生活条件。

八是增强农民合理利用土地、切实保护耕地的意识。经过田、水、路、林的综合整治，将增强广大人民群众特别是区、镇两级领导干部和土管部门合理利用土地、保护耕地的意识。项目区构筑成田成方、渠相通、路相连的格局，必将吸引农民加大对土地的投入，使耕地质量不断得以提高。

九是强化土地用途管制，使土地利用更合理。通过土地整治，可以进一步明确土地利用分区，按照基本农田保护区规划进行整理；结合土地利用总体规划要求，进行其他用地分区建设，并严格在实际地块上显现出来，土地使用者必须保护好分区内的各项设施，合理利用土地，为土地用途管制的顺利实施打下坚实基础。

3. 生态效益

项目区生态环境的保护与发展主要依靠有效的工程措施、生物措施和科学合理的管理措施来实现。项目区的土地整治，主要是对 431.26 公顷的石漠化区的耕地进行整治，通过清除石芽，修建截水沟，修筑护岸，种植防护林等工程措施，可以防止水土被冲刷、土壤流失，使其变成保水、保土、保肥的"三保"耕地，以减缓石漠化进程，改造区域生态环境。

一是提高土地垦殖率。土地整治后，项目区耕地由原来的 1 154.511 6 公顷，增加为 1 175.121 4 公顷，土地垦殖率提高了 1.42%。

二是通过土地整治，通过配套农田水利设施、清除石芽、修建截水沟、修筑护岸、种植防护林等工程措施，缓解项目区水土流失压力，从而达到改善项目区生态环境的目的。

（四）经验总结

（1）先场外、后场内。对于与场内外联系有关的工程，如道路工程可优先开工，首先应修建连接施工场地与附近公路的道路，以保证材料物资的运输。工地道路最好安排永久性道路先施工，以节约施工费用和材料，如果修筑永久性道路的进度赶不上施工的需要，则可以先填筑路基作为临时道路。对于农田水利工程，施工时应从场外的排水口开始，以利于项目区内多余的水能及时自然排出。

（2）先全场、后单项。优先完成全场控制性的工程（如场地平整，各种道路、沟渠、管道、缆线的主干等），然后再完成各独立的分项工程。

（3）土地平整施工顺序。根据测量结果计算出挖填方数，确定挖填平衡，土方回填采用平行流水施工法，各施工区之间同时平行施工，施工区内部实行分段流水作业。采用分段回填方法减少施工作业交叉，便于土方施工过程中的临时排水，对沟渠工程及田间道路施工干扰也较小。

（4）沟渠工程施工程序。根据设计图纸，先测定沟渠位置，再进行机械开挖与沟渠修筑。

（5）田间道路及生产道路工程施工程序。道路定位后，机械开挖路基，路基完成夯实后，再进行路面的修筑。

此外，该项目对原有土质渠道、排水沟进行了改造拉直，并配备放水口、涵洞、盖板等多个渠系设施，采用灌排结合的灌溉方式，提高了水资源利用率。另外，因为村内交通便利，灌溉与排水设施完善，吸引了商户进行投资，如陆榜村将部分田地承包给商户开发成香蕉园，大规模种植香蕉，运输到外地销售，形成香蕉生产、销售一条龙的产业链，给村内增加了工作岗位，增加了当地居民收入，还推动了当地其他农业生产逐渐向规模化产业化转型。

二、国家重大土地整治工程：桂中农村土地整治重大工程

广西桂中农村土地整治重大工程是 2010 年原国土资源部、财政部确定的全国 10 个整体推进农村土地整治示范区建设之一。2010 年 5 月 19 日，财政部、原国土资源部与广西壮族自治区人民政府签订了工程建设协议书，按照协议的要求，桂中重大工程要在 2010—2012 年三年间完成 200 万亩农田的整治目标。因此，这项工程是自治区人民政府重点推进的民生工程，也是一项国家投资土地整治项目的重大工程，可以说是"天"字号工程建设。

（一）项目基本概况

根据财政部、原国土资源部、广西壮族自治区人民政府签订的《整体推

进农村土地整治示范协议》和广西壮族自治区人民政府办公厅印发的《广西桂中农村土地整治重大工程总体实施方案》，桂中农村土地整治重大工程项目建设期限为2010—2012年，整治总规模为200万亩，总投资为39亿元（中央政府投入25亿元，广西人民政府配套14亿元），聚合各市、县（市、区）涉农资金6亿元。通过对桂中地区的南宁市宾阳县和来宾市兴宾区、象州县、武宣县、忻城县及合山市部分农村的"田、水、路、林、村"进行综合整治，新增耕地10万亩，建成170万亩农田水利基础设施配套较好、农业机械化程度较高、农业综合生产能力较强的高标准基本农田，提高粮食产能1亿千克；创建30个布局合理、配套设施齐全、生态优美、适宜居住的示范村；整治改造300个村庄面貌，促进新农村建设和城乡统筹发展。桂中农村土地整治重大工程项目基本情况如表6-5所示。

表6-5　桂中农村土地整治重大工程项目基本情况

区分		子项目数/个	建设规模/公顷	总投资/万元	新增耕地/公顷	建成高标准基本农田/公顷
南宁市	宾阳县	17	10 000	29 250	332.35	8 014.25
来宾市	兴宾区	72	76 906.67	224 951	3 463.27	66 525.07
	象州县	19	15 040	43 992	1 271.96	13 467.63
	武宣县	19	16 786.67	49 102	797.42	13 945
	忻城县	10	9 333.33	27 300	395.48	7 580.14
	合山市	6	5 266.67	15 405	695.64	4 506.77
合计		143	133 333.33	390 000	6 956.12	114 038.86

（二）主要做法

在项目实施过程中，各级政府高度重视、特事特办，各部门齐心协力、竭尽所能，在强化常规做法的基础上，创新地运用了"三级联审""五方会议""工程包干到村"等做法。

1. 签订责任状

为落实2010年5月财政部、原国土资源部和广西人民政府签订的《整体推进农村土地整治示范协议》，加快推进桂中重大工程项目建设，广西人民政府与南宁市、来宾市人民政府签订桂中农村土地整治重大工程建设目标责任状，两市与各有关县也签订了责任状。责任状列明桂中农村土地整治重大工程的建设目标、完成期限和市、县政府的责任，明确政府主要负责人是重大工程建设成效和项目工程第一责任人，将桂中农村土地整治重大工程实施工作纳入政府绩效考核，各组成部门有义务大力配合国土部门完成项目建设目标。

2. 召开领导小组会议

根据桂中农村土地整治重大工程阶段推进情况和存在的重大问题，不定期地召开桂中农村土地整治重大工程领导小组会议，在现场学习观摩先进县（市、区）的经验做法，并提出前一阶段实施存在的问题、解决措施，下一阶段的目标任务、完成时限。目前已经召开五次会议，每次现场办公会对桂中农村土地整治重大工程会产生巨大的推动作用。

3. 实行"三级联审"制度

为了解决重大工程建设时间紧、任务重、项目规划审批慢的问题，确保项目设计质量，加快项目规划设计审批速度，对桂中农村土地整治重大工程实行"一次审查，一次告知，一次补正"制度。由项目所在各市负责组织规划设计和预算联合审查并批复。"三级联审"制度实行后，规划设计和预算审批时间由原来的六个月以上减少为不到两个月，大大减少了审批时间，工作效率显著提高。

4. 开展区市多部门联合督查

为全面了解掌握桂中农村土地整治重大工程 143 个项目的施工进展情况，保证重大工程建设按计划推进，2011—2012 年，自治区桂中重大办联合自治区、市两级的纪检监察、财政、审计、农业、水利、环保、住建等部门，五次组成联合督查组，深入项目区实地督查。通过督查，对各项目是否能够完成领导小组工作会议提出的任务目标进行预判，对当前重大工程建设形势进行准确的分析，对各项目的实施情况进行综合评定，对项目实施过程中存在的问题以及影响项目实施的主要因素进行了解，对检查中发现的问题提出整改要求，并形成督查通报。

5. 建立旬报月结制度

根据《关于建立广西桂中农村土地整治重大工程信息定期报送制度的通知》（桂整治办〔2011〕3 号）文件要求，每月 2 日、12 日、22 日要求桂中农村土地整治重大工程所在市、县（市、区）根据各地的工作进展情况报送旬报，每月 5 日上报月报表及工作进展小结。桂中重大办将收集到的数据进行汇总、整理、分析后，形成旬报和月报并向各级政府和成员单位进行通报，确保参与项目的各单位能及时掌握广西桂中农村土地整治重大工程进展情况。

6. 建立"五方会议"制度

为了及时解决项目实施出现的具体问题，乡镇分管领导、业主代表、村委代表、施工单位和监理单位负责人定期召开"五方会议"，研究解决出现的问题，明确下一阶段的任务，明确各方的责任。通过"五方会议"，统一了思想，明确了各方的责任和目标，有效地加快了施工进度。

7. 实行工程包干到村

忻城县部分项目采取分项工程包干到村的做法以推进项目实施，每个项目的田间主道、田间次道、生产路和水利渠道包干到村，施工方将石料、砂料、水泥等原材料运到田间地头，由村委会组织本村村民施工，施工方负责技术把关，对验收合格的项目，按工程量付给村民工资。这一做法既解决了施工人员不足的问题，又给当地农民带来了经济收入。

（三）取得的成效

1. 农田水利工程建设极大改善了农业生产条件，农业基础进一步夯实

桂中农村土地整治重大工程新建改建水利沟渠 5 260.2 千米，工程实施后绝大部分项目区灌溉保证率达 85% 以上，排涝标准由原来的年年涝提高到能抵御 20 年一遇的洪涝灾害，实现了"旱能灌，涝能排"，增强了项目区防灾抗灾能力，为农业生产奠定了坚实基础。

2. 土地平整工程建设为发展现代化农业、提高农业效益、增加农民收入创造了条件

一是桂中农村土地整治重大工程实施土地整治 200 万亩，其中平整土地 22 万亩，建成了 170 万亩高标准农田，有利于大规模机械化耕作，为项目区发展现代化农业、产业化农业、特色农业、高效农业提供了条件。二是通过深耕、翻耕改善了耕作层水土结构，有利于农作物生长。回访调研结果表明，平整后的耕地农作物长势好、施肥少、病虫害少，产量比平整前明显增加，群众反映水稻产量增加 50~100 千克/亩，甘蔗产量增长 1~2 吨/亩。三是促进了项目区农村土地承包经营权整体流转。在自治区党委、人民政府的统一领导下，按照"依法、自愿、有偿"的原则，兴宾区、忻城县、宾阳县等县（区）积极引导群众将整治好的土地承包经营权进行集中流转，迄今项目区已有 3 万亩平整后土地使用权流转，农业企业、糖业企业和科研单位等以每年 800~1 000 元/亩的价格与农民集体签订整体承包合同。据统计，桂中重大工程验收完成后，项目区还将有 6 万亩土地整体流转。

3. 道路工程建设改善了农村交通和环境条件，农民生产生活更加便利

桂中农村土地整治重大工程新建改建田间道路 5 832.8 千米、屯内水泥硬化路 2 700 千米。所有项目区村村通了水泥路，农业机械直达田间地头，道路

网络四通八达，交通十分便利，特别是村屯道路硬化后，农村人居环境得到极大改善。

4. 创建示范村、改造村，改善了村容村貌，促进了社会主义新农村文化建设和生态文明建设

桂中农村土地整治重大工程创建了30个示范村、改造了300个村屯，土地整治项目资金主要用于村屯新修改建屯内道路、环境综合整治（垃圾池、排污沟）、修建晒谷场和进行屯内绿化等，地方政府整合其他涉农资金建设农民活动中心、篮球场和演戏台等，极大地方便了群众生产生活，村容村貌更加整齐美观，促进了农村的文化建设和生态文明建设，群众生产生活品质更上一个台阶。例如，来宾市武宣县东山乡下连塘村，土地整治种植万亩油葵，整修废弃塘、库、堤坝，开展示范村建设后，形成了农业观光旅游村。

（四）经验总结

1. 完善管理制度

桂中农村土地整治重大工程是广西第一个中央支持示范建设项目，在项目申报、实施方面没有成熟的案例及经验可参考的情况下，原国土资源厅为了及时解决项目申报、实施、竣工验收出现的问题，下发了《广西桂中农村土地整治重大工程子项目设计报告编制大纲的通知》《关于加快推进桂中农村土地整治重大工程建设的指导意见》《关于广西桂中农村土地整治重大工程第二批子项目规划设计三级联合审查会有关事项的通知》《关于桂中农村土地整治重大工程建设项目规划设计变更有关问题的通知》《关于桂中农村土地整治重大工程建设项目竣工验收有关问题的通知》《关于建立桂中农村土地整治重大工程建设相关责任人约谈制度的通知》等系列文件，部分文件突破了原有政策界限、下放管理权限、加强项目监管，保障了桂中农村土地整治重大工程的顺利推进。

2. 成立工作机构

为了加强统筹、协调、指挥力度，广西成立了桂中农村土地整治重大工程建设领导小组办公室，组长由自治区人民政府常务副主席担任，办公室主任由自治区人民政府副秘书长、自治区原国土资源厅厅长共同担任，原国土资源厅指派一名巡视员担任办公室专职副主任，各有关厅局委办和各市分管领导为其成员；区、市、县设相应级别的"重大办"机构，由国土、水利、农业、交通、住建、财政等部门的人员共同组成，并脱产集中办公。通过设立"重大办"的工作机构，在政府的领导下，各部门形成一股合力，强有力地推动了

桂中重大工程的实施，充分实现了"政府主导、国土搭台、部门联动"的组织模式。

3. 创新管理模式

为了进一步将项目落实到人，各县除按照"重大办"的部署设置机构外，还创新了一些项目监管模式。南宁市宾阳县选派"四个代表"，即县委县政府及所属部门选派县重大办代表、县整理中心选派业主代表、乡镇四家班子领导选派乡镇代表、村委干部和优秀村民选派群众代表，"四个代表"相互配合、各司其职，对项目实施进行督促检查、指导协调。忻城县、兴宾区实行党政领导班子成员挂点负责制。县（市、区）党政领导班子主要成员分别挂点，重大工程建设指挥部定期和不定期将项目进展情况、存在问题以各种方式报告挂点责任人，让责任人第一时间了解其挂点项目动态，及时解决问题。武宣县实行县委常委对应项目负责制。县重大办每旬给各项目下达任务，第一次未完成任务的项目，所在乡镇主要领导在全县重大项目建设推进会上发言表态；累计两次未完成的，对应四家班子领导发言表态；累计三次未完成的，对应县委常委在项目推进会上发言表态。各地根据实际情况，采用不同的管理模式，都取得了很好的效果，保障了各县（市、区）项目顺利推进。

三、广西整村推进土地整治项目：2009—2012 年 10 个批次整村推进土地整治项目

为解决土地整治项目综合效益不明显、示范作用不显著、受益群众分散的问题，广西壮族自治区人民政府于 2009 年印发了《广西壮族自治区人民政府办公厅关于广西整村推进土地整治重大工程实施方案的通知》（桂政办发〔2009〕194 号），明确提出要实施整村推进土地整治重大工程，在项目区对"田、水、路、林、村"进行综合整治，集中力量办大事。由此，广西土地整治正式走进了向整村推进发展的方向。2009—2012 年为广西整村推进土地整治工作的重要时期，并取得了良好的成效，下面对该阶段广西整村推进土地整治工作的基本概况、主要做法、取得的成效和经验启示进行总结，为其他地区的土地整治项目提供参考。

（一）项目基本概况

2009—2012 年，广西共批复实施整村推进项目 10 个批次 527 个，涉及全

区 14 个市 109 个县（市、区），基本覆盖了全区范围，总实施规模为 275 413.97 公顷，预计新增耕地 8 986.46 公顷，批复预算 106.43 亿元。整村推进项目建成后使全区 1 171 个村、257 万人口受益，并建成 206 560 公顷高标准基本农田。项目概况见表 6-6。

表 6-6　2009—2012 年广西整村推进土地整治项目基本情况

批次	项目个数 /个	实施规模 /公顷	预计新增耕地 /公顷	项目预算批复 /万元
2009 年第一批	78	35 401.83	1 505.70	162 813.00
2009 年第二批	58	24 800.00	810.19	93 000.01
2009 年第三批	24	10 666.67	278.44	40 000.00
2009 年第四批	14	3 939.00	113.41	14 771.25
2010 年第一批	80	45 841.79	1 697.85	171 781.39
2010 年第二批	20	11 999.11	386.37	46 181.47
2011 年第一批	89	48 405.33	1 502.63	181 520.00
2011 年第二批	45	25 338.24	790.85	94 996.00
2012 年第一批	89	49 686.16	1 405.90	186 320.00
2012 年第二批	30	19 335.84	495.12	72 953.45
小计	527	275 413.97	8 986.46	1 064 336.57

（二）主要做法

1. 管理体制发生重大转变，组织方式更加有效合理

随着土地整治逐步上升为国家层面的战略部署，成为保发展、保红线、促转变、惠民生的重要抓手和基础平台，国务院至地方各级政府均加强了对土地整治的重视力度，《广西整村推进土地整治重大工程实施方案》要求土地整治要以"政府主导、国土搭台、部门联动、农民自主参与"的组织方式进行开展，这改变了一直以来由原国土部门为主导开展土地整治的组织方式。新的转变有效地解决了项目在实施过程中存在的各种问题，使农村土地综合规划更加合理，有效地促进了部门联动，形成聚合资金。通过管理体制的改革，各地先后签订了土地整治项目建设责任状，各地的土地整治项目不管从质量上还是从进度上，都有了较大的提高。

2. 涉及面广，社会影响不断加大

土地整治工作已成为新农村建设和城乡统筹发展的重要抓手和新的平台，2009 年以前，广西投资土地整治项目仅 20 多亿元；2009—2012 年，全区投入土地整治项目共达 145 亿元，随着投资力度的加大，受益群众不断增多，社会各界人士特别是农民群众在深入了解土地整治政策及切身受到土地整治的好处后，无不对这项利国利民的工作报以积极欢迎的态度，对树立国土部门乃至政府的良好形象起到了巨大作用。

3. 以土地整治为平台，促进自治区惠农工程发展

在大力开展整村推进土地整治项目过程中，自治区原国土资源厅以土地整治为平台，充分吸纳及配合自治区各部门开展了多种模式的土地整治工作，如结合小型病险水库除险加固土地整治项目、南百高速沿线（城乡风貌改造区）土地整治项目、边境 3-20 公里兴边富民行动基础设施大会战土地整治项目、农村土地综合整治项目、贫困地区基本农田整治项目、高标准基本农田建设土地整治示范项目等多项工作，使广西惠农工程有了更多的抓手和投资方向，通过整合各项资金，项目的开展取得了显著的成效。

（三）取得的成效

1. 促进耕地保护，推进高标准基本农田建设

通过整村推进项目的开展，共投入建设 3 744 千米田间主道、3 580 千米田间次道及 5 879 千米生产道、7 217 千米灌溉渠道、3 678 千米排水沟，平整土地 23 908 公顷，增加粮食产能 17.5 亿千克，同时通过土地整治提高了耕地的保有量，人均增加了 0.04 亩耕地。经过整村推进项目的实施，不仅有效地增加了耕地，缓解了城镇发展和耕地保护相冲突的矛盾，而且通过大力开展农田基础设施建设，使得项目区原有耕地基础设施条件得到明显改善，实现了整村范围内耕地提高等级不少于一级，顺利完成高标准基本农田建设任务 206 560 公顷的目标。

2. 提高耕地质量，促进农民增产增收

整村推进项目的实施完善了项目区农田水利等基础设施，保障了项目区"旱能灌、涝能排"，同时通过"挖高填低""小块并大块"土地平整工程，提高了耕地平整度和归并了零散地块，恢复了灌溉面积 64 064 公顷，新增加灌溉面积 11 997 公顷，开展土地平整面积 23 908 公顷，大大提高了耕地质量，便于农民机械化和规模化耕作，从而促进了粮食产量的提高。经土地整治后，项目区亩均耕地提高粮食产量 20 千克，受益群众年人均增收 110 元。

3. 助力新农村建设，改善农村生产生活条件

为促进社会主义新农村建设，在《广西壮族自治区土地整治专项资金管理办法》中明确提出，使用不超过工程施工费15%的资金用于村庄整治，专项用于改善农村生活条件和生态环境。通过整村推进项目的开展，对全区项目区范围内的 1 171 个村庄进行了整治，建设村庄硬化道路 2 000 千米、排污沟 648 千米、垃圾池 4 511 个。经过整治，在较大程度上改变了项目区村庄"脏、乱、差"的现象，同时硬化村道与田间道形成路网，农用机械能够通畅地进入田间地头，大大改善了项目区群众的生产生活条件，形成了一批生活便利、生态环境良好的示范新村。

4. 优化土地利用布局，促进城乡统筹发展

为统筹城乡发展，缓和用地困难的矛盾，广西于 2010 年开始结合建设用地增减挂钩试点开展土地整治，与整村推进项目结合开展了 13 个农村土地综合整治项目，可对 122 个自然村屯进行拆旧复垦，并集中安置 40 585 人。经拆旧建新后，可复垦农用地 560.27 公顷，恢复为耕地 528.65 公顷，获得增减挂钩周转指标 560.06 公顷，可用于城镇建新指标 338.37 公顷。通过农村土地综合整治，解决了部分建设用地指标紧缺的问题，保障了城市的经济发展，同时改变了项目区农村建设用地没有统一规划、"空心村"多的粗放管理状况，优化了土地利用布局，有效地促进了城乡统筹发展。

5. 形成良好的工作模式，奠定土地整治持续发展的基础

随着新增建设用地土地有偿使用费分配方式的调整以及项目管理权限的下放等，自治区原国土资源厅适时制定了《广西壮族自治区土地整治项目管理暂行办法》《广西壮族自治区土地整治项目竣工验收办法》等 8 项规章制度，并根据试行情况对《广西土地整治项目工程建设标准》《广西土地整治项目验收技术规程》等多个技术规范进行了修订。通过进一步严格规范项目管理，广西的项目管理在全国土地整治行业中首个通过了 ISO9001 质量管理体系的认证，并通过开发 KPO 信息管理系统，利用信息化手段对项目进行监管，逐步完善了土地整治工作的管理制度，使全区土地整治工程实施进一步标准化、规范化。为了加强项目的监管力度，自治区原国土资源厅土地整理中心实行分片管理的模式，定人定岗，责任到人，定期对分管的区域进行巡查，并实行定期通报制度，大大加快了项目实施进度，保证了工程质量。

6. 完善机构管理，增强土地整治技术力量

根据整村推进项目建设的需要，广西土地整治机构已逐步完善，现各市县已配备专职的管理人员及技术人员，在项目管理过程中土地整治队伍不断得到

锻炼，管理能力、专业能力不断提高，对项目的管理更专业、更规范，锻炼出了一支专业的专职管理队伍。同时通过建立参建单位诚信档案登记制度，使全区拥有了一批稳定且素质较高的参建单位，经过不断完善的诚信档案登记管理制度，对各类参建单位进行登记、考核，在参与土地整治行业相关业务的过程中优胜劣汰，使得参建单位逐渐适应涉及农业、道路、交通、水利等多行业的综合业务，业务水平明显得到提升。

（四）经验总结

1. 政府主导是土地整治建设趋势

整村推进是广西人民政府在分析全区社会经济整体发展需要后在自治区层面上提出的惠农政策，高屋建瓴地设定了建设目标和工作要求，使得土地整治工作不仅局限于单个行业部门，而将其提升为政府统筹安排的社会经济发展工作。政府主导的工作方式不仅提高了项目建设的推进速度和建设效益，也充分体现了地方政府对项目区经济发展的思路，达到了造福一方的建设目的。

2. 土地整治项目要充分尊重群众意愿

在土地整治项目建设中，政府、自然资源部门和项目区群众分别代表项目的出资方、建设方和受益方，受益方满意是项目建设的最高标准。在项目建设的各个阶段都要求充分征求群众意见，建立良好通畅的群众参与项目建设的工作机制，使群众对项目建设意愿能充分体现。在整村推进项目中，各地结合村屯道路条件差的情况，专门设置了村屯道路整治的资金和建设方向，得到了广大项目区群众的认同。

3. 整村推进方式整体效果良好

按照《广西整村推进土地整治重大工程实施方案》要求，整村推进项目实行"全域规划、全域设计、整体推进"的建设思路，从项目实际建设效果看，整村推进的效益已经体现，项目区内的农田设施相互配套，土地利用结构集约合理，功能区域各有分布重点又联系紧密，整体效益能辐射项目区周边地区。

四、广西"小块并大块"土地整治项目：龙州县上龙乡

随着改革开放的不断深入、市场经济的不断发展以及农村城镇化建设的加快推进，农户承包的耕地"面积小、地块多、分布散、机耕难、效益低"等

问题日益凸显，已不适应现代农业发展所提出的新挑战，不符合农业规模化、集约化、产业化的发展要求。因此，改变这种耕地零散、过度分割、各自为"种"的落后农业经营状况，提高农业生产效益，成为广大农民群众的迫切愿望。此处以龙州县上龙乡"小块并大块"土地整治项目为例，对其基本概况、主要做法、取得的成效和经验启示进行总结，为其他地区进行"小块并大块"的土地整治活动提供参考。

（一）项目基本概况

崇左市龙州县上龙乡"小块并大块"土地整治项目系广西壮族自治区全额投资建设，总投资规模为 1 151.0 万元，单位面积投资 1 428 元/亩，建设规模达 8 059.8 亩，净增耕地 263.85 亩，净增耕地率达 3.72%，涉及 9 个自然屯、1 000 余户农户。该项目于 2008 年 1 月开始实施，项目区位于上龙乡境内，共涉及上龙村把敏屯、弄农屯、板弄屯、板凹屯、板电屯、板丰屯、板卜屯、板旁屯。东以东干渠为界、南至弄平村、西以西干渠为界、北至水陇水库，项目整理区实施总面积为 537.32 公顷。

（二）主要做法

1. 强化农民主体，村民自发民主推进

一是自发自愿。各自然屯在计划"并地"前，先由屯（队）长对"并地"的时间、区域、群众意愿等进行初步调查，特别是把群众意愿放在首位，确保"并地"工作获得广泛的群众基础。二是民主议定。召开村民大会，讨论"并地"方案、成立工作小组等事宜，并在获得三分之二以上村民同意后实施。三是自主实施。由村民组成工作组，核实原地块地类和面积，张榜公示，待村民无异议后，自行组织实施。四是确权登记。"并地"完成后，按农户人口、"并地"后耕地面积，采取随机抽取方式，造册登记并签字确认，再由农户向政府申请换发新的土地承包经营证。

2. 强化政府引导，服务指导示范带动

一是加强服务。组织自然、财政、农业等部门深入田间地头，指导农民进行登记统计、绘制工程图、规划设计、预算编制、开展招投标等工作，协调解决"并地"中遇到的困难和问题。二是分类指导。由自然、农业、水利等部门组成工作组，提供技术服务，指导农民按照相关行业标准进行施工建设，统筹道路、水渠、边沟等农业基础设施建设，最大限度降低各地块之间的生产条件差异。三是示范带动。选择基础好、见效快、辐射广的村屯，集中人力、财力、物力实施"并地"和甘蔗高效节水灌溉建设，树立典型，示范带动，激发农民参与"并地"的积极性和主动性。

3. 强化企业参与，探索创新整治模式

稳定农村土地承包关系，鼓励和支持承包土地向专业大户、家庭农场、农民合作社流转，大力支持发展多种形式的新型农民合作组织，培育壮大龙头企业，因地制宜地探索实施与现阶段"小块并大块"耕地整治相适应的新模式。一是大户承包经营构建家庭农场模式。鼓励农民实施土地流转，农业综合开发公司（个体老板）承包耕地，建立规模化经营模式。二是"并户联营"构建农民专业合作社经营模式。将小块土地并成大块土地，交由农民专业合作社进行机械化耕作和水、肥、药一体化管理，农户按照土地投入比例，每年每亩保底5吨，超过5吨则按六四分成，农户六成，专业种植户四成。该模式可实现农户与农民专业合作社收益共享、风险共担。三是"公司+基地+农户"新型农场模式，即农业开发公司承包农户土地，农户进行土地流转，政府在水源建设等方面给予企业支持和补助，由企业实施甘蔗高效节水灌溉，应用甘蔗种植现代科技提高单产和土地产出率。四是实施土地整理项目模式，即利用国家和自治区实施的土地整治项目进行"并地"，由农民进行规模化和机械化经营。

4. 强化资金整合，多元投入强力驱动

根据中央文件，关于"加大公共财政对农村基础设施建设的覆盖力度，逐步建立投入保障和运行管护机制"的精神，以及自治区原国土资源厅、财政厅、农业厅联合下发的《自治区鼓励农民自发开展"并地"耕地整治以奖代补专项资金管理暂行办法》和《关于鼓励农民自发开展耕地整治工作的意见》等文件要求，整合国土、水利、财政、农业等部门及企业资金，采取"以奖代补、以补代投"等方式，对实施"小块并大块"土地平整和田间道路工程分别奖励300~400元/亩、80~200元/米；对农民凡实行"小块并大块"连片500亩以上实施甘蔗高效节水灌溉的，由政府安排一定的资金建设灌溉基础设施；凡达到50亩以上的，由制糖企业以200元/亩的标准，补助机耕费、化肥、地膜等。对新建规模2 000亩以上的甘蔗种植专业公司、300亩以上的合作社、100亩以上的家庭农场给予每亩150元的奖励扶持。此外，积极鼓励乡村集体和农民个人增加投入或投工投劳，充分发挥农民群众的主体作用。

5. 强化规范管理，依法确权维护民利

一是稳妥推进农村产权确权登记颁证，保障农民财产权利。建立"小块并大块"耕地整治信息管理平台，在保持现有土地承包关系稳定的前提下，以"突出重点、积极稳妥，先易后难、逐步推开，尊重历史、依法依规"为原则，按照"申请—确权—公示—登记—颁证—备案管理"的程序，由乡镇政府收集、整理1995年以来相关的土地承包材料和"并地"后新的土地权属信息，张榜公示，经县农业部门再次审核后，由县政府换发新的土地承包经营证。二是做好农村产权交易试点工作，规范农村产权流转交易市场。依托龙州县成立了广西边境市县第一家综合性农村产权交易所——龙州县农村综合产权交易所，积极搭建农村综合产权交易、产权托管和产权融资三大服务平台，逐步将13类农村产权纳入经营交易范围，健全完善产权托管、交易鉴证、产权抵押、委托评估、司法确认等基本功能，优化资源配置，盘活各类农村产权，增加农民收入。

（三）取得的成效

1. 提高了农产品产量，降低了劳动成本

"小块并大块"使农民土地经营条件发生了质变，生产方式改变后，农业产业化、机械化成为可能。实践证明，上龙乡实施"小块并大块"土地整治工程后，果蔗产量由原来亩产6~7吨提高到9~10吨，劳动成本投入由原来的每亩1 200元下降到700元，果蔗产量大幅提高，劳动成本逐年下降。

2. 改变了零星种植方式，推动了农业产业化经营

上龙乡"小块并大块"前，地块过于分散，不利于耕作、经营和管理。实施"小块并大块"后，地块集中，大块地块耕作管理方便，有利于实现规模化和现代化。据了解，在荒田新村通过耕地的"小块并大块"集约化调整，建立了120亩无公害蔬菜种植基地，种植黄瓜和南瓜，亩产达2 500千克。在弄农屯完成耕地"小块并大块"调整后，连片种植黑皮果蔗520亩，并配套建设滴灌设施，进行机械化耕作，真正实现了农业产业化经营。其产品远销湖南、四川等全国十几个省份，一些外地商户均主动到上龙乡与农民签订"订单农业合同"，确保了农产品销路。

3. 提高了农业生产管理的效率

由于当地过去地块零星分散，规模种植难以进行，来回耕作极其费时，劳动强度大，生产效率低。在实施"小块并大块"前，一家农户至少要有四个劳动力才能把分散的14块责任地管理好，现在并成三大块，有两个劳动力就可以管理，大大减少了劳动力投入。

4. 提高了农户增加农业投入的积极性

农户拥有大块土地后，扩大了某一区域农户的受益范围，降低了农户间联合投入的计量成本，提高了农户采用农业生产新技术和兴修农田水利基础设施的积极性。上龙乡采取"一事一议"的形式，动员受益群众投工投劳，在低洼地进行排水设施改造。

5. 有利于节约使用土地，实现土地节约集约化

土地整合减少了农户间田埂的占地，有利于土地的节约使用。据调查了解，上龙乡荒田屯经过土地整治后，节约的土地已用于新村建设，有36户农民已搬入新村，没有占用耕地。

6. 有利于促进农村劳动力转移

小块的土地分散经营需占用农民大量的时间和劳力，耕作路程远，成本高。土地整合后农民种田省时省力，农户可以腾出人手，发展牲畜饲养或者外出打工，越来越多的劳动力已加入了打工行业。

（四）经验总结

1. 加大宣传力度、动员农村农民自发开展"小块并大块"土地整治工作

上龙乡农民自发组织土地权属调整，将耕地进行"小块并大块"的宝贵经验，要采取良好的方式推广出去。首先，可以邀请一些项目区条件良好但参与意愿不强烈的群众代表到上龙乡交流学习，以当地老百姓的切身感受来传播土地整治工作的重要意义和良好效果，以点带面，提高群众对土地整治工作的整体认识，让群众接受土地权属调整新理念与新方法。其次，可以组织上龙乡有代表性的村民或农户走出去宣传、讲解，农民对农民的语言是最朴实的，也是最能打动人的。最后，可以把土地综合整治的现场会开到上龙乡去，让各地管理者也接受教育，同时还要发挥主流媒体的作用，加大电视宣传，形成"三位一体"的强大宣传态式，把"小块并大块"土地整治推上新高潮。

2. 扎实做好土地清查工作

查清拟申报项目区的土地面积、土地利用结构、土地利用程度、土地的投入产出率、土地利用限制性因素等，摸清项目区土地权属情况，涉及的人口状况，农民收入状况等，为项目的立项论证提供翔实的基础数据。为此，项目区应成立专门的土地清查工作小组，小组成员由自然资源管理部门、乡镇政府、村委干部、村民代表组成，通过收集调查资料、实地核实等程序，提出专门的土地清查报告。

3. 土地整治项目规划设计必须实现农民群众的意愿

农民群众是土地的"主人"，项目的规划设计是否符合实际，是否符合农民群众的意愿，是项目设计和实施的关键，农村土地整治工作要以切实维护农民权益为出发点和落脚点。要始终把维护农民权益放在首位，充分尊重农民意

愿，坚持群众自愿、因地制宜、量力而行、依法推进。在规划设计方案征询时，要农民积极参与，充分征求群众意见，做到设计出来的方案一定要让群众满意。

4. 调整工作思路，权属管理先行

权属调整难的症结主要还是在于项目实施前群众动员工作不到位。想破解这一难题，就要针对症结，从群众工作入手，借鉴龙州县上龙乡村民大会民主讨论、全民投票的经验，将村民的投票表决纳入是否实施项目的必备条件中。可以选取试点，将村民大会讨论通过的权属调整方案纳入项目立项材料中，作为申报立项的必要依据。虽然这一做法会大量增加前期工作难度和工作时间，但是它可以杜绝项目实施过程中和结束后的各种权属纠纷，更符合促进农村经济发展和社会稳定的初衷。

5. 要充分发挥政府主导作用，以土地整治破解土地流转难题

政府要鼓励和出台有关支持土地平整的政策，从引导农民改善生产条件入手，从根本上改变广西落后的生产方式，政府要借土地综合整治平台来消除当前广西耕地破碎的现象，要鼓励农民自发开展耕地"小块并大块"工程，从政策、资金和制度上保障和保护土地平整工程的顺利推进。可以规定凡实施土地综合整治的项目区内的耕地，均由项目区内农民自愿组织当地农民进行平整，费用可从项目中直接核销，为现代农业和农村土地快速、合法流转提供条件。

第七章　广西土地整治的相关成果

一、重点整治项目

国家"十二五""十三五"规划期间，广西重点土地整治项目主要包括整村整县推进土地整治项目、兴边富民土地整治项目、左右江流域山水林田湖生态保护与修复工程项目、生态型土地整治项目、国土综合整治与生态修复项目、全域土地综合整治项目，项目实施得到自然资源部的高度重视。

（一）整村整县推进土地整治项目

2009—2013 年，全区实施整村推进土地整治项目 441 个，划分为 2009 年（78 个）、2010 年 4 个批次（100 个）、2011 年 2 个批次（134 个）、2012 年 2 个批次（119 个）、2013 年 1 个批次（10 个）进行，项目投资额达 927 592.98 万元，由中央资金和自治区资金配套。截至 2020 年 11 月，全区整村推进整治项目已验收 437 个，未验收 3 个，申请取消 1 个；按照实施区域划分，南宁市安排项目 38 个，柳州市 40 个，桂林市 76 个，贺州市 25 个，梧州市 30 个，玉林市 44 个，贵港市 10 个，来宾市 8 个，钦州市 24 个，北海市 13 个，防城港市 8 个，崇左市 23 个（含 1 个取消项目），百色市 45 个，河池市 52 个，农垦局 5 个，项目实施总规模达 247 941.31 公顷，竣工后新增耕地面积为 7 862.72 公顷。详细情况见附表 1。

2013—2017 年，全区分三期进行整县推进土地整治项目的实施。2013 年第一期项目分 2 个批次开展（180 个），2014 年开展整县二期项目（309 个），2017 年开展整县三期项目（225 个），全区总共推进 714 个县级村域的土地整治项目。截至 2020 年 11 月，确认竣工项目 477 项（原 494 项，取消 17 项），未完全竣工的项目 220 项。其中，整县一期、整县二期等历史项目，未验收确认项目15个（其中，已验收未确认的项目11个，已完工未竣工验收的项目4个），整县一期已验收未确认项目4个，已完工未竣工验收项目4个，整县二期已验收未确认7个（全部为兴安县项目）；整县三期已验收未确认项目201个（其中，13个项目完成财务决算审计，13个项目完成财务决算报告，148个项目完成整改，27个项目完成竣工验收），已完工未验收项目4个（分别为八步区、昭平县、容县、灵山县项目，均已完成初验）。整县土地整治项目覆盖全区14个区域，实施总规模达468 693.03公顷，制定高标准任务279 006.6公顷，项目投资预算额达922 959.51万元。详细情况见附表2。

（二）兴边富民土地整治项目

广西兴边富民土地整治项目分为典型整治项目、兴边富民项目、兴边富民0-20公里项目三类，实施规模为31 742.34公顷，总投资110 714.86万元，涉及百色市、崇左市、钦州市、北海市、防城港市5市19个县（市、区），包含193个子项目。截至2020年11月，除崇左市16个项目被取消（新增耕地率没达到要求，无法报备，申请取消）外，其他项目已全部建成。2019年9月底，按照既定条件完成竣工验收、验收确认等工作，2019年12月，通过整体验收。兴边富民土地整治项目竣工后新增耕地面积为3 764.44公顷，在切实增加有效耕地面积的同时，缓解了地区人地矛盾，提高了农村生活和农民生产水平。详细情况见附表3。

（三）左右江流域山水林田湖生态保护与修复工程项目

2016—2020年，广西开展左右江流域山水林田湖生态保护与修复工程项目283个，划分流域水环境治理、矿山生态修复、森林与草原植被恢复、污染与退化土地修复治理、重要生态系统保护修复、生物多样性保护、土地综合整治7个类别，总计划投资额达1 152 760万元。截至2020年11月，完成验收项目127个，已完工、基本完工项目75个，覆盖南宁市、崇左市、百色市3市25个县（市、区）。详细情况见附表4。

1. 流域水环境治理

全区流域水环境治理项目实施124个（南宁市12个，崇左市31个，百色市81个），截至2020年11月，南宁市已完成验收项目2处，已完工待验收项目2处，正在施工项目8处；崇左市已完成验收项目8处，已完工待验收项目11处，正在施工项目12处；百色市已完成验收项目23处，已完工待验收项目29处，正在施工项目29处。

2. 矿山生态修复

全区矿山生态修复项目已立项 15 个（南宁市 1 个，崇左市 5 个，百色市 9 个），截至 2020 年 11 月，南宁市 1 处已完工；崇左市已完成验收 3 处，已完工待验收 1 处，正在施工 1 处；百色市已完成验收 7 处，已完工待验收 2 处。

3. 森林与草原植被恢复

全区森林、草原植被恢复项目实施 7 个（崇左市 2 个，百色市 5 个），截至 2020 年 11 月，崇左市 2 处项目均已完成验收；百色市已完成验收项目 4 处，已完工待验收项目 1 处。

4. 污染与退化土地修复治理

全区污染与退化土地修复治理项目已立项 33 个（崇左市 12 个，百色市 21 个），截至 2020 年 11 月，崇左市已完成验收 6 处，已完工待验收 5 处，正在施工 1 处；百色市已完成验收 5 处，已完工待验收 7 处，正在施工 9 处。

5. 重要生态系统保护修复

全区重要生态系统保护修复项目实施 1 个，目前，广西岑王老山国家级自然保护区标准化建设工程已全部开工，保护区基础设施的麻田点、达龙坪站业务用房、达龙平站附属设施建设、启文保护管理站、浪平站宣教中心楼总工程进度超过 80%。

6. 生物多样性保护

全区生物多样性保护项目已立项 13 个（崇左市 8 个，百色市 5 个），截至 2020 年 11 月，崇左市已完工待验收 4 处，正在施工 4 处；百色市已完工待验收 2 处，正在施工 3 处。

7. 土地综合整治

全区土地综合整治项目实施 90 个（南宁市 10 个，崇左市 62 个，百色市 18 个），截至 2020 年 11 月，南宁市已完成验收项目 6 处，已完工待验收项目 3 处，正在施工项目 1 处；崇左市已完成验收项目 51 处，已完工待验收项目 3 处，正在施工项目 8 处；百色市已完成验收项目 16 处，已完工待验收项目 1 处，正在施工项目 1 处。

（四）生态型土地整治项目

2018 年 11 月，自治区共立项批复了 3 个生态型土地整治项目，计划实施周期为 12 个月，总实施规模为 603.077 6 公顷，总投资 3 594.33 万元。其中，西乡塘区石埠街道石西村生态型土地整治示范项目实施规模为 199.272 2 公顷，预算总投资 1 200 万元；北海市铁山港区南康镇大伞塘村田园综合体生态土地整治项目总实施面积为199.99公顷，项目估算总投资1 200万元；贺州市平桂区黄田镇长龙村生态景观型土地整治示范项目建设总规模为203.815 4公顷，总投资1 194.33万元，预计可建成150.383 0公顷高标准农田，新增耕地面积为2.974 2公顷。截至2019年12月，南宁市西乡塘项目已完成初验，北海市铁山港项目已完成初验，贺州市平桂项目正在开展自验整改。详细情况见附表5。

（五）国土综合整治与生态修复项目

2019年以来，广西实施了8个国土空间综合整治与生态修复项目［宾阳县宝水江湿地国土空间综合整治与生态修复项目、上林县壮族老家国土空间综合整治与生态修复项目、桂林市漓江流域山水林田湖草生态保护修复工程、陆川县沙坡镇榕江流域国土空间综合整治与生态修复项目、容县千秋沙田柚基地国土空间综合整治与生态修复项目、巴马盘阳河（国际）长寿旅游带国土空间综合整治与生态修复项目、平果县布镜湖生态治理与乡村旅游国土空间综合整治项目、百色市右江河谷锦绣壮乡国土综合整治与生态修复项目］，该批项目均已开工建设。截至2020年11月，容县一期工程已完工，桂林市漓江项目2019年子项目已完成验收5个，陆川县项目增减挂钩子项目已完成验收，其余子项目的工程进度为30%～100%；该批项目目前到位资金共计61 917.45万元，共计支出43 518.394 5万元，支出进度为70.28%，2019年自治区奖补的30 000万元资金，已支出14 961.652 8万元，支出进度为49.87%，详细情况见附表6。

（六）全域土地综合整治项目

广西已安排全域土地综合整治项目共22个，截至2020年11月，22个项目均已完成整体批复立项，已开展土地整治类子项目规划设计。其中，西乡塘区、柳南区、柳东新区、鱼峰区、柳江区、北流市、博白县、藤县、覃塘区、灌阳县、全州县、临桂区、平桂区、昭平县、钟山县、江州区、灵山县、都安县18个项目已有土地整治类子项目完成规划设计与审查批复，凌云县、南丹县、合浦县、龙州县未完成土地整治类子项目规划设计与审查批复。柳南区、北流市、江州区、覃塘区、藤县5个项目已有土地整治类子项目进行开工建设。2020年自治区奖补的15 514万元资金，目前仅支出1 063.3万元（覃塘区40万元，博白县360万元，江州区663.3万元），支出进度为6.85%。广西已申报国家全域土地综合整治试点项目17个，截至2020年11月30日，上林县、柳南区、柳东新区、柳江区、鱼峰区、三江侗族自治县、灌阳县、凌云县、平桂区、南丹县、江州区、覃塘区 12 个项目已批复立项，上林县项目已于 2019 年开工建设，其余 5 个项目正在修改完善实施方案。详细情况见附表 7 和附表 8。

二、历史土地整治项目

国家"十五""十一五"规划期间，广西开展的土地整治项目共 630 项，主要涵盖病险水库、大石山区、桂西五县、桂中整治、南百风貌 5 个专题，达到 14 个地级市全覆盖的规模。按照各市土地整治项目统计，南宁市 90 项、柳州市 28 项，桂林市 35 项，玉林市 14 项，梧州市 22 项，北海市 19 项，百色市 97 项，钦州市 20 项，防城港市 10 项，贵港市 22 项，来宾市 162 项，河池市 52 项，崇左市 41 项，贺州市 15 项，农垦局 3 项。其中，国家级项目 101 项，实施规模为 41 480.48 公顷，竣工后新增耕地面积为 6 485.58 公顷，预计投资 81 138.93 万元，由中央资金支持；重大工程项目 143 项，实施规模为 133 333.33 公顷，竣工后新增耕地面积为 6 956.11 公顷，预计投资 390 000 万元，由中央资金和自治区资金共同配套；自治区级项目 386 项，实施规模为 105 452.95 公顷，竣工后新增耕地面积为 20 493.09 公顷，预计投资 313 414.30 万元，由中央资金和自治区资金共同配套。全区土地整治项目累计实施规模达 280 266.76 公顷，竣工后新增耕地面积为 33 934.78 公顷，项目预算总投资 784 553.23 万元，具体情况见附表 9 至附表 14。

三、相关学术论文

围绕土地整治的开展和实施，广西壮族自治区自然资源生态修复中心从广西土地整治的宏观政策和趋势、中观区域和典型案例、微观技术和方法上不断总结经验和提出见解。截至 2020 年年底，在 EI、SCI、CSSCI 可检索的 Tunnelling and Underground Space Technology、地域研究与开发、农业工程学报、中国土地等国内外期刊发表重要学术论文 14 篇；2011 年至今，累计发表相关学术论文 114 篇，对探索广西土地整治现状、技术与方法、特色和成效、措施和策略提供了地域性示范案例及借鉴意见。在丰富国内土地整治理论和实践研究的同时，也可提供对外交流探讨的基础。重要学术论文信息详情见附表 15。

四、主要管理制度

（一）政策文件

1.《广西壮族自治区人民政府办公厅关于实施征地区片综合地价的通知》（桂政办函〔2020〕5 号）；

2.《广西壮族自治区自然资源厅关于印发开展全域土地综合整治助推乡村振兴意见的通知》（桂自然资规〔2020〕9 号）；

3. 广西壮族自治区自然资源厅、广西壮族自治区发展和改革委员会、广西壮族自治区交通运输厅、广西壮族自治区财政厅《关于印发自治区落实重大交通项目耕地占补平衡工作若干措施的通知》（桂自然资发〔2020〕9 号）（已废止）；

4.《广西壮族自治区自然资源厅关于解除耕地占补平衡挂钩有关事项的通知》（桂自然资办〔2020〕245 号）；

5.《广西壮族自治区自然资源厅 广西壮族自治区财政厅 广西壮族自治区农业农村厅关于印发引导和规范社会资本参与土地整治项目建设有关问题补充规定的通知》（桂自然资发〔2019〕10 号）；

6.《自治区住房城乡建设厅等九部门关于印发统筹推进乡村风貌提升三年行动项目建设指导意见的通知》（桂建村镇〔2019〕12 号）；

7.《广西壮族自治区人民政府关于全面实行永久基本农田特殊保护的实施意见》（桂政发〔2019〕29 号）；

8.《广西壮族自治区财政厅 广西壮族自治区自然资源厅 广西壮族自治区发展和改革委员会关于规范和调整我区耕地开垦费征收标准和使用管理政策的通知》（桂财税〔2019〕35 号）；

9.《广西壮族自治区自然资源厅 广西壮族自治区财政厅关于印发自治区补充耕地指标调剂库方案的通知》（桂自然资发〔2019〕49 号）；

10.《广西壮族自治区自然资源厅关于印发自治区补充耕地指标调剂库管理细则的通知》（桂自然资发〔2019〕53 号）；

11.《广西壮族自治区自然资源厅办公室关于做好 2019 年度自治区国土空间综合整治与生态修复项目工作的通知》（桂自然资办〔2019〕192 号）；

12.《广西壮族自治区自然资源厅办公室关于做好我区国土空间综合整治与生态修复项目储备及申报工作的通知》（编号：B20190040）；

13. 《广西壮族自治区自然资源厅 广西壮族自治区财政厅关于印发广西补充耕地指标交易指导价格的通知》（桂自然资发〔2018〕2号）；

14. 《广西壮族自治区国土资源厅 广西壮族自治区财政厅关于印发〈广西壮族自治区国土资源事业发展专项资金管理办法〉的通知》（桂国土资发〔2018〕10号）；

15. 《广西壮族自治区自然资源厅办公室关于启动运行广西永久基本农田动态监管系统的通知》（桂自然资办〔2018〕14号）；

16. 《广西壮族自治区自然资源厅 广西壮族自治区财政厅 广西壮族自治区农业农村厅关于印发引导和规划社会资本参与土地整治项目建设指导意见的通知》（桂自然资发〔2018〕16号）；

17. 《广西壮族自治区自然资源厅 广西壮族自治区农业农村厅关于印发广西壮族自治区耕地提质改造项目立项与验收规范（试行）的通知》（桂自然资发〔2018〕17号）；

18. 《广西壮族自治区能源局 广西壮族自治区国土资源厅关于规范我区光伏发电站用地管理的通知》（桂能新能〔2018〕23号）；

19. 《中共广西壮族自治区委员会 广西壮族自治区人民政府关于加强耕地保护和改进占补平衡的实施意见》（桂发〔2018〕31号）；

20. 《广西壮族自治区国土资源厅关于从严管控临时用地占用永久基本农田的通知》（桂国土资发〔2018〕32号）；

21. 《自治区党委办公厅 自治区人民政府办公厅关于印发〈广西乡村风貌提升三年行动方案〉的通知》（桂办发〔2018〕39号）；

22. 《广西壮族自治区人民政府办公厅关于印发广西耕地保护责任目标考核办法的通知》（桂政办发〔2018〕57号）；

23. 《广西壮族自治区国土资源厅关于贯彻实施乡村振兴战略的若干意见》（桂国土资发〔2018〕61号）；

24. 《广西壮族自治区自然资源厅办公室关于组织申报2019年度自治区国土空间综合整治与生态修复项目的通知》（桂自然资发〔2018〕89号）；

25. 《广西壮族自治区人力资源和社会保障厅 国土资源厅 财政厅关于印发广西壮族自治区被征地农民参加基本养老保险实施细则的通知》（桂人社发〔2017〕23号）；

26. 《广西壮族自治区土地整治办法》（广西壮族自治区人民政府令第116号）；

27. 《广西壮族自治区人民政府办公厅关于印发加强耕地保护和改进占补平衡工作实施方案的通知》（桂政办发〔2017〕68号）；

28.《关于非农建设占用耕地耕作层土壤剥离利用工作的指导意见》（桂国土资发〔2016〕2号）；

29.《广西壮族自治区人民政府办公厅关于印发广西县乡两级现代特色农业示范区建设标准的通知》（桂政办函〔2016〕31号）；

30.《广西壮族自治区国土资源厅关于进一步加强广西现代特色农业示范区用地支持的指导意见》（桂国土资发〔2016〕32号）；

31.《广西壮族自治区人力资源和社会保障厅 国土资源厅 财政厅关于印发广西壮族自治区被征地农民参加基本养老保险制度指导意见的通知》（桂人社发〔2016〕46号）；

32.《广西壮族自治区国土资源厅关于切实加强补充耕地质量建设的通知》（桂国土资发〔2015〕13号）；

33.《广西壮族自治区土地整治项目管理暂行办法》（桂国土资发〔2011〕20号）；

34.《关于印发〈广西壮族自治区土地整治专项资金管理办法〉的通知》（桂财建〔2010〕244号）。

（二）有关规划

1.《广西壮族自治区乡村振兴战略规划（2018—2022年）》；

2.《广西壮族自治区海洋环境保护规划（2016—2025年）》；

3.《广西壮族自治区矿产资源总体规划（2016—2020年）》；

4.《广西西江经济带国土规划（2014—2030年）》；

5.《广西壮族自治区旅游业发展"十三五"规划（2016—2020年）》；

6.《广西壮族自治区全域旅游发展规划纲要（2017—2020年）》；

7.《国务院关于印发"十三五"脱贫攻坚规划的通知》（国发〔2016〕64号）；

8.《国务院关于印发"十三五"旅游业发展规划的通知》（国发〔2016〕70号）；

9.《广西环境保护和生态建设"十三五"规划》；

10.《广西生态经济发展规划（2015—2020年）》；

11.《广西土地整治规划（2010—2015年）》；

12.《广西土地整治规划（2016—2020年）》；

13.《广西水土保持规划（2016—2030年）》；

14.《广西清洁型小流域实施规划报告（2015—2020年）》；

15.国土空间规划、村庄规划及现行土地利用总体规划、城乡规划；

16. 其他有关规划。

（三）技术规范和标准

1.《农用地质量分等规程》（GB/T 28407—2012）；

2.《高标准基本农田建设标准》（TD/T 1033—2012）；

3.《土地复垦质量控制标准》（TD/T 1036—2013）；

4.《土地整治重大项目可行性研究报告编制规程》（TD/T 1037—2013）；

5.《土地整治项目验收规程》（TD/T 1013—2013）；

6.《土地开发整理项目预算定额标准》（财综〔2011〕128号）；

7.《土地整治工程建设标准编写规程》（TD/T 1045—2016）；

8.《土地整治重大项目实施方案编制规程》（TD/T 1047—2016）；

9.《土地整治项目规划设计规范》（TD/T 1012—2016）；

10.《第三次全国国土调查技术规程》（TD/T 1055—2019）；

11.《土壤环境质量农用地土壤污染风险管控标准（试行）》（GB15618—2018）；

12.《土地复垦技术要求与验收规范》（DB45/T 892—2012）；

13.《土地整治工程第1部分：建设规范》（DB45/T 1055—2014）；

14.《土地整治工程第2部分：质量检验与评定规程》（DB45/T 1056—2014）；

15.《土地整治工程第3部分：验收技术规程》（DB45/T 1057—2014）；

16.《高标准基本农田土地整治建设规范》（DB45/T 951—2013）；

17.《建设占用耕地耕作层土壤剥离利用技术规程》（DB45/T 1992—2019）；

18. 其他有关规范和标准。

五、相关奖励与其他

广西土地整治工作在关键技术、建设标准、系统研制和规程办法制定等方面做出突出贡献，荣获中国地理信息产业协会、广西壮族自治区人民政府颁发的重要奖项和表彰授予。截至2020年年底，"耕地质量天空地立体化监测关键技术研究"荣获中国地理信息产业协会一等奖；"土地综合整治精细化监管信息平台关键技术及应用""农村土地承包经营权确权登记系统研制与应用"荣获中国地理信息产业协会二等奖。"广西建设用地控制指标研究（研究报告类）"荣获广西自然资源领域一等奖，"广西开发区土地节约集约利用评价（研究报告类）"荣获广西自然资源领域二等奖，"广西壮族自治区高标准基本农田建设标准研究报告""广西'两区一带'国土资源保障能力研究""南宁市建设用地节约集约利用评价""广西农用地分等标准村地影像集（科普读物）"荣获广西自然资源领域三等奖，具体详情见附表16。

"建设占用耕地耕作层剥离利用技术规程""土地整治工程 第1部分：建设规范""土地整治工程 第2部分：质量检验与评定规程""土地整治工程 第3部分：验收技术规程""高标准基本农田土地整治建设规范""土地复垦技术要求与验收规范""西南地区耕地土地整治模式研究——以广西为例""广西壮族自治区土地整治项目管理暂行办法""广西壮族自治区土地开垦项目管理暂行办法""广西壮族自治区土地整治项目竣工验收办法""土地综合整治项目实施管理技术指导和国土综合整治奖补政策研究""生态环境修复治理及国土空间生态修复调查""广西'土地整治+'模式研究"等项目获得厅级重大项目立项，由广西壮族自治区国土资源厅提供资金辅助土地整治工作的开展和研究，具体详情见附表17。

第八章　广西土地整治的形势与展望

本章根据国家"乡村振兴"发展战略，以及广西"十四五"规划纲要，同时结合广西的实际情况，借鉴区外优秀的做法，对未来广西土地整治的新形势和未来展望进行阐述。

一、土地整治面临的新形势

2021年，习近平总书记在中央财经委员会第九次会议上指出，把碳达峰、碳中和纳入生态文明建设整体布局。为达到"十四五"时期生态文明建设"实现新进步"的目标，有必要抓好实现碳达峰的关键期、迈向碳中和的重要窗口期，利用基于自然的解决方案促进碳中和的实现，因此对土地综合整治提出新的挑战和机遇。

（1）建设人与自然和谐共生的现代化自然地理格局。在习近平生态文明思想指引下，坚持"绿水青山就是金山银山"，紧密结合地貌、气候、水文、植被、土壤等自然地理要素的空间格局，坚持节约优先、保护优先、自然恢复为主，尊重自然地理地带性，重视经济社会发展规律，增强自然生态系统碳汇功能，落实三类空间管控边界，守住自然生态系统安全边界，坚持近自然恢复原则，统筹自然生态系统和人工生态系统保护修复，提升生态系统质量和稳定性，增强生态系统调节气候、固碳释氧、减排增汇的能力，提升应对气候变化的适应性水平。

（2）以自然恢复为主，提升生态系统固碳能力。要重视基于自然的解决方案在生态系统碳汇、固碳和适应气候变化方面的潜力，借助自然的力量，改善人与自然的关系。坚持系统观念，加快构建以国家公园为主体的自然保护地体系，科学开展山水林田湖草沙一体化保护修复；探索开展低碳型全域土地综合整治试点，推进历史遗留矿山生态修复，推进荒漠化、石漠化、水土流失综合治理；开展国土绿化行动，注重土地利用与土地覆盖变化对固碳的影响，加强"蓝色海湾"整治；加强生态廊道建设和生物多样性保护，提升森林、草原、湿地、农田、荒漠等陆地生态系统和红树林、海草床等海洋生态系统的碳汇能力，增强生态系统固碳能力。

（3）土地综合整治践行绿色低碳发展理念。将碳达峰、碳中和作为国土空间生态修复的重要组成部分，省级国土空间生态修复规划的编制要体现绿色复苏、低碳转型理念；强化国土空间和用途管制，探索低碳土地利用模式，划定并严守"三条控制线"，建立完善海洋"两空间内部一红线"制度，倡导低碳节能产业用地转型、低碳绿色生产生活方式，减少人类活动对自然空间的占用；全面提高风能、太阳能、生物质能源等的综合利用效率，提升非化石能源利用比例；全方位、全地域、全过程系统部署水源涵养、水土保持、防风固沙、洪水调蓄、海岸防护、生物多样性保护等生态修复任务，促进土地利用、生态系统对碳循环的正效应；统筹推进开发利用和保护修复、自然和人工等综合性治理措施，协同推进绿色生产生活方式、能源结构调整、土地利用布局优化等相关目标任务，不断提升节能减排和固碳增汇能力。

（4）加强科技手段，增强生态系统监测评估能力。针对国土空间生态修复机理认知、空间优化、生态系统服务定位等，构建面向碳中和的生态修复核心理论体系，加强退化土地修复、山水林田湖草空间重构和系统修复、生物多样性提升等关键技术的攻关，逐步构建气候变化背景下的国土空间生态修复基础理论、技术攻关、试验示范、推广应用全链条一体化；建设集遥感、雷达、地面站点等天空地协同一体化的数据监测体系，完善数据和信息共享机制，开展森林、草原、湿地、农田、荒漠、海洋等生态系统长期动态监测，丰富生态系统碳通量监测、碳循环模拟等内容，建立健全生态系统碳排放监测、报告、核算体系，科学评估国土空间生态修复对碳达峰、碳中和的贡献。

二、土地整治发展的新模式

为全面落实国家战略，破解资源环境紧约束局面，广西在积极探索以全域土地综合整治助力和保障土地节约集约利用、生态文明建设和新型城镇化发展的绿色发展之路。使分散的土地整治活动具备全局性的战略支撑力，需要通过统筹各类工程建设使土地整治活动具备区域发展的驱动力，使区域性土地整治活动具备绿色生产、生活价值的社会传播力，由此土地整治需要具备全域思维和全域能力。

（一）土地整治+大数据应用

全域土地综合整治是一个复杂的系统工程，各项工程的制定、监控和评估都需要综合各类数据，其数据格式多样、处理技术难度大并且对数据挖掘的能力要求也很高。新时代就是一个大数据的时代，地理信息技术的成熟为国土综合整治提供了一个搭建土地利用现状、地理要素与各类环境资源属性等综合信息的平台，对全域土地综合整治（规划）信息识别、提取、分析框架的建立具有较大意义。全域土地综合整治涉及环境科学、土壤学、动植物学、艺术学以及人的行为学等诸多学科，还包括自然资源部门、农村农业部门、生态环境部门等收集和存储的土地方面的各类数据。土地本身是一个社会自然属性结合的综合体，其蕴含的数据信息之间相互作用又交互影响，使数据结构更加复杂化。所以，除了使用遥感、地理信息系统、全球定位系统之外，还需要结合POI数据、云计算技术、机器学习与智能算法，通过实现跨时空的数据管理，对城市、农村和矿区存在的各类问题进行系统分析，综合考虑各种影响因素并进行深度分析。

1. 土地整治+POI数据利用

POI数据是基于位置信息的兴趣点。该数据可以通过高德、百度等地图直接获取，与传统的点数据相比具有精度高、覆盖面广、数据量大等特点，现已在土地研究领域受到越来越广泛的关注。

在土地利用空间中，商业设施、公共场所、交通连接点、教育机构、公司企业等用地布局都属于POI，且均对区域土地空间形态和社会经济发展具有重大影响。因此，探索区域POI的分布规律，有助于获取各类POI的分布情况、服务范围及聚集区，为土地利用规划和整治提供参考。这些将为土地利用变化的监控提供新思路。因此，利用POI大数据优势，通过对各类社会经济指标对应的点数和点位的结合分析，对未来大数据结合土地利用监控、分析、规划和整治等相关研究具有重大意义。

2. 土地整治+云计算技术应用

云计算技术是一种集成多项计算机技术对大数据进行高效处理的新型技术平台。该平台主要是通过用户提交任务由后台处理，云计算平台便会根据任务属性交由最具处理能力的数据节点进行处理，最后将各节点数据处理结果进行汇总并交付给用户。目前，该技术已广泛运用于制造、政务、金融、医疗、教育等各类互联网业务，成为推进制造强国、网络强国战略的重要驱动力量（唐昂，2019）。在土地利用领域中，云计算技术在处理土地矢量数据中也同样具有巨大的应用潜力，如 Hadoop、GEE（谷歌地球引擎）等技术的运用。

云计算技术的兴起为解决大数据处理的问题提供了一个有效的手段，其通过虚拟化技术合成具有强大数据处理和存储能力的计算机共享集群，可以对土地利用矢量数据进行高效的计算分析。现已有较多关于 Hadoop 运用于土地利用领域云计算的研究成果，诸如在 Hadoop 的基础上设计土地利用规划数据云计算服务平台（方旋，2013）、创新 GIS 空间数据管理与共享系统（杨浩，2013）、设计空间数据压缩算法（常玉红，2012）等，为提高土地利用矢量数据计算效率做出了一定贡献。GEE 是一种可以对遥感数据进行在线处理的云计算平台。GEE 提供了校正后的全球 Landsat 系列数据，并提供了机器学习算法说明和接口。这为获取大尺度区域、较长时间序列的高精度遥感数据，并运用于土地修复、土地利用以及全球环境变化分析研究提供了技术支撑。

3. 土地整治+智能算法

机器学习是人工智能领域的核心组成部分，是一种运用于创建数据集并分类分析的方法，其广泛运用于数据挖掘、认知模拟、图像识别、机器人、规划问题求解和网络信息服务等领域。对于土地利用领域，机器学习主要应用于土地覆盖遥感信息提取、土地利用类型变化测算、土地利用规划的智能化等方面。

土地覆盖遥感信息提取作为运用遥感数据分析的前置步骤，是指从众多影像数据中选择最能表征地表覆盖类型的数据的过程（杨晨，2010）。根据研究目的的差别，针对性地选择不同的目标特征，并施以各种运算对多个特征进行处理以获得所需图像。与传统的图像目视解译分类相比，机器学习中的分类算法具有高精度、高效率、低成本的优势，常用的分类算法包括人工神经网络、支持向量机、随机森林和决策树等。这些研究可为土地利用变化调查、模拟、预测和决策提供高精度的数据，也可为国土综合整治的前期工作提供参考依据。

（二）多功能土地整治新模式

多功能土地整治的基本内涵是按照自然、社会、经济的发展规律，为了满足人们生产、生活、生态的"三生"需要，采用"土地整治+"综合工程创新模式，建设"山水林田湖草"生命共同体，形成土地整治多种功能共同构成的功能系统，以实现土地的生产、生活、生态价值，从而寻求人类和地球的和谐共生。

全域土地综合整治需以多功能土地整治为主要形式，其技术体系框架应以功能为导向，立足于区域的土地功能和资源禀赋，确定区域的主导功能、辅助功能和潜在功能，且根据整治区域范围内的限制因素、优势条件、整治潜力等，综合采取优化、配套的工程技术措施，以充分发挥土地整治项目的多功能作用。另外，多功能整治技术体系贯穿项目实施的全过程，包括了方案拟定、可行性研究、规划设计、施工、后期管护等各阶段的相关技术，是众多技术的集合。多功能土地整治技术体系在整个国土综合整治项目中占据核心地位，其引导着国土综合整治项目实施的各个环节，保障土地整治项目的顺利有序进行。按照项目开发时序进行分析，多功能土地整治技术体系总体上涵盖多功能土地整治的调查技术、评价技术、规划技术、工程设计技术、施工技术以及后期监测技术。

1. "农业功能+"为导向的多功能土地整治技术

"农业功能+"为导向的多功能土地整治技术是指土地整治仍然以发挥区域的农业生产功能为主，同时兼顾其他多种辅助功能或潜在功能的挖掘与打造。对于农林牧渔业生产条件优越的区域，多功能土地整治实施应以提升农林牧渔业生产功能为主要目标，在项目的规划设计中，同时应体现农业功能类型与旅游、生态等的有机融合，土地整治技术方案不仅要服务于农业功能的强化与提升，也应服务于项目区域生态系统服务价值以及文旅休闲功能的改善，以促进传统农业向现代农业及休闲观光农业的有效转型。比如，在多功能土地整治技术方案的研制上，首先，要保证农业生产功能，针对不同的类型区域，可差别化地采取系列土壤修复、土地复垦、水土流失防治、土地平整等技术措施，大力开展生态良田建设，加强盐碱地和中低产田改造，加强耕地质量建设，提高土地利用集约度，保障农业生产稳定。其次，在项目的规划、设计、实施过程中，也应赋予农业生产以适度的历史文化内涵，在促进农业生产现代化的基础上，可通过选择适宜的种植技术、作物改良技术、景观节点打造技术等充分体现当地的农耕文化特色，赋予土地整治项目产品一定的文化底蕴，为农业向文化、旅游业的延伸打下基础。最后，应注重采取生态化技术，农田路、沟、渠等水利工程的规划建设要以体现自然性、生态性为原则，避免盲目硬化、大拆大建，在保证农业生产顺利和便利的前提下，将田水林草等多种农业生产要素纳入区域生态系统，统筹考虑其对生态系统平衡的潜在影响，实现人类生产与生态系统的共促共进。

2．"旅游功能+"为导向的多功能土地整治技术

"旅游功能+"为导向的多功能土地整治技术是指土地整治应以进一步提升旅游功能为主要目标，同时又充分发挥整治项目区域的其他潜在功能，通过将旅游功能与生态、文化、休闲、生产等辅助功能进行结合，以提升区域旅游功能的层次、品质与内涵。区域旅游功能的提升要充分挖掘既有的自然、人文资源，应借助3S技术和人工调查技术，摸清当地的资源本底，建立旅游资源调查评价体系，认清区域旅游功能提升的优势、劣势、机遇和挑战，对整治区域旅游资源的开发利用现状、存在的问题及深入开发潜力进行综合评判。旅游功能的提升要以对旅游元素的开发、保护、改造为着力点，采取适当且针对性的工程技术措施，促进利用与保护的平衡。比如，在旅游资源开发和旅游项目打造中，仍需以项目区域的本底状况为依托，多功能土地整治技术方案的实施要与促进旅游产品塑造和区域竞争力提升相结合。在对自然旅游资源的技术选择上，要充分考虑物种选择和生物生境修复，既要保持一定的景观欣赏功能，还应有助于生态系统的良性循环。对于古村落、古建筑等历史人文资源的开发整治技术，要以修缮形态、保护内涵为原则，工程技术措施要能够修旧如旧，避免一味地翻新，最大限度地保留原有的历史文化元素，适度地促进功能升级。

3．"生态功能+"为导向的多功能土地整治技术

"生态功能+"为导向的多功能土地整治技术是指土地整治技术以恢复、保护区域的生态功能为主要目标，在生态良好的基础上，适宜地拓展发挥其他的辅助功能，如景观、旅游等。对于生态脆弱、生态敏感性较高的地区，土地整治技术方案要以恢复生物生境、维护生态安全和生物多样性为实现目标，加强对水体、湿地、土壤、植被、病害等状况的动态监测，采用生物、生态学修复技术，借助人工手段，使区域内植被、生物群落及受损生境得到及时的净化和修复。

此外，应积极探索生态退耕和工况废弃地复垦相关技术。对于生态环境问题突出的区域，应充分协调农、林、草用地格局，禁止毁林、毁草开垦，对于不适宜耕作的地块要及时退出人为利用，避免造成水土流失，对生态环境产生不利影响；对已开垦的林地、草地开展退耕还林还草工作。资源枯竭型城市要加快工矿废弃地复垦、污染防治和采矿沉陷区治理；加强沙漠化、石漠化防治，工程措施与生态措施相结合，防止整治过程对生态环境有过大干扰，做好损毁土地的整治与修复。同时，开展小流域综合治理和风沙防治综合治理，重点开展山地丘陵地区生态退耕、沙化治理，加强河道淤堵治理。

同时，要因地制宜地实施生态农田改造技术、草原退化治理技术和水资源利用技术。在适宜耕种的地区要大力推进生态系统服务与农业生产相结合，开展生态农田建设，增强耕地抵御自然灾害的能力，拓展农田的生态服务功能，使农业生产有利于区域生态的维护。注重对草原的保护，开展围栏封育和退化草原治理；重视水资源利用和水源地保护，大力发展节水灌溉工程，重点提高农田灌溉水利用系数和水资源利用率，防治土地盐碱化。

4."文化科教功能+"为导向的多功能土地整治技术

"文化科教功能+"为导向的多功能土地整治技术是指土地整治以彰显项目区域的文化、科技、教育功能为主要目标，在相关的技术支撑下，实现文化科教功能具象化，提升区域的软实力、吸引力和竞争力。文化是无形的要素，是一个地区数千年来经过历史的洗刷而得以保留和传承下来的重要人文资源。在传统的农业社会里，不同地区在其自然地理及社会经济条件综合影响下而出现了不同的生存形态，不同的乡村聚落具备其独特的人文特征和文化个性，这就形成了各自的特色。在文化科教基因的影响下，地域景观得以灵魂支撑、内涵充实，更加具备"人文美"的特征。

所谓"文化科教功能+"的具象化技术，是指运用建筑规划设计技术、景观塑造技术、装饰技术、策划技术等，将无形的文化用有形的行为活动和环境要素来承载和体现。首先，从建筑的色彩、材质、构件，不同街区的装饰和标识等方面入手，将能体现街区、社区文化的要素"具体并连续"地展现出来，创造富有特色而又整体协调的空间环境，实现历史感与现代化的统一；其次，进行故事化文化情景策划，包括文化地标、文化区、文化事件、文化产业以及市场营销策略、规划设计模式等一系列复合内容，将社会发展过程中的历史印记和文化内涵以故事的形式将文化情景展现给社会大众。

三、土地整治的未来展望

按照《乡村振兴战略规划（2018—2022年）》相关部署要求，各地正在开展全域土地综合整治的试点工作，并积极探索和推进一批"信得过""叫得响""可推广"的全域土地综合整治模式，为乡村振兴提供新动能、"整"出新意和实效。未来，在全域土地综合整治中应形成"乡村旅游带动模式""现代农业引领模式""传统文化保护模式"等发展新思路。

（一）重塑土地整治新的价值导向

传统的土地整治从"理性经济人"的视角关注补充耕地面积、提高耕地质量和增加可交易建设用地指标等内容，以实现土地产出经济效益的最大化。但在乡村振兴视域下，基于对城乡关系和乡村地域功能的科学认知，需要重塑土地整治新的价值取向。城乡是一个相互支撑、交叉和渗透的有机联系体，城市的发展离不开乡村的支撑，新增的人口和土地以及消费的农产品要从乡村来；同时乡村的发展也离不开城市的辐射和带动，来自城市的资金、技术、管理经验等对乡村发展也至关重要。城乡融合的发展理念进一步表明乡村的振兴离不开城市，城市的更新与治理也必须考虑它的乡村腹地；乡村的重构和乡村的振兴均要注重城乡之间结构的协调和功能的互补。开展有利于城乡互动的土地整治是推进城乡互补、共进共荣，打破城乡二元割裂，缩小城乡差距的有效选择。未来，广西应充分利用城市资本创新土地整治投融资机制，吸纳先进技术与相关人才参与土地整治的规划设计，摒弃具有明显城市倾向的城乡建设用地平衡理念，在为城市建设提供空间的同时实现乡村资源的盘活，形成城乡融合发展的新格局。

乡村地域具有经济、社会、资源、环境、文化等多重功能属性，其中生态价值、文化价值是其有别于城市的独特魅力。土地整治在重构乡村社会经济系统的同时，应基于与自然平等相处、和谐共生的理念，通过生态网络与绿色基础设施的建设着力营造"以山为骨、水为脉、林为表、田为魂、湖为心"的多层次、多功能田园有机体，实现土地整治与生态文明建设的有机融合。此外，土地整治还需统筹"物质振兴"与"人文振兴"，在有序规划、合理布局乡村发展实体空间的基础上，兼顾乡村传统文化、精神风貌等乡村内核的传承，使乡村成为具有乡土文化烙印、留得住乡愁的载体。

（二）土地整治促进乡村振兴

乡村地域系统是一个由若干要素构成的自然—生态—经济—社会复合体，乡村振兴是系统内部多种要素的协调耦合和共生共荣。乡村地域的空间异质性和发展目标多元性等特征，要求不同层级的乡村地域应基于对区域问题的识别、承载能力的分析，科学制定乡村振兴规划，对区域内部的空间形态、基础设施、产业体系、公共资源等做出总体设计与安排。作为土地利用的专项规划，土地整治规划应综合考虑自然及人文因素对区域内部土地整治潜力分区、整治重点区域安排、重大工程项目的布局等做出前瞻性设计。当前中国土地整治规划为国家、省、市和县四级规划体系，国家乡村振兴战略规划刚刚出台。未来有必要基于顶层设计和体制保障，在经济社会发展规划、城乡规划、土地利用规划、生态环境保护规划等统一空间规划体系下，统筹土地整治规划与乡村振兴规划，确保土地资源、产业布局、基础设施配置、环境保护等乡村发展要素的相互协调和良性互动。此外，村级土地整治规划尚未被纳入规划体系，而村域作为乡村振兴的基本单元，规划设计的缺失势必会阻碍乡村各要素的统筹协调发展。因此，探索村级土地整治规划与乡村振兴规划的协同发展同样意义重大。

（三）着力发展多功能土地综合整治新模式

当前农业仍以传统大宗农作物种植为主，受农资价格、土地租金、人工成本等生产要素上涨影响，种粮比较效益低下，粮食生产贡献与农村发展水平存在"倒挂"现象，引发农业生产资料和人力投入不足、农业生产趋于粗放、农业科技推广困难等问题，成为协调农村人地关系的难点和重点。而农业是乡村地区发展的根基，具有农产品生产、景观美学、休闲娱乐、维护生物多样性和传承乡土文化等多重功能。土地资源的盘活与乡村产业的衔接对于乡村经济的可持续发展与资源的高效利用具有重要意义。乡村生产、生活、生态空间重构过程中，应将土地整治与有机农业、生态农业、能源农业、旅游农业、文化农业和都市农业等新型农业生产经营形态相结合，以提高农业生产附加值，消除传统种植业产出低和效益差等弊端，同时以多功能农业为依托有效吸纳乡村劳动力，实现乡村的居业协同发展。

1. 打造"山水林田湖草"生命共同体

新时代的国土综合整治作为生态文明建设的重要手段，必须遵循人与自然和谐共生的生存法则，以构建生命共同体作为基本任务，明确"山水林田湖草"生命共同体各要素与"田、水、路、林、村"土地整治各要素之间的内在关联和相互统一关系，按照生命共同体的整体性、系统性及其内在规律，推进土地整治模式的转变和创新。

2. 健全全域土地综合整治保障制度

国土综合整治工作的顺利开展需要完善的制度体系作为保障，具体包括：通过耕地占补平衡制度创新，建立生态账户以实现耕地数量、质量、生态"三位一体"的耕地保护政策；健全投融资体制，多渠道引导社会资本投入土地整治区，并进行规范性管理以确保项目建设的资金保障；加快完善考核体制，发挥资源环境承载力评价的基础性作用，规范生态化土地整治工程实施；

完善国土整治法律法规体系，对土地整治规划、立项、整治程序、土地权利保护、资金管理、主管部门、法律责任等进行法律规定，最大限度地保障国土综合整治活动的顺利展开。

3. 科学合理优化国土空间格局

长期以来，由于偏重城市建设和工业化发展，财政投资也主要集中在城市地区，造成了城乡发展严重失衡、生态环境持续恶化的现象。新时代国土综合整治应更注重全局的谋划，通过对"山水林田湖草"等空间资源要素的国土空间格局重塑，以有效推动城乡融合发展。将城乡建设用地纳入一体化的空间布局和规划，通过城乡建设用地增减挂钩、城市低效用地再开发利用、工矿废弃地复垦等多种形式，有效释放建设用地的新空间，同时有效释放土地级差收益的红利，在保持区域个性、多样化、差异性等基础上为发展机会的均等创造条件，促进消极和积极的地区发展之间取得平衡，解决长期以来形成的空间资源利用和发展问题，充分体现了国土综合整治的历史使命和时代责任。

4. 加快生态化可持续土地整治

随着生态环境问题日益突出，土地整治的方向也开始转变为与保护生态环境相协调的生态化土地整治，整治过程中必须遵循自然生态规律，从不同尺度维护和修复自然生态过程和生物链，保护生物多样性，提高生态系统弹性和生态服务功能。生态化土地整治工程模式可以大致分为农田田块生态设计、农田水利工程生态设计、表土剥离利用工程技术、道路工程生态设计、生物多样性保护工程、生态修复工程、水体生态景观工程、生态植被景观工程等。新时代的国土综合整治应更为注重生态化土地整治的标准研究与科技创新，以建设生命共同体的技术创新能力和振兴乡村为目标，形成国土综合整治新技术、新工艺、新材料、新设备，培养具有国土综合整治工程技术和管理能力的高水平人才，为国土综合整治的实施和可持续发展提供有利条件。

参考文献

［1］肖磊. 乡村振兴背景下全域土地综合整治转型发展探析［J］. 现代农业科技, 2021（13）: 262-263.

［2］张一佳. 打造"西湖模式"实现绿色发展［N］. 中国自然资源报, 2021-06-24（4）.

［3］刘恬, 胡伟艳, 杜晓华, 等. 基于村庄类型的全域土地综合整治研究［J］. 中国土地科学, 2021, 35（5）: 100-108.

［4］张平平, 鲁成树, 张明锋. 基于协同视角下的安徽省乡村振兴"土地整治+"模式探究［J］. 景德镇学院学报, 2021, 36（2）: 72-77.

［5］卓芳玲. 以"全域土地综合整治+"模式打造现代化健康美丽新农村［J］. 浙江国土资源, 2021（4）: 53-54.

［6］钟文, 严芝清, 钟昌标, 等. 土地整治的减贫效应及其传导机制研究［J］. 农业经济与管理, 2021（2）: 93-103.

［7］王彦芳, 尚国琲. 3S 技术在土地整治工程专业中的地位与相关课程改革探讨［J］. 科教导刊, 2021（10）: 64-66.

［8］张琢, 杨诚. 新工科背景下土地整治工程专业实践教学方法改革的思考［J］. 教育教学论坛, 2021（12）: 81-84.

［9］张伟, 彭晓燕. 挑战与回应: 城乡融合视域下的浙江省土地综合整治再审视［J］. 江苏农业科学, 2021, 49（6）: 232-237.

［10］李乐, 姜广辉, 陈翠华, 等. 生态型土地整治须注重制度统筹［J］. 国土资源情报, 2021（3）: 9-15.

［11］杨忍, 刘芮彤. 农村全域土地综合整治与国土空间生态修复: 衔接与融合［J］. 现代城市研究, 2021（3）: 23-32.

［12］金晓斌. 本期聚焦: 全域土地综合整治［J］. 现代城市研究, 2021（3）: 1.

［13］金晓斌，张晓琳，范业婷，等.乡村发展要素视域下乡村发展类型与全域土地综合整治模式探析［J］.现代城市研究，2021（3）：2-10.

［14］宋小青.韧性国土空间导向的全域土地综合整治理论与实践路径［J］.现代城市研究，2021（3）：11-16.

［15］曲衍波，张彦军，朱伟亚，等."三生"功能视角下全域土地综合整治格局与模式研究［J］.现代城市研究，2021（3）：33-39.

［16］张超正，陈丹玲，张旭鹏，等.土地整治对农户"福祉—生态"耦合关系的影响：基于整治模式与地貌类型的异质分析［J］.中国土地科学，2021，35（3）：88-96.

［17］纪碧华，钱爱国，杨凯，等.论全域土地综合整治的水土保持理念和生态文明价值［J］.中国水土保持，2021（3）：9，21-23.

［18］陈梦军，舒英格，杨永奎，等.土地整治项目区耕地质量评价现状分析［J］.天津农业科学，2021，27（3）：47-52.

［19］刘作化.生态型土地整治规划设计模式［J］.中国高新科技，2021（4）：142-143.

［20］吴家龙，苏少青，邓婷.全域土地综合整治资金来源研究：以广东省为例［J］.绿色科技，2021，23（2）：230-232.

［21］刘作化.生态理念下土地整治规划设计分析［J］.中国高新科技，2021（2）：19-20.

［22］干华，戴琳，史双娟.运用"叠加思维"打造全域土地综合整治"余姚"模式［J］.浙江国土资源，2021（1）：47-48.

［23］何佑勇，沈志勤，程佳.高质量推进土地综合整治的实践与思考：以浙江省为例［J］.中国土地，2021（1）：39-41.

［24］孙新华，宋梦霜.土地细碎化的治理机制及其融合［J］.西北农林科技大学学报（社会科学版），2021，21（1）：80-88.

［25］王慎俊.耕地质量等级提高方法和途径研究［J］.山西农经，2020（24）：107-108.

［26］连恒，仲星，韩丛波，等.国土空间规划背景下城镇低效土地整治研究［J］.安徽农业科学，2020，48（24）：247-249.

［27］佚名.浙江：运用"叠加思维"打造全域土地综合整治余姚模式［J］.小城镇建设，2020，38（12）：118.

［28］胡一婧.关于开展乡村全域土地综合整治与生态修复助力乡村振兴的思考［J］.浙江国土资源，2020（12）：40-42.

［29］张凤荣，周建，徐艳，等．基于地学规律的科尔沁沙地土地整治与生态修复规划方法［J/OL］．地学前缘，2021，28（4）：35-41［2021-07-15］．https://doi.org/10.13745/j.esf.sf.2020.10.12.

［30］肖红燕，刘弢，任海利，等．贵州喀斯特地区绿色土地整治实现途径浅析［J］．国土与自然资源研究，2020（6）：42-47.

［31］姚艳，徐田田，张雅婷，等．农村居民点整治中的土地发展权运作体系：以宁波市余姚最良村村庄整治项目为例［J］．中国农业资源与区划，2020，41（11）：209-217.

［32］李向，胡业翠，郑新奇，等．生态文明理念下我国农村国土综合整治分区及实施路径［J］．中国农业大学学报，2020，25（12）：161-172.

［33］孟蒲伟，李宏．社会企业参与全域土地综合整治实施路径探析［J］．小城镇建设，2020，38（11）：72-76.

［34］伍黎芝．乡村振兴背景下全域土地综合整治转型发展及路径选择［J］．小城镇建设，2020，38（11）：10-15.

［35］周燕妮．乡村振兴背景下都市近郊区全域土地综合整治模式初探［J］．小城镇建设，2020，38（11）：28-33.

［36］李和平，靳泓，吴鹏，等．西南地区全域土地综合整治规划模式研究：以贵州省西江镇全域土地综合整治试点为例［J］．小城镇建设，2020，38（11）：64-71，84.

［37］赵顺宏，贾舒涵，李树超．青岛市土地整治现状与对策［J］．青岛农业大学学报（社会科学版），2020，32（4）：8-13.

［38］杨飞燕．生态型土地整治模式及土地工程生态重建设计分析［J］．智能城市，2020，6（21）：43-45.

［39］孙滢展，张蚌蚌，陈海滨．合作社自主型土地整治对耕地格局及其利用的影响［J］．中国农业大学学报，2020，25（11）：199-208.

［40］洪曙光，郑爱玲．全域土地综合整治的实践与思考：以安徽省无为市为例［J］．中国土地，2020（11）：40-41.

［41］郑怡．关于土地整治与乡村振兴发展的探析：以宁德为例［J］．中国产经，2020（21）：123-124.

［42］桂组轩．"撂荒地"成了"聚宝盆"：广西做好土地流转文章释放村级集体经济发展新动能［J］．当代广西，2020（21）：40-41.

［43］黄深凤．广西开展丘陵山区土地宜机化整治标准化取得好效益［J］．广西农业机械化，2020（5）：10-11.

［44］刘永强，龙花楼，李加林. 农业转型背景下土地整治流转耦合模式与保障机制辨析［J］. 经济地理，2020，40（10）：50-57.

［45］郑丛旭，贺斐. 基于乡村振兴战略的全域土地综合整治实践与探索：以广西北流市新圩镇河村为例［J］. 南方国土资源，2020（10）：47-50，54.

［46］杨洁. 临山镇探索"土地整治+"模式有力助推乡村振兴［J］. 宁波经济（财经视点），2020（10）：12-13.

［47］康文慧，程萱，林赤辉. 内蒙古自治区土地整治综合成效评估［J］. 西部资源，2020（6）：177-180.

［48］马雪莹，陈光银. 基于土地整治的耕地质量评价方法研究［J］. 农村经济与科技，2020，31（17）：30-32，35.

［49］洪莉. 南宁市社会资本参与耕地提质改造探讨［J］. 南方农业，2020，14（26）：151-152.

［50］汤怀志，郧文聚，孔凡婕，等. 国土空间治理视角下的土地整治与生态修复研究［J］. 规划师，2020，36（17）：5-12.

［51］黄尚宁，欧君，秦耀遥. 望山见水 兴业富民：广西探索全域土地综合整治助推乡村振兴见闻［J］. 资源导刊，2020（9）：56-57.

［52］周凯. 全域土地综合整治助推乡村振兴之泉州实践［J］. 华北自然资源，2020（5）：126-127，130.

［53］黄丹，杨钢桥. 不同模式农地整治前后农户收入流动性研究：以江汉平原和鄂西南山区部分县市为例［J］. 中国农业资源与区划，2020，41（8）：22-30.

［54］鲁胜晗，朱成立，周建新，等. 生态景观视角下土地整治的生态效益评价［J］. 水土保持研究，2020，27（5）：311-317.

［55］黄尚宁，欧君，秦耀遥. 故园依旧在乡愁入梦来：广西探索全域土地综合整治助推乡村振兴新路径［J］. 南方国土资源，2020（8）：9-11.

［56］蔚霖，郭鑫，汤义鹏. 农村土地信托流转模式差异性研究［J］. 江西农业学报，2020，32（8）：125-130.

［57］曾璇，胡笑涛. 土地整理项目综合效益评价研究：以靖边县土地整理项目为例［J］. 农业与技术，2020，40（15）：165-166.

［58］李晓虎. 基于乡村振兴的农村土地整治转型研究［J］. 现代农业研究，2020，26（8）：17-18.

［59］张蚌蚌，郭芬，黄丹，等. 陕北"一户一田"和"一组一田"耕地细碎化整治模式与绩效评价［J］. 农业工程学报，2020，36（15）：28-36.

［60］梁甜甜，王筱明，陈柏成. 基于农户视角的土地整治满意度及其影响因素分析［J］. 土壤通报，2020，51（4）：824-831.

［61］朱永增，丁继辉，李倩倩，等. 黄河故道土地生态整治与高标准农田建设模式研究［J］. 江苏水利，2020（8）：38-41.

［62］马俊. 新时期土地综合整治与生态修复研究［J］. 甘肃农业，2020（7）：40-42.

［63］曾璇. 土地整理项目综合效益评价研究［D］. 咸阳：西北农林科技大学，2020.

［64］江草. 土地整治生态服务价值评价研究［D］. 上海：上海财经大学，2020.

［65］陈凯. 常州市武进区农村土地整治研究［D］. 大连：大连海事大学，2020.

［66］吕利昭. 城乡统筹视角下优化土地利用结构的路径探索［J］. 南方农机，2020，51（12）：40.

［67］赵海涛，马骁轩，李忠云，等. 完善全域土地综合整治的思考［J］. 农业开发与装备，2020（6）：60，66.

［68］何振嘉. 残次林地土地整治项目实施探究［J］. 国土资源情报，2020（6）：39-44.

［69］朱凤. 土地整治政策演进及实施效果评估研究［D］. 徐州：中国矿业大学，2020.

［70］刘志强. PPP 模式农地整治中多主体利益冲突及其协调机制研究［D］. 武汉：华中农业大学，2020.

［71］江志猛. 基于 SOFM 神经网络的土地整治时空配置分区研究［D］. 南昌：江西农业大学，2020.

［72］程韵琦. 土地整治项目碳效应测算及决策优化研究［D］. 南昌：江西财经大学，2020.

［73］王亚丽. 土地整治促进农业现代化发展的区域差异研究［D］. 昆明：云南财经大学，2020.

［74］郑保胜. 创新支持全域土地综合整治［J］. 农业发展与金融，2020（5）：39-41.

［75］李德寿. 天门市麻洋镇水污染现状分析及其国土综合整治模式研究［D］. 武汉：华中师范大学，2020.

［76］刘林. 土地整治整体性治理的实现路径［D］. 杭州：浙江大学，2020.

[77] 雷飞. 广西沿边民族地区乡村振兴模式研究 [D]. 南宁: 广西民族大学, 2020.

[78] 王荧, 张海欧. 新常态下陕西土地整治发展模式探究 [J]. 绿色科技, 2020 (4): 249-250.

[79] 熊宇斐, 何靖. 美丽乡村建设背景下农村土地整治探究 [J]. 农业技术与装备, 2020 (4): 73-74.

[80] 吕佳佩. 延安市宝塔区农村土地整治与美丽乡村建设研究 [D]. 西安: 长安大学, 2020.

[81] 李龙, 王兆林, 吴大放, 等. 基于 TOPSIS 模型的村域高标准基本农田建设时序与整治模式 [J]. 水土保持研究, 2020, 27 (3): 286-293.

[82] 张小青. 探析土地整治发展的理论视野、理性范式及其战略路径 [J]. 华北自然资源, 2020 (2): 129-130.

[83] 赵舒, 杨子生. 乡村振兴背景下的农村土地整治研究 [J]. 现代农业科技, 2020 (7): 257-259, 261.

[84] 唐秀美. 农村土地整治助力乡村振兴战略实施:《乡村振兴视域中的农村土地整治》评介 [J]. 中国土地科学, 2020, 34 (3): 101-104.

[85] YU X Y, MU C, ZHANG D D. Assessment of land reclamation benefits in mining areas using fuzzy comprehensive evaluation [J]. Sustainability, 2020, 12 (5): 2015.

[86] 周之澄, 周武忠. 生态型农田整治及利用规划设计研究: 以北海市伞塘村田园综合体为例 [J]. 中国农业综合开发, 2020 (3): 51-57.

[87] 梁艾霞, 李雪芬. 基于 3S 技术的土地整治图库一体化技术路线研究 [J]. 科技创新导报, 2020, 17 (7): 12-13.

[88] ZHANG Y Z, CHEN R S, WANG Y. Tendency of land reclamation in coastal areas of Shanghai from 1998 to 2015 [J]. Land Use Policy, 2020, 91 (1): 104370.

[89] OLDENBURG P. Land consolidation as land reform, in India [J]. World Development, 1990, 18 (2): 183-195.

[90] YANG B, WANG Z Q, YAO X W, et al. Assessing the performance of land consolidation projects in different modes: A case study in Jianghan Plain of Hubei Province, China [J]. International Journal of Environmental Research and Public Health, 2020, 17 (4): 1410.

[91] CUI X M, ZHAO Y L, WANG G R, et al. Calculation of residual sur-

face subsidence above abandoned longwall coal mining [J]. Sustainability, 2020, 12 (4): 1528.

[92] 李新民. 息县模式支持农村土地整治 [J]. 农业发展与金融, 2020 (2): 40-41.

[93] 朱俊, 马艳芳. 农村土地整治创新模式的思考: 以广西崇左市农村为例 [J]. 内蒙古科技与经济, 2020 (3): 3-4, 8.

[94] 胡佐宁. 土地整理项目管理模式对投资效率的影响研究 [J]. 智能城市, 2020, 6 (3): 97-98.

[95] 刘世军. 乡村振兴战略下的土地综合整治路径 [J]. 中国土地, 2020 (2): 53-54.

[96] 方照光. 科技扶贫背景下广西山区农村土地整治与扶贫开发研究 [J]. 老字号品牌营销, 2020 (2): 18-19.

[97] 吴菊, 张峰松, 花峰. 生态文明视角下国土综合整治创新推进研究 [J]. 科技经济导刊, 2020, 28 (4): 99-100.

[98] 陆常娥. 土地整治项目工程管理问题及处理方法 [J]. 城市建设理论研究 (电子版), 2020 (4): 9.

[99] 刘翘楚, 张星星. 农村土地综合整治助推乡村振兴的路径研究 [J]. 山西农经, 2020 (2): 60, 62.

[100] 谢余初, 张素欣, 林冰, 等. 基于生态系统服务供需关系的广西县域国土生态修复空间分区 [J]. 自然资源学报, 2020, 35 (1): 217-229.

[101] 何燕君, 徐军. 土地综合整治推动西部乡村振兴探索: 以广西武鸣的实践与探索为例 [J]. 湖北农机化, 2020 (1): 9.

[102] 温焕铃, 华璀, 卢远. 龙州县 "小块并大块" 土地整治扶贫新模式 [J]. 现代农业科技, 2020 (2): 261-264.

[103] 张志珍. 农村土地综合整治融资模式研究: 以山东省为例 [J]. 中国国土资源经济, 2020, 33 (7): 68-74.

[104] SHAYGAN M, BAUMGARTL T. Simulation of the effect of climate variability on reclamation success of Brine-Affected soil in Semi-Arid environments [J]. Sustainability, 2020, 12 (1): 371.

[105] LIANG F Y, ZHAO M Y, QIN C R, et al. Centrifugal test of a road embankment built after new dredger fill on thick marine clay [J]. Marine Georesources & Geotechnology, 2020, 38 (1): 114-121.

[106] 张中秋, 胡宝清, 韦金洪. 广西土地整治碳排放影响因素及脱钩效

益分析：基于 LMDI 模型 [J]. 生态经济, 2020, 36 (1): 47-55.

[107] ABUBAKARI Z, VANDER M P, BENNETT R M, et al. Land consolidation, customary lands, and Ghana's Northern Savannah Ecological Zone: An evaluation of the possibilities and pitfalls [J]. Land use policy, 2016, 54 (1): 386-398.

[108] CRECENTE R, ALVAREZ C, FRA U. Economic, social and environmental impact of land consolidation in Galicia [J]. Land use policy, 2002, 19 (2): 135-147.

[109] 孙旭. 新时代背景下大都市城郊结合部空间发展的土地约束及其整治 [D]. 上海: 华东理工大学, 2019.

[110] DUAN H L, XIA S X, HOU X Y, et al. Conservation planning following reclamation of intertidal areas throughout the Yellow and Bohai Seas, China [J]. Biodiversity and Conservation, 2019, 28 (14): 3787-3801.

[111] SULTANA T, MONIRUZZAMAN M, SHAMSUDDIN M, et al. Endogenous growth model of a labour-abundant and land-scarce economy [J]. Journal of Social and Economic Development, 2019, 21 (2): 309-328.

[112] 汪文雄, 冯彦飞, 张东丽, 等. 不同模式农地整治的减贫增收效应研究: 基于匹配倍差法估计 [J]. 中国土地科学, 2019, 33 (12): 80-88.

[113] 朱有禄, 侯培. 新时期陕西省土地生态整治思考与展望 [J]. 安徽农业科学, 2019, 47 (23): 76-78.

[114] 陈耀国. 基于 PPP 模式土地整治项目风险分担研究 [D]. 杭州: 浙江理工大学, 2020.

[115] 吕迪. 乡村振兴视角下城边村村庄规划策略研究 [D]. 青岛: 青岛理工大学, 2019.

[116] 裴开吉. 农村土地综合整治对农户福利的影响研究 [D]. 杭州: 浙江财经大学, 2019.

[117] 许晓婷, 赵敏宁, 焦俏, 等. 基于 "土地整治+" 的土地整治项目质量评价 [J]. 咸阳师范学院学报, 2019, 34 (6): 58-62.

[118] 王超敏. 陕西省社会资本参与土地整治模式及建议 [J]. 农村经济与科技, 2019, 30 (21): 35-36.

[119] 刘泽鑫. 基于乡村振兴的土地整治项目生态效益评价体系研究 [J]. 农业科技通讯, 2019 (11): 62-65.

[120] 江志猛, 陈文波, 郑蕉. 基于 SOFM 神经网络的土地整治时空配置分区研究 [J]. 中国土地科学, 2019, 33 (11): 89-97, 104.

[121] 何燕君. 对土地整治促进乡村振兴的思考：以南宁市武鸣区双桥镇、贵港市平南县寺面镇为例 [J]. 南方国土资源, 2019 (11)：44-47.

[122] 曾繁云, 李正, 李清斌, 等. 对国土空间综合整治与生态修复的思考：以巴马瑶族自治县盘阳河流域为例 [J]. 南方国土资源, 2019 (11)：65-67.

[123] 任彧. 如何下好乡村振兴土地综合整治这盘棋 [J]. 人民论坛, 2019 (32)：68-69.

[124] 王君伟, 陈英. 我国土地整治研究进展概述及展望 [J]. 中国集体经济, 2019 (32)：1-2.

[125] 黄桂华. 基于耕地质量评价的土地整治研究 [D]. 南京：东南大学, 2019.

[126] 王宇. 海口市土地整治项目监管绩效研究 [D]. 海口：海南大学, 2019.

[127] OPAČAK M, WANG E. Estimating willingness to pay for a future recreational park atop the current Jakuševec Landfill in Zagreb, Croatia [J]. Sustainability, 2019, 11 (21)：6038.

[128] LERMAN Z, CIMPOIEŞ D. Land consolidation as a factor for rural development in Moldova [J]. Europe-Asia Studies, 2006, 58 (3)：439-455.

[129] FENG Y, WANG J, BAI Z, et al. Effects of surface coal mining and land reclamation on soil properties: A review [J]. Earth-Science Reviews, 2019, 191：12-25.

[130] GUO Z. Land remediation boosts rural revitalization [J]. Advances in Social Sciences, 2019, 8 (1)：1623-1627.

[131] 郭庆. 浅谈土地综合整治的理论创新及实践方法 [J]. 甘肃农业, 2019 (10)：108-110.

[132] 向梅. 长沙县农村土地整治问题及对策研究 [D]. 长沙：湖南大学, 2019.

[133] 罗铁军. 浅议新时期土地综合整治与生态修复 [J]. 农业开发与装备, 2019 (9)：146-147.

[134] 王晓翠. 土地工程生态化整治方法研究与应用 [J]. 农业技术与装备, 2019 (9)：73-74.

[135] 陈丹. 对北海市土地整治工作的思考 [J]. 南方国土资源, 2019 (9)：52-55.

[136] 郭瑛. 生态移民土地整治成效分析：以宁夏为例 [J]. 管理观察,

2019 (24): 38-39.

[137] 雷娜，张扬. 高标准农田建设研究进展及内容探讨 [C] //《环境工程》编委会，工业建筑杂志社有限公司.《环境工程》2019年全国学术年会论文集（下册）.《环境工程》，2019：859-862，970.

[138] 杨磊."轻整治"理念与实践展望：成都"小组微生"土地综合整治模式调研 [J]. 中国发展，2019，19 (4)：62-65.

[139] 尤晓东. 基于生态文明视角下我国国土综合整治的思路与建议 [J]. 南方农业，2019，13 (24)：91-93，105.

[140] 秦宏飞. 生态型土地整治模式及土地工程生态重建设计分析 [J]. 南方农机，2019，50 (15)：269-270.

[141] MAGNI P, COMO S, GRAVINA M F, et al. Trophic features, Benthic recovery, and dominance of the invasive mytilopsis sallei in the Yundang Lagoon (Xiamen, China) following long-term restoration [J]. Water, 2019, 11 (8): 1692.

[142] 韦焜泽. 乡村振兴战略背景下农村土地综合整治助推脱贫攻坚的现状及路径研究：以广西玉林龙安镇扶贫工作为例 [J]. 农家参谋，2019 (16)：30，54.

[143] 姚丝思，王璐瑶. 空心村形成的原因及农村土地资源综合整治措施 [J]. 现代农业科技，2019 (15)：246.

[144] 曹帅，金晓斌，杨绪红，等. 农用地整治对耕地细碎化影响的多维评价：方法与实证 [J]. 中国农业大学学报，2019，24 (8)：157-167.

[145] 吴冠华，吴克宁，于兵，等. 土地整治项目区耕地质量评价方法比较研究：以德惠市为例 [J]. 土壤通报，2019，50 (4)：786-793.

[146] 高同玉. 生态型土地整治规划设计的探索 [J]. 城市建设理论研究（电子版），2019 (22)：13-14.

[147] 李思佳，田毅，安栓霞，等. 土地整治生态风险文献分析与研究进展 [J]. 江苏农业科学，2019，47 (14)：26-30.

[148] 卜炜玮，李婉婷，周伟. 浅谈我国乡村旅游发展中的土地利用研究现状 [J]. 特区经济，2019 (7)：120-122.

[149] 陈慧云，韦美侠. 广西土地开垦项目管理现行办法的实践与思考 [J]. 南方国土资源，2019 (7)：85-87.

[150] 贺彤，李瑞杰. 基于景观生态学的土地整治研究综述 [J]. 科技创新与应用，2019 (21)：58-59.

[151] 张中秋，胡宝清，李英，等. 广西土地整治增长极及其驱动类型分析：基于改进灰色关联模型 [J]. 农业资源与环境学报，2019，36（4）：431-440.

[152] 廖春婷. 乡村振兴战略背景下土地整治内涵发展研究：以广西左江治旱驮英灌区土地整治工程为例 [J]. 广西师范学院学报（自然科学版），2019，36（2）：127-132.

[153] PEDRO D，CRESPO B，MOSSELMAN E，et al. Sediment budget analysis of the Guayas River using a process-based model [J]. Hydrology and Earth System Sciences，2019，23（6）：2763-2778.

[154] 王晶，白清俊. 土地整治生态效应及效益评价研究进展 [J]. 西部大开发（土地开发工程研究），2019，4（6）：25-30.

[155] 宋才发，秦莉佳. 民族地区农村土地整治的法治探讨 [J]. 广西民族研究，2019（3）：137-144.

[156] 刘思雨，吴金华. 基于定量分析的土地工程研究进展 [J]. 农业与技术，2019，39（11）：184-188.

[157] 方伟. 旱地改水田土地整治实施评价与分析 [D]. 南昌：东华理工大学，2019.

[158] 陈思瑾. 不同模式下农地整治减贫增收效应研究 [D]. 武汉：华中农业大学，2019.

[159] 王梅. 不同模式下农村土地整治多维减贫效应的差异研究 [D]. 武汉：华中农业大学，2019.

[160] 李明山. 基于DID模型的土地整治多维减贫效应研究 [D]. 兰州：甘肃农业大学，2019.

[161] JULIANDAR M，ROHMAT E. Development methods for the formulation of community empowerment-based oxbow stream utilization models in Citarum River [J]. IOP Conference Series：Earth and Environmental Science，2019，286（1）：012016.

[162] 赵梦洁. 乡村振兴背景下的土地整治综合成效评估研究 [D]. 杭州：浙江大学，2019.

[163] 高佳莉. 乡村振兴背景下基于全域土地综合整治的村庄建设发展规划 [D]. 杭州：浙江大学，2019.

[164] 倪卫婷. 乡镇全域土地综合整治规划编制研究 [D]. 杭州：浙江大学，2019.

[165] 盛羊羊，张斯奇，刘新平. 土地整治碳效应文献综述 [J]. 农业与技术，2019，39（10）：179-181.

[166] 丁寒. 基于土地整治工程的耕地质量提升研究 [D]. 保定：河北农业大学，2019.

[167] 张蚌蚌，牛文浩，左旭阳，等. 广西农民自主型细碎化耕地归并整治模式及效果评价 [J]. 农业工程学报，2019，35（9）：265-274.

[168] 何彦谚. 服务于广西乡村精准扶贫的"土地分离与共享"策略研究 [D]. 南宁：南宁师范大学，2019.

[169] 范兰丹. 基于农户生计分化的广西农村宅基地演化过程和优化调控研究 [D]. 南宁：南宁师范大学，2019.

[170] 安拴霞. 大清河流域国土空间综合整治分区研究 [D]. 北京：中国地质大学（北京），2019.

[171] 高鹏. 耕作层土壤剥离利用空间配置及其方案评估 [D]. 北京：中国地质大学（北京），2019.

[172] 袁文馨，吴丽叶，李晓燕，等. 推动生态建设 突破发展瓶颈：解读《广西兴边富民土地整治重大工程实施指导意见》 [J]. 南方国土资源，2019（4）：27-29.

[173] 邓伟，胡玉福，王琴. 通川区土地整治现状、问题及对策研究 [J]. 四川农业科技，2019（4）：73-76.

[174] 佚名. 广西：出台意见指导兴边富民土地整治重大工程实施 [J]. 浙江国土资源，2019（2）：23.

[175] 张超，吕雅慧，郧文聚，等. 土地整治遥感监测研究进展分析 [J]. 农业机械学报，2019，50（1）：1-22.

[176] 张鹏辉. 土地整治与乡村空间重构研究 [J]. 资源节约与环保，2018（12）：145.

[177] 曾怡. 大都市郊区"多功能导向型"农村土地整治研究 [D]. 上海：华东理工大学，2019.

[178] 陈慧云，高大鹏，刘灿，等. 广西土地整治科技创新方向研究 [J]. 南方国土资源，2018（12）：54-56.

[179] 陈浮，曾思燕，张志宏，等. 农村土地综合整治对乡村转型的影响研究：以江苏省万顷良田工程为例 [J]. 中国土地科学，2018，32（12）：50-58.

[180] 冯良成. 美丽乡村建设中农村土地综合整治措施研究 [J]. 低碳世界，2018（12）：320-321.

[181] 贺斐, 沈先明, 袁建龙. 喀斯特丘陵山区耕作层的剥离再利用: 以广西壮族自治区为例 [J]. 中国土地, 2018 (12): 44-45.

[182] 张晓滨, 叶艳妹, 陈莎, 等. 国外农地整理权属调整技术方法研究进展及借鉴 [J]. 中国土地科学, 2018, 32 (11): 81-88.

[183] 柴季. 城市土地利用绩效评价及提升机制研究 [D]. 武汉: 中国地质大学, 2018.

[184] 余洋, 张进德, 潘莉. 土地整治综合研究进展评述 [J]. 国土资源科技管理, 2018, 35 (5): 34-48.

[185] 陈清, 肖奎林. "土地整治+" 助力乡村振兴: 以湖北省咸宁市为例 [J]. 中国房地产, 2018 (28): 21-24.

[186] 卢业飞, 覃坤兰, 刘全跃. 破解制度藩篱强力推进土地整治 "小块并大块" 以广西建设500万亩 "双高" 基地为例 [J]. 广西经济, 2018 (6): 52-53.

[187] 崔全红. 土地整治研究进展综述与展望 [J]. 农村经济与科技, 2018, 29 (11): 10-13.

[188] 谢卫玲. 广西柳城县耕地表土剥离及再利用潜力研究 [D]. 南宁: 广西师范学院, 2018.

[189] 李莹. 广西土地整治与贫困时空格局及互馈机制研究 [D]. 南宁: 广西师范学院, 2018.

[190] 万婷, 张淼. 基于乡村振兴战略的土地整治综述及发展趋势研究 [J]. 中国农业资源与区划, 2018, 39 (5): 1-6.

[191] 王婕. 山地丘陵区土地整治工程可提升耕地质量潜力测算方法研究 [D]. 重庆: 西南大学, 2018.

[192] 周岩. 新时期吉林省土地整治的目标与任务 [J]. 吉林农业, 2018 (14): 42.

[193] 范雁阳, 张真强, 李晓凌, 等. 八桂乡村换新颜: 广西整县推进高标准基本农田土地整治重大工程建设纪实 [J]. 南方国土资源, 2018 (5): 16-18.

[194] 陈泓屹. "整" 出一片新天地: 广西桂平市土地整治工作略记 [J]. 南方国土资源, 2018 (5): 22-24.

[195] 王春红. 浅析农村土地综合整治问题与对策 [J]. 国土资源, 2018 (5): 50-51.

[196] 刘桂华. 土地整治促进区域经济协调发展的路径分析 [J]. 北方经贸, 2018 (5): 106-107.

［197］孙怡茜.基于粒度反推法的土地整治生态网络构建研究［D］.北京：中国地质大学（北京），2018.

［198］李晓阳.建设占用耕地耕作层土壤剥离利用费效分析［D］.北京：中国地质大学（北京），2018.

［199］陈茜.城乡统筹背景下土地管理研究综述［J］.安徽农业科学，2018，46（11）：16-18.

［200］汪雪莎.基于城乡统筹发展土地整治对策研究［J］.农家参谋，2018（7）：1.

［201］王伟娜.我国农村土地整治模式优化研究［D］.北京：中共中央党校，2018.

［202］XU Y, CAI Y P, SUN T, et al. Coupled hydrodynamic and ecological simulation for prognosticating land reclamation impacts in river estuaries［J］. Estuarine, Coastal and Shelf Science, 2018：202（5）：290-301.

［203］汪丽莎.优化农村土地整治促进城乡统筹发展［J］.建材与装饰，2018（8）：139-140.

［204］高明秀，王瓅玲.面向城乡统筹的土地整治与空间重构协调机制［J］.中国国土资源经济，2018，31（6）：33-37.

［205］江雲颖，杨小雄.土地整治在促进农业现代化建设中存在的问题与对策：以广西桂平市为例［J］.安徽农业科学，2018，46（3）：209-210.

［206］佚名.从"城乡统筹"到"城乡融合"：专家在UP论坛上讨论乡村振兴［J］.国土资源，2017（12）：16-17.

［207］田蕙.对广西整县推进高标准农田土地整治规划设计的思考［J］.南方国土资源，2017（12）：43-44.

［208］ZHANG Y, CHEN R, WANG Y. Tendency of land reclamation in coastal areas of Shanghai from 1998 to 2015［J］. Land Use Policy, 2020, 91：104370.

［209］LONG H, ZHANG Y, TU S. Rural vitalization in China：A perspective of land consolidation［J］. Journal of Geographical Sciences, 2019, 29（4）：517-530.

［210］关国锋，郑浩，李宏.以"土地整治"助推响水"两化"建设［J］.国土与自然资源研究，2017（5）：58-60.

［211］沈怡静，刘彦花，李福焕.基于熵值法和模糊综合评价法的广西鹿寨县土地整治效益研究［J］.江西农业学报，2017，29（9）：127-131.

［212］卢晓，曾敏，黄文彬，等.对新常态下广西实施景观生态型土地整

治的探讨 [J]. 南方国土资源, 2017 (7): 57-58.

[213] 黄尚宁, 黄色芳. 边境上的美丽画卷: 广西国土资源部门实施兴边富民土地整治略记 [J]. 南方国土资源, 2017 (7): 7-8.

[214] 刘谐静, 梁炜唯. 对广西地方土地整治机构建设的思考 [J]. 南方国土资源, 2017 (7): 54-56.

[215] 吴丽叶, 麦启帆, 莫善华. 广西"十三五"土地整治面临的机遇及战略研究 [J]. 低碳世界, 2017 (19): 162-163.

[216] SIEGEL S. What disruption, whose status quo? Non-Native narratives of victimization surrounding a First Nations' land reclamation [J]. Settler Colonial Studies, 2017, 7 (3): 280-298.

[217] HAN P, YANG X X, BAI L, et al. The monitoring and analysis of the coastal lowland subsidence in the southern Hangzhou Bay with an advanced time-series InSAR method [J]. Acta Oceanologica Sinica, 2017, 36 (7): 110-118.

[218] 王晓健, 钱程, 邹秋华. 土地整治研究进展综述与展望 [J]. 时代农机, 2017, 44 (6): 136, 138.

[219] 信桂新, 陈兰, 杨庆媛. 土地整治促进城乡统筹发展: 基于重庆的实践考察 [J]. 西南师范大学学报 (自然科学版), 2017, 42 (6): 65-72.

[220] 韦俊敏, 胡宝清. 基于 MPS 系统的滨海中小城市土地整治项目综合效应研究: 以广西钦州市辖区为例 [J]. 国土与自然资源研究, 2017 (3): 5-10.

[221] 刘谐静. 对广西土地整治发展方向的思考 [J]. 南方国土资源, 2017 (6): 44-46.

[222] 胡凤, 卢晓, 吴丽叶, 等. 对广西土地整治助推扶贫开发的思考 [J]. 南方国土资源, 2017 (6): 47-48.

[223] 全坚, 谭咪. 广西土地整治规划实施生态环境影响研究 [J]. 低碳世界, 2017 (16): 143-144.

[224] 郭小忠. 新型城镇化进程中的土地集约利用问题与对策 [D]. 北京: 中国地质大学 (北京), 2017.

[225] 张红艳. 勉县土地整治促进农业现代化发展研究 [D]. 西安: 长安大学, 2017.

[226] 胡延涛. 大荔县沿黄盐碱地土地整治效益分析 [D]. 咸阳: 西北农林科技大学, 2017.

[227] 魏洪斌, 罗明, 鞠正山, 等. 中国土地整治"十二五"研究重点

评述与"十三五"研究展望 [J]. 水土保持研究，2017，24（2）：371-377.

[228] 黎萍，胡朝娟，刘谐静. 规范土地整治管理 推进高标准农田建设：解读《广西壮族自治区土地整治办法》[J]. 南方国土资源，2017（2）：20-22.

[229] 金合金. 土地整理对生态环境影响的研究进展与展望 [J]. 江西农业，2017（3）：113.

[230] 孙瑞宁，刘娜，刘博. 土地整治中的生态问题及对策研究 [J]. 西部大开发（土地开发工程研究），2016（6）：39-42.

[231] 曾艳. 治理视阈下农地整治模式比较研究 [D]. 武汉：华中农业大学，2016.

[232] 张明昭. 土地综合整治问题分析与研究 [J]. 山西农经，2016（12）：18.

[233] 王珊，马智民，张艳. 土地整治规划设计研究进展及发展趋势 [J]. 西部大开发（土地开发工程研究），2016（4）：58-64.

[234] 周熙，马智民. 土地整治中公众参与及其监管机制研究进展和展望 [J]. 西部大开发（土地开发工程研究），2016（3）：20-26.

[235] 吴丽叶，何敏超，梁杏，等. 对新常态下广西土地整治工作创新的探讨 [J]. 南方国土资源，2016（8）：41-42，45.

[236] 吴丽叶，何敏超，梁杏，等. 对广西土地整治促进农业现代化发展的思考 [J]. 南方国土资源，2016（7）：45-47.

[237] 汪萍. 农民有效参与影响农地整治项目绩效的机理及效应研究 [D]. 武汉：华中农业大学，2016.

[238] 范垚. 城乡统筹发展视角下农村土地综合整治绩效评价研究 [D]. 重庆：西南大学，2016.

[239] 田蕙. 对广西土地整治立法工作的思考 [J]. 南方国土资源，2016（5）：47-48，51.

[240] 高星. 耕地质量等级提升的土地整治项目设计关键技术研究 [D]. 北京：中国地质大学（北京），2016.

[241] 王军，钟莉娜. 中国土地整治文献分析与研究进展 [J]. 中国土地科学，2016，30（4）：88-97.

[242] 沈卫东. 以农房改造集聚 促进城乡统筹 [J]. 中国经贸导刊，2015（31）：25.

[243] 赖家成. 南宁市邕宁区高标准农田土地整治项目质量管理研究 [D]. 南宁：广西大学，2015.

[244] 员学锋，王康，吴哲. 国内外土地整治研究现状及展望 [J]. 改革与战略，2015，31 (10)：191-195.

[245] 王月基，黄天能. 南宁市土地整治项目管理模式改革分析 [J]. 南方农业，2015，9 (24)：171，173.

[246] 张中秋，胡宝清，韦金洪. 基于生态文明的土地综合整治内涵与思路探析：以广西为例 [J]. 钦州学院学报，2015，30 (8)：53-58.

[247] 丘小春，陈伟健，郭伟立，等. 无人机摄影测量技术在土地整治项目中的应用探讨 [J]. 测绘，2015，38 (4)：184-186.

[248] 于辰，王占岐，杨俊，等. 土地整治与农村"三生"空间重构的耦合关系 [J]. 江苏农业科学，2015，43 (7)：447-451.

[249] 陶泽良. 新常态下我国土地整治的思考 [J]. 南方农业，2015，9 (21)：149-150.

[250] 郭贯成. 土地整治推进城乡统筹的国内外探索 [J]. 中国土地，2015 (7)：24-25.

[251] 陈炳超，韦水军. 广西土地整治测绘工程监理初探 [J]. 广西师范学院学报（自然科学版），2015，32 (2)：60-65.

[252] 魏洪斌. 基于土地整治的耕地质量评价与提升研究 [D]. 北京：中国地质大学（北京），2015.

[253] 黄仪. 农村土地综合整治存在的问题及对策 [J]. 科技风，2015 (7)：230.

[254] 陆升健. 崇左：以"三创新"打造阳光土地整治项目 [J]. 南方国土资源，2015 (4)：56.

[255] 陶金排. 百色：加快推进土地整治项目实施 [J]. 南方国土资源，2015 (4)：57.

[256] 聂鑫，肖婷，缪文慧，等. 欠发达地区农户土地整治满意度及其影响因素 [J]. 国土资源科技管理，2014，31 (6)：18-23.

[257] 佚名. 让土地整治"晒"在阳光下 [J]. 南方国土资源，2014 (11)：6.

[258] 张勇，汪应宏，包婷婷，等. 土地整治研究进展综述与展望 [J]. 上海国土资源，2014，35 (3)：15-20.

[259] 李丽颖. 土地整治生态环境评价方法研究进展 [J]. 产业与科技论坛，2014，13 (17)：70-71.

[260] 聂鑫，段志平，汪晗. 土地整治实施内生缺陷：逆向选择与道德风

险：以广西为例 [J]. 农村经济，2014 (7)：44-48.

[261] 张志宏，傅东平. 城乡一体化背景下的土地整治策略研究：以广西桂平市为例 [J]. 安徽农业科学，2014，42 (21)：7217-7219.

[262] 杨磊，郧文聚，左旭阳. 创新整治模式 服务三农发展：广西高标准基本农田建设调研报告 [J]. 中国发展，2014，14 (3)：82-84.

[263] 黄雪丹. 农村土地整治潜力综合评价 [D]. 南宁：广西师范学院，2014.

[264] 朱欣. 不同模式下农地整治前后土地利用效率比较研究 [D]. 武汉：华中农业大学，2014.

[265] 张敬. 土地整理综合效益评价 [D]. 南宁：广西大学，2014.

[266] 王子凌. 县域土地综合整治潜力与整治分区研究 [D]. 北京：中国地质大学（北京），2014.

[267] 刘巧芹，张敬波，阮松涛，等. 我国农用地整治潜力评价的研究进展及展望 [J]. 水土保持研究，2014，21 (2)：327-332.

[268] 吴伟昊. 基于 GIS 的土地整治生态风险评价研究 [D]. 南京：南京农业大学，2014.

[269] 单海涛，卢俊寰. 农民工土地流转权益保障与对策的探讨 [J]. 浙江农业科学，2013 (12)：1685-1689.

[270] 曾祥辉. 优化土地利用结构 促进城乡统筹发展：柳州市充分利用增减挂钩政策推进"双保"工作 [J]. 南方国土资源，2013 (11)：58.

[271] 冼福宽. 天等："四项措施"强化监管土地整治项目 [J]. 南方国土资源，2013 (10)：63.

[272] 王紫琼. 广西农村土地整治中土地权属调整方案研究 [J]. 大众科技，2013，15 (8)：156-157.

[273] 甘昉，蓝春华. 广西土地整治：问题与对策 [J]. 中国土地，2013 (8)：53-55.

[274] 沈斌莉，郑国全. 空心村土地整治研究进展 [C] //中国自然资源学会土地资源研究专业委员会，中国地理学会农业地理与乡村发展专业委员会，青海民族大学公共管理学院. 2013 全国土地资源开发利用与生态文明建设学术研讨会论文集，2013：75-81.

[275] 佚名. 土地整治"三益"桂中 [J]. 南方国土资源，2013 (4)：6.

[276] 陈国章，黄尚宁，卢燕丽. 桂中大地传福音：广西桂中农村土地整治重大工程建设综述 [J]. 南方国土资源，2013 (4)：7-8.

[277] 陈国章, 黄尚宁, 卢燕丽. 让"兴地惠民"效应无限放大: 广西农村土地整治新的突破 [J]. 南方国土资源, 2013 (1): 12-14.

[278] 李烈干, 莫国金, 廖世锋, 等. 构筑国土资源生态安全屏障: 广西梧州市土地整治亮点频现 [J]. 南方国土资源, 2012 (12): 56-58.

[279] 冯敏. 对统筹城乡改革中土地问题的思考 [J]. 中国地产市场, 2012 (7): 88-89.

[280] 赵晓莹. 浅析广西农村土地整治对新农村建设的影响 [J]. 中国新技术新产品, 2011 (23): 254.

[281] 李一琼, 刘艳芳. 广西近年土地整理已实施项目生态影响回顾性评价 [J]. 国土与自然资源研究, 2011 (5): 20-22.

[282] 钟大年. 加强农村土地整治, 促进全区城乡统筹发展 [J]. 南方国土资源, 2011 (9): 45-46.

[283] 广西壮族自治区自然资源生态修复中心. 敢为善治 全力打造土地综合整治广西样板: 解读全域土地综合整治的"柳南模式" [N]. 广西日报, 2020-06-24 (10).

[284] 广西壮族自治区自然资源生态修复中心. 广西北流市全域土地综合整治建设模式探秘 [N]. 中国自然资源报, 2020-06-29.

[285] 戴有忠, 陈友国, 韦群, 等. 南京地区生态型土地综合整治的探索 [J]. 江苏水利, 2020 (S1): 48-52.

[286] 张茂茂, 张雪松, 仝珊, 等. 基于灰色星座聚类法的湖北省景观生态型土地整治分区 [J]. 江苏农业科学, 2019, 47 (18): 297-303.

[287] 刘晓晴. 我国生态型土地整治模式探讨 [J]. 安徽农业科学, 2017, 45 (14): 178-180.

[288] 卢晓, 曾敏, 黄文彬, 等. 对新常态下广西实施景观生态型土地整治的探讨 [J]. 南方国土资源, 2017 (7): 57-58.

[289] 张绍良, 杨永均, 侯湖平, 等. 基于恢复力理论的"土地整治+生态"框架模型 [J]. 中国土地科学, 2018, 32 (10): 83-89.

[290] 王军, 钟莉娜. 景观生态学在土地整治中的应用研究进展 [J]. 生态学报, 2017, 37 (12): 3982-3990.

重要术语

景观生态学：通过生态系统的基础原理结合系统学研究的方法，对某一尺度上景观内部结构及功能、动态变化及作用机理进行研究，以达到景观格局及结构优化，促进景观科学利用、合理开发和有效保护的目的。

景观生态评价：指对景观生态现状的评定，对景观生态格局和演变过程、人为干扰程度方式和自然协调、土地整治和规划实施建设、景观生态可持续发展的检测。它是保证区域景观生态环境的重要手段，是景观规划、管理和保护的依据基础。

土地综合整治：指在一定的区域内，按照国土空间规划确定的目标和用途，以土地整理、复垦、开发和城乡建设用地增减挂钩为平台，推动田、水、路、林、村综合整治，改善农村生产、生活条件和生态环境，促进农业规模经营、人口集中居住、产业聚集发展，推进城乡一体化进程的一项系统工程。广义的土地综合整治包括土地整理、土地复垦和土地开发。

土地整理：亦称"土地整治""土地调整"或"土地重划"，是指将零碎高低不平和不规整的土地或被破坏的土地加以整理，使人类在土地利用中不断建设土地和重新配置土地的过程。它是土地管理的重要内容，也是实施土地利用规划的重要手段。

土地复垦：指采矿权人按照矿产资源和土地管理等法律、法规的要求，对在矿山建设和生产过程中，因挖损、塌陷等而被破坏的土地，采取整治措施，使其恢复到可供利用状态的活动。

土地开发：从广义上来讲是指因人类生产建设和生活不断发展的需要，采用一定的现代科学技术的经济手段，扩大对土地的有效利用范围或提高对土地的利用深度所进行的活动。它包括对尚未利用的土地进行开垦和利用，以扩大土地利用范围，也包括对已利用的土地进行整治，以提高土地利用率和集约经营程度。从狭义的角度理解，土地开发主要是指对未利用土地的开发利用，要实现耕地总量动态平衡，未利用土地的开发利用是补充耕地的一种有效途径。

生态型土地整治：指以生态学、系统学的原理及方法为基础，通过物理、化学、生物工程技术手段，以土地持续利用为目标，以最小破坏土地生态系统为前提，充分考虑整治区域的地域环境特征和空间分布格局，优化土地资源空间配置和改善农业生产条件的治理行为。

土地平整：指对区域地形、土壤与自然因素限制的改善。不同的自然特性与土地利用条件，平整的规模和方式也有区别。

政府和社会资本合作模式：指政府与私人组织之间，为了提供某种公共物品和服务，以特许权协议为基础，彼此之间形成一种伙伴式的合作关系，并通过签署合同来明确双方的权利和义务，以确保合作的顺利完成，最终使合作各方达到比预期单独行动更为有利的结果。

高标准基本农田：指在一定时期内，通过土地整治建设形成的集中连片、设施配套、高产稳产、生态良好、抗灾能力强、与现代农业生产和经营方式相适应的基本农田。

小块并大块：指土地权益人自愿通过土地整治，将小地块合并形成的集中连片，方便机械耕种和流转，激发农用地的经济效益，提高农地利用率。

兴边富民行动：这是1999年由国家民委联合国家发展改革委、财政部等部门倡议发起的一项边境建设工程。其宗旨是振兴边境、富裕边民。通过强化政府组织领导，广泛动员全社会参与，加大对边境地区的投入和对广大边民的帮扶，使边境地区尽快发展起来，边民尽早富裕起来，在发展中进一步增强爱国主义情感和加强各民族大团结，最终达到富民、兴边、强国、睦邻的目的。

表土剥离：即表土剥离再利用，是指将建设所占土地约30cm厚的表土搬运到固定场地存储，然后搬运到废弃土地上完成造地复垦的技术。

喀斯特地貌：指地下水与地表水对可溶性岩石产生溶蚀与沉淀，侵蚀与沉积，以及重力崩塌、坍塌、堆积等作用形成的地貌，以斯洛文尼亚的喀斯特高原命名，中国亦称之为岩溶地貌，为中国五大造型地貌之一。

水土流失：指由于自然或人为因素的影响，雨水不能就地消纳、顺势下流、冲刷土壤，造成水分和土壤同时流失的现象。其主要原因是地面坡度大、土地利用不当、地面植被遭破坏、耕作技术不合理、土质松散、滥伐森林、过度放牧等。水土流失的危害主要表现在：土壤耕作层被侵蚀、破坏，使土地肥力日趋衰竭；淤塞河流、渠道、水库，降低水利工程效益，甚至导致水旱灾害发生，严重影响工农业生产；对山区农业生产及下游河道造成严重威胁。

附录

附表 1　整村推进土地整治项目

序号	市	项目名称	时间	项目预算总投资/万元	新增耕地面积/公顷
1	南宁市	宾阳县新圩镇公义村土地整治项目，横县百合镇芳岭村等 2 个村土地整治项目，横县校椅镇临江大洞土地综合整治项目，横县校椅镇龙省大洞土地整治项目，横县马岭镇良和村土地整治项目，南宁市江南区苏圩镇苏保村土地整治项目，南宁市江南区延安镇那齐村土地整治项目，南宁市江南区苏圩镇佳稍村土地整治项目，南宁市江南区江西镇锦江村土地整治项目，南宁市江南区苏圩镇新德村土地整治项目，南宁市江南区苏圩镇联英村土地整治项目，南宁市经开区吴圩镇坛白村土地整治项目，隆安县南圩镇鹭鸶村土地整治项目，南宁市经开区吴圩镇坛白村土地整治项目，隆安县南圩镇灵利村土地整治项目，隆安县乔建镇雁江村土地整治项目，隆安县南圩镇红良村土地整治项目，隆安县南圩镇那桐镇那重村土地整治项目，隆安县南圩镇灵利良村土地整治项目，南宁市马山县乔利乡那料村土地整治项目，南宁市马山县古零镇杨圩、新杨等 2 个村土地整治项目，兴隆等 2 个村土地整治项目，南宁市青秀区长塘镇长塘村土地整治项目，上林县西燕镇西燕村、江卢村土地整治项目，上林县明亮镇甘六村土地整理项目，上林县明亮镇九龙村土地整治项目，上林县大丰镇云里村土地整理项目，上林县澄泰乡澄泰社区、圩底村土地整治项目，广西农业科学院科研基地土地整理项目，武鸣县两江镇两江社区、龙英村、三联村土地整治项目，武鸣县府城镇府城社区、进城村、永夫村土地整治项目，武鸣县马头镇小陆村、全曾村、莫阳村土地整治项目，武鸣县两江镇福江村、群英村、聚群村土地整治项目，南宁市西乡塘区坛洛镇同富村土地整治二期土地整治项目，南宁市乡塘区坛洛镇庆林村土地整治项目，南宁市西乡塘区坛洛镇同富村土地整治项目，南宁市乡塘区五塘镇南村土地整治项目，南宁市西乡塘区蒲庙镇良信村土地整治项目，南宁市兴宁区五塘镇王竹村土地整治项目	2009—2013	85 318.52	689.37

序号	市	项目名称	时间	项目预算总投资/万元	新增耕地面积/公顷
2	柳州市	柳州市柳北区长塘镇青茅村土地整治项目,柳州市柳北区沙塘镇江湾村土地整治项目,柳州市柳北区石碑坪镇大仙村土地整治项目,柳州市柳北区石碑坪镇古木村土地整治项目,柳城县太平镇龙兴村基本农田土地整治项目,柳城县大阳村镇上等村土地整治项目,柳城县冲脉镇大要村土地整理项目,柳城县马山乡五坡村土地整治项目,柳城县沙埔镇大安村土地整治项目,柳江县成团镇盘石村、六道村土地整治项目,柳江县进德镇白山村、泗浪村土地整治项目,柳江县成团镇鲁比村土地整治项目,鹿寨县里高镇果椒村土地整治项目,柳江县百朋镇恭桐村土地整治项目,鹿寨县鹿寨镇土地整治项目,鹿寨县寨沙镇九敢、古木村土地整治项目,鹿寨县平山镇几简村潘圩村、石墨村土地整治项目,融安县长安县浮石镇大巷村土地整治项目,融安县东起乡整村推进土地整理项目,融安县长安县浮石镇大良村和南村大良村土地整治项目,融安县东起乡整村推进土地整治项目,融安县浮石镇六寨村、谏村村、桥头村土地整治项目,融水县融水镇三合村土地整治项目,融水县永乐乡下覃、四荣村土地整治项目,融水县小荣村土地整治项目,融水县和睦镇读楼村土地整治项目,融水县大浪三江侗族自治县独峒乡平流村、巴团村整村推进土地整治项目,三江侗族自治县良口乡和里村,南寨村整村推进土地整治项目,三江侗族自治县丹洲镇板江社区、红路村、冠峒村、平铺村整村推进土地整治项目,三江侗族自治县八江乡马胖村,平善村整村推进土地整治项目,三江侗族自治县板必村土地整治项目,三江侗族自治县古宜镇泗联村整村推进土地整治项目,三江县和平乡板六村等3个村土地整治项目	2009—2013	66 029.40	691.73

序号	市	项目名称	时间	项目预算总投资/万元	新增耕地面积/公顷
3	桂林市	桂林市秀峰区甲山街道办事处矮山、桥头、新立村整村推进土地整治项目，桂林市叠彩区大河乡群力、上阳家、蒙正村委土地整治大河乡潘家、尧山村委土地整治项目，桂林市叠彩区大河乡四联、新民村委土地整治项目，桂林市七星区朝阳乡岩前、新建、丫吉三个村委土地整治项目，桂林市象山区二塘乡红光村、逆塘村委两个村土地整治项目，桂林市象山区二塘乡阳家村等三个村整村推进土地整治项目，桂林市雁山区柘木镇、禄坊、李家村委整村推进土地整治项目，桂林市雁山区大埠乡黄宿、付上村委土地整治项目，桂林市雁山区草坪乡草坪、潜经、大田村委土地整治项目，恭城县平安乡巨塘村、莲花镇观头村土地整治项目，恭城县龙虎乡虎村、狮子村土地整治项目，恭城县恭城镇化育村、白马村土地整治项目，恭城瑶族自治县西岭乡西岭村、费村土地整治项目，恭城瑶族自治县莲花镇兰洞村土地整治项目，恭城瑶族自治县西岭乡挖沟村等飞熊等四个村委土地整治项目，灌阳县新街乡新街、潭阳县文市镇月岭等三个村岭等月岭村委五个村委四个中秀等四个村委土地整治项目，灌阳县文市镇苏东村等四个村，灌阳县黄关镇大衙等五个村委土地整治项目，灌阳县灌阳镇苏联、仁江、仁仕、大仁四个村土地整治项，新圩乡小龙村土地整治项目，灌阳县黄关镇中秀、福星、荔浦县龙怀乡三河村、新安社区、荔浦县修仁镇建陵村、大榕村、荔浦县龙怀乡江华村、相仕村等三个村土地，东坪村整村推进土地整治项目，荔浦县黄寨镇凤联村、荔浦县新坪镇广福村、荔浦县双江镇两江村、双安村等两个村委土地整治项目，古定村委土地整治项目，荔浦县双江镇两个村土地整治项目，临桂县两江镇李宗仁故居信果、古定村委土地整治项目，临桂县四塘口土地整治项目，临桂县六塘镇大村土地整治项目，临桂县中庸乡义江江头、临桂县青狮潭镇江头、塘社村土地整治项目，灵川县大圩镇毛洲、秦岸等两个村土地整治项目，灵川县定江镇莲花村土地整治项目，灵川县灵川镇双潭、王家等两个个村土地整治项目，灵川县潭下镇大泉、大义两个村四个村土地整治项目，灵川县海洋乡海洋、灵川镇海洋乡海洋、灵川县海洋乡海洋村委土地整治项目，灵川县...	2009—2012	181 015.57	1 450.06

序号	市	项目名称	时间	项目预算总投资/万元	新增耕地面积/公顷
		大庙塘等两个村土地整治项目，龙胜县和平乡金江、龙脊村、平安村等土地整治项目，龙胜县和平乡大寨、小寨、中禄村等三个村土地整治项目，龙胜县乐江乡地灵村等三个村土地整理项目，桂林市龙胜县泗水乡细门村土地整治项目，平乐县青龙乡豆地村、青龙村、郡塘村土地整治项目，平乐县同安镇华山村、大里村、仁塘村等三个村整治项目，仁塘村等四个村整村推进土地整治项目，平乐县青龙乡平西村、连塘村、平城村、马田村等四个村整村推进土地整治项目，平乐县平乐镇高埠村、民安村、上盆村委土地整治项目，和平村两个村整村推进土地整治项目，平乐县平乐镇沙江等五个村整村推进土地整治项目，全州县委、庙头乡湘洞村、建新村整治项目，石洞村等村整村推进土地整治项目，磨头乡岱溶石山区生态综合治理项目，全州县白宝乡白宝村土地整治项目，全州县永岁乡石岗村、永岁村土地整治项目，全州县庙头乡歌陂村、二美滩村下柳村、全州县凤凰乡凤凰村、湾里村土地整治项目，全州县绍水镇严关村、仙桥村、清水村土地整治项目，兴安县严关村委土地整治项目，兴安县严关镇严关村、兴安县兴安镇塘市村委土地整治项目，兴安县兴安镇冠山、自治镇乐群村土地整治项目，兴安县溶江镇车田村委土地整治项目，兴安县兴安镇龙口村等2个村土地整治项目，阳朔县高田镇龙村土地整治项目，阳朔县白沙镇遇龙河公路沿线重大项目，阳朔县葡萄镇罗锦镇尚水村、岭桥村、崇山村委土地整治项目，阳朔县桂阳公路沿线重大项目，阳朔县桂阳镇银洞村、湾里村委土地整治项目，永福县堡里乡堡里村、三多村委土地整治项目，永福县广福乡龙桥村洞村、官田村委土地整治项目，永福县广福乡枫木、永福县中峰乡中峰村、大庄田村、车田湾村整村推进土地整治项目，永福县中峰乡车田村整村推进土地整治项目，资源县资源镇官马家村整村推进土地整治项目，资源县中峰乡车田湾村整村推进土地整治项目，资源县资源镇两水乡社水村、资源县湾田村整村推进土地整治项目，资源县资源镇浦田村、石溪村、石溪头村整村推进土地整治项目，凤水岭村整村推进土地整治项目			

序号	市	项目名称	时间	项目预算总投资/万元	新增耕地面积/公顷
4	贺州市	贺州市八步区莲塘镇客家围屋土地整治项目，贺州市八步区仁义镇龙江村土地整治项目，贺州市八步区贺街镇临贺古城土地整治项目，贺州市八步区步头镇善中村等三个村土地整治项目，贺州市八步区铺门镇东水片土地整治项目，贺州市八步区桂岭镇梅江村等八个村土地整治项目，八步区里松镇里松村等5个村土地整治项目，富川瑶族自治县朝东镇岔山村、秀水村土地整治项目，富川瑶族自治县福利镇毛家村、花坪村土地整治项目，富川瑶族自治县古城镇高路村等6个村整村推进土地整治项目，富川瑶族自治县连山镇吉山村等5个村整村推进土地整治项目，富川瑶族自治县柳家乡石坝村等4个村土地整治项目，富川瑶族自治县城北镇新寨村、魏峰村土地整治项目，贺州市平桂管理区沙田镇田厂村、道石村土地整治项目，贺州市平桂管理区沙田镇小凉河土地整治项目，平桂管理区公会镇马峰村土地整治项目，昭平县委石塔村等7个村土地整治项目，昭平县仙㟖乡新中村等2个村土地整治项目，昭平县黄姚镇朋江清村等6个村土地整治项目，昭平县北陀镇立教村等3个村土地整治项目，昭平县北陀镇樟木林乡樟木林村等2个村土地整治项目，昭平县凤凰乡美梅村等3个村整村推进土地整治项目，钟山县公安镇双元村土地整治项目，钟山县公安镇荷塘等三个村土地整治项目，钟山县回龙镇泉峰岭等5个村土地整治项目，钟山县凤翔镇石墨冲、大冲小型病险水库除险加固工程土地整理项目	2009—2012	57 896.05	470.38

附表1(续5)

序号	市	项目名称	时间	项目预算总投资/万元	新增耕地面积/公顷
5	梧州市	苍梧县大坡镇河步村、坡头村土地整治项目，苍梧县石桥镇中农村农村土地综合整治项目，苍梧县龙圩镇社学村、思念村农村土地综合整治项目，苍梧县梨埠镇沙地村整村推进土地整治项目，苍梧县沙头镇思艾村、横江村整村推进土地整治项目，岑溪市安平镇古院村等3个村土地整治项目，岑溪市糯垌镇平炉村等3个村土地整治项目，岑溪市糯垌镇龙樟村等3个村土地整治项目，岑溪市南渡镇西澜村等4个村土地整治项目，岑溪市安平镇富罗村等4个村土地整治项目，岑溪市安平镇古兰村等4个村土地整治项目，岑溪市水汶镇竹兰村等5个村土地整治项目，梧州市长洲区倒水镇富庆村、古道村推进土地整治项目，梧州市长洲区倒水镇路垌村、平石村土地整治项目，梧州市蝶山区夏郢村、镇安村等5个村整村推进土地整治重大工程项目，梧州市夏郢镇德安村等3个村整村推进土地整治重大工程项目，蒙山县文圩镇大明村土地整治项目，蒙山县西河镇水秀村等3个村整村推进土地整治项目，蒙山县新圩镇新圩镇双垌村整村推进土地整治项目，文圩镇龙定村推进土地整治项目，蒙山县象棋镇道家村等2个村整村推进土地整治重大工程项目，藤县和平镇和平村、新塘村土地整治项目，藤县象棋镇整壮村等4个村土地整治项目，藤县金鸡镇旺国和平村等4个村整村推进土地整治重大工程项目，龙塘村和平镇陈塘村、龙塘村土地整治项目，藤县古龙镇大村村、洲村、长沙村、陈平村整村推进土地整治项目，藤县新庆镇新庆村等4个村整村推进土地整治重大工程项目，藤县太平镇大坡村、善庆村整村推进土地整治项目，梧州市万秀区旺甫镇祝洞村土地整治项目	2009—2012	67 194.96	564.15

序号	市	项目名称	时间	项目预算总投资/万元	新增耕地面积/公顷
6	玉林市	北流市新圩镇平安山村土地整治项目，北流市北流镇凉水井村土地整治项目，北流市民乐镇南庆村等五个村土地整治项目，北流市北流镇甘村土地整治项目，北流市新圩镇沙塘村等4个村土地整治项目，北流市六靖镇西山等七个村五个村土地整治项目，北流市石窝镇黄田等四个村土地整治项目，北流市大伦镇大伦等五个村土地整治项目，北流市白马镇白马村等四个村土地整治项目，博白县博白镇护双村等2个村土地整治推进2个村土地整治项目，北流市白马镇那卜白马村等2个村土地整治项目，博白县博白镇卜村等2个村土地整治项目，博白县东平镇民丰村等2个村土地整治项目，博白县大坝镇大益村等3个村土地整治项目，博白县东平镇文江村等3个村土地整治项目，博白县龙潭镇大安村等2个村土地整治项目，博白县三滩镇山桥村等2个村基本农田土地整理项目，博白县东平镇大车村等3个村土地整治项目，博白县沙河镇福绵区福绵新桥村等3个村土地整治项目，博白县龙潭镇十文村等7个村土地整治项目，玉林市福绵区成均镇成均村等2个村土地整治项目，玉林市福绵区福绵镇十丈村等7个村土地整治推进项目，玉林市福绵区福绵镇新桥村等4个村土地整治项目，玉林市福绵区石围镇石围村等4个村土地整治项目，蒙村九洲江沿岸土地整治项目，龙化村、官田村、长召村等4个村土地整治推进重大工程项目，陆川县温泉镇四良村、东山村、洞心村等4个村土地整治项目，陆川县大桥镇平山村等2个村土地整治项目，陆川县大桥镇新山村等3个村土地整治推进土地整治5个村土地整治推进重大工程项目，陆川县马坡镇新山村等3个村土地整治项目，陆川县良田镇龙口村等3个村土地整治项目，陆川县陆河村等5个村土地整治推进土地整治5个村土地整治项目，容县杨梅镇杨梅村等8个村土地整治项目，容县六王镇六王村等6个村土地整治推进3个村土地整治项目，容县自良镇古济等4个村土地整治项目，容县容州镇礼信等3个村土地整治推进3个村土地整治项目，县杨梅镇杨梅村等8个村土地整治项目，兴业县葵阳镇四新村、新荣村等2个村土地整治项目，龙安镇龙安村六西村等六个村土地整治项目，兴业县龙安镇龙安村等6个村土地整治推进项目，兴业县城隍镇龙潭村、万安村、新荣村等2个村土地整治推进土地整治项目，玉林市玉州区仁东镇万阳村等4个村土地整治项目，兴业县石南镇庞村等5个村土地整治项目，兴业县城隍镇中庞村等4个村土地整治项目，玉林市玉州区城北镇高山村等4个村土地整治项目，马庄村三村土地整治推进土地整治项目，玉林市玉州区仁厚镇茂林镇鹿峰村等5个村土地整治项目，玉林市玉州区仁厚镇仁厚村等5个村土地整治项目，玉林市玉州区仁厚镇仁厚村等4个村土地整治项目	2009—2013	92 841.85	755.62

序号	市	项目名称	时间	项目预算总投资/万元	新增耕地面积/公顷
7	贵港市	贵港市港北区庆丰镇土地整治项目，贵港市港北区大圩镇新建村土地整治项目，贵港市港北区大圩镇甘岭村土地整治项目，覃塘市港北区覃塘乡新塘新村4个土地整治项目，贵港市覃塘区蒙公乡金沙村土地整治项目，贵港市港北区大岭乡龙村土地整治项目，桂平市南木镇金龙村土地整治项目，桂平市马皮乡水秀村土地整治项目，平南县官成镇岭西村、新新村土地整治项目	2009—2013	20 312.91	225.77
8	来宾市	合山市岭南镇石村等三个村土地整治项目，金秀县头排镇头排、二排村土地整治项目，金秀县桐木镇鹿鸣村仁里村土地整治项目，武宣县黄茆镇王村、周眷村、新贵村土地整治项目，中团、岩口村土地整治项目，忻城县古蓬镇龙利村等3个村土地整治项目，来宾市兴宾区南泗乡茶罗村土地整治项目	2009—2011	16 668.24	176.50
9	钦州市	灵山县檀圩镇东岸村委土地整治项目，灵山县石塘镇苏村村委农田土地整治项目，灵山县佛子镇大芦村城乡风貌改造工程土地整治项目，灵山县陆屋镇沙塘等村土地整治项目，灵山县那隆镇塘表村等3个村土地整治项目，灵山县三隆镇蚱降等村土地整治项目，灵山县灵城镇谭礼村等2个村土地整治项目，浦北县福旺镇凤山村等三个村土地整治项目，浦北县龙门镇新村等3村土地整治项目，浦北县张黄镇阳春村等3个村整治推进土地整治项目，浦北县推进土地整治推进3个村整治推进项目，浦北县北通镇城乡风貌改造工程土地整治项目，浦北县小江镇云坊村等村整治推进土地整治项目，钦北区青塘镇新树村、褚南敦土地整治项目，钦北区大寺镇那蒙竹山那蒙竹土地整治项目，钦北区大寺镇平吉镇白民土地整治项目，钦州市新荣镇南忠村等3个村土地综合整治项目，钦州市钦北区贵台镇那寮村白鹤洞村，贤架村，古秀村土地综合整治，钦州市钦北土地整治洞利村，那杭村桑村，钦州市钦北区大寺镇四联村、新晓村土地整治项目，钦州市钦南区那丽镇田村村土地整治项目，西亚村屯镇黄垦屯亚，钦南区那彭镇那勉村土地整治项目	2009—2012	51 678.67	479.14

序号	市	项目名称	时间	项目预算总投资/万元	新增耕地面积/公项
10	北海市	合浦县廉州镇马江村、大江村基本农田土地整治项目、合浦县常乐镇低坡、连丰村土地整治项目、合浦县石湾镇周江、大浪等村土地整治项目、合浦县石湾镇新安、七里等村土地整治项目、合浦县石湾镇清水村土地整治项目、合浦县廉州镇廉西村土地整治项目、合浦县西场镇五港江村土地整治项目、北海市海城区涠洲镇盛塘村土地整治项目、北海市铁山港区南康镇火甲村土地整治项目、北海市铁山港区南康镇盛塘村土地整治项目、北海市银海区福成镇花铺村土地整治项目、北海市银海区福成镇平新村土地整治项目	2009—2012	31 355.86	258.13
11	防城港市	防城港市防城区那良镇那务、汉城等两个村土地整治项目、防城港市防城区华石镇旱塘、华石等两个村土地整治项目、防城港市港口区土地整治综合项目、上思县叫安乡叫青村土地整治项目、上思县那琴乡龙楼村土地整治项目、上思县叫安乡叫安村、那布村土地整治项目、上思县思阴镇易和村土地整治项目、上思县昌菱农场土地整治项目	2009—2012	12 203.19	109.24
12	崇左市	崇左市江州区那隆镇那印村土地整治项目、崇左市江州区濑端镇六京村土地整治项目、大新县雷平镇后益村等3个村整村推进土地整治项目、大新县昌明乡昌明社区等5个村土地整治项目、明县北江乡北江社区土地整治项目、大新县那岭乡那桐村等3个村整村推进土地整治项目、扶绥县雷平镇中军村等3个村整村推进土地整治项目、扶绥县山圩镇那任村土地整治项目、扶绥县岜盆乡弄洞村土地整治项目、扶绥县柳桥镇新村土地整治项目、扶绥县昌平乡木民村土地整治项目、扶绥县中东镇三哨东哨村土地整治项目、绥县东罗乡武德村、农干村土地整治项目、绥县柳桥镇扶邑村等4个村土地整治项目、州县城中镇耀达村土地整治项目、明县城中镇独山村、州县水口镇独山村土地整治项目、明县北江乡北岳村土地整治项目、祥市夏石镇新鸣村土地整治项目、等县都康乡安康、教敦、逐龙、隆祥村土地整治项目、等县天等镇宏魁村荣华稻香村等3个村土地整治项目、等县上映乡桃永村等3个村土地整治项目	2009—2012	54 238.69	435.94

序号	市	项目名称	时间	项目预算总投资/万元	新增耕地面积/公顷
13	百色市	百色市右江区百城街道东笋社区、龙景街道百法村、东怀村村基本农田土地整理项目，江区永乐乡西北乐村、华润希望小镇社区土地整理项目，色市右江区龙川镇基本农田土地整治项目，江区大楞乡大楞村基本农田土地整理项目，阳县百育镇九合、四那村土地整治项目，阳县那满镇新立村土地整治项目，阳县露美片区土地整治项目，东县江城镇江城、供固村土地整治项目，阳县平洪村、桥礼村、林蓬村农村土地综合整治项目，东县思林镇英竹村土地整治项目，东县林蓬镇良材土地整治项目，东县思林镇仕仁村等4个村整村推进土地整治项目，果县凤梧乡仕仁村等4个村整村推进土地整治项目，果县凤梧镇坡造村改造村等4个村整村推进土地整治项目，东县印茶镇巴麻村等4个村土地整治项目，果县坡造镇真良村土地整治项目，果县旧城镇榜圩村等3个村土地整治项目，保县燕峒乡燕峒村土地整治项目，保县东凌乡东凌镇示下村等1个村土地整治项目，保县安乡伏计村等3个村土地整治项目，果县隆桑镇马蒙村等1个村整村整治土地整治项目，西县百合乡西县新靖镇鹅泉村等8个村基本农田土地整理项目，西县地州乡甘荷村等8个村基本农田土地整治项目，西县化峒乡甘荷村基本农田土地整治项目，德保县百合乡龙合乡基本农田土地整理项目，坡县龙合乡惠布村等3个村土地整治项目，坡县城桐乡德保华隆村等5个村基本农田土地整理项目，坡县百都乡百都村等8个村土地整治项目，云县终站乡九民村等隆峒村等7个村土地整治项目，坡县百都乡百都村等8个村土地整治项目，云县玉洪乡乐里等2个两个村整治项目，云县下甲乡河洲村等两个村河村土地整治项目，业县甘田镇达道、甲龙两个村土地整治项目，云县新化镇新化镇里、伶弄两个村土地整治项目，业县幼平乡百中村等3个村土地整治项目，个村土地整治项目，业县新化镇新化镇里、业县百乐乡龙车等两村土地整治项目，林县普治项目，业县雅长乡百康村土地整治项目，林县百乐乡八桥村等4个村土地整治项目，色市介廷乡龙逻沙乡逻瓦村土地整治项目，林县西平乡英材村等3个村土地整治项目，色市介廷乡者底村等3个村土地整治项目，林县德峨乡龙英村等4个村土地整治项目，隆林县隆或乡拉也村乡介廷乡介廷村土地整治项目，林县德峨乡新街村土地整治项目，隆林县德峨乡新街村土地整治项目	2009—2013	74 215.09	646.89

序号	市	项目名称	时间	项目预算总投资/万元	新增耕地面积/公顷
14	河池市	巴马瑶族自治县巴马镇巴廖、设长村土地整治项目，巴马瑶族自治县百林乡阳春村等 3 个村土地整治项目，巴马县燕洞乡龙威村等 6 个村土地所略乡坡帮村等 4 个村共和镇等 3 个村土地整治项目，大化县瑶族自治县燕洞乡同合村等 2 个村土地整治项目，大化县共和乡亮山村等 3 个村土地整治项目，大化县大化镇龙口村等 2 个村土地整治项目，东兰县大同乡切学村、切学村、板烈村等三化瑶族自治县武篆镇东里村等 3 个村土地整治项目，东兰县大同乡和龙村土地整治项目，信东兰县武篆镇东里村等 3 个村土地整治项目，东兰县三石镇公平村等 5 个村土地整治项目，东兰县东兰镇巴个村土地整治项目，东兰县三石镇公平村等五个村土地整治项目，东兰县东兰镇巴河等 2 个村土地整治项目，东兰县武篆镇上圩村等三个村土地整治项目，都安拉村等 5 个村下坳乡板买村两个村土地整治项目，凤山县乔音乡康里村久加村土地整瑶族自治县下坳乡板买村两个村土地整治项目，凤山县乔音乡康里村久加村土地整治项目，凤山县长洲乡长洲村等 3 个村土地整理项目，凤山县金牙乡外里村等 3 个村土地整治项目，凤山县长洲乡久隆村等 5 个村土地整治项目，金城江区侧岭乡侧岭社区等社区土地整治项目，金城江区九圩镇山脚村等三个村土地整治项目，金城江区长老乡长老社区等三个村土地整治项目，金城江区拔贡镇坡降社区等三个村土地整治项目，环江毛大陕村土地整治项目，环江毛南族自治县下南乡南社区等 2 个南社区土地整治项目，环江毛南族自治县下南乡南社区等 2 个村南族自治县思恩镇中山、陈双村土地整治项目，环江毛南族自治县思恩镇西南、耐禾等 2个村土地整治项目，环江毛南族自治县黄金村土地整治项目，环江毛南族自治县大安乡大安社区等 3 个村土地整治项目，罗城县罗善乡乔本村土地整治项目，罗城仫佬族自治县龙岸镇三灵村等 3 个村土地推进项目，罗城仫佬族自治县东门镇寺门村土地整治项目，罗城仫佬族自治县东门镇东门社区等 2 个村土地整治项目，南丹县罗富乡板洞村等 3 个村土地整治项目，南丹县吾隘镇双泉村、民联村等 2 个村土地整治项目，南丹县罗富乡黄江村等 3 个村土地整治项目，南丹县恩河等 5 个村土地整治项目，南丹县罗富乡六寨镇龙马等 3 个村土地整治项目，南丹县芒场	2009—2013	105 914.05	819.49

序号	市	项目名称	时间	项目预算总投资/万元	新增耕地面积/公顷
		镇巴平等3个村土地整治项目、天峨县六排镇云榜村等3个村土地整治项目、天峨县更新乡更新村等4个村土地整治项目、天峨县岜暮乡板么村等8个村土地整治项目、天峨县排镇纳合村等三个村土地整理项目、天峨县坡结乡拉岩村等3个村土地整治项目、天峨县岜暮乡公昌村等六个村土地整治项目、天峨县八腊乡八腊村等6个村土地整治项目、宜州市北牙瑶族乡黄龙村等3个村土地整治项目、宜州市洛西镇福田村等2个村土地整治项目、宜州市刘三姐乡福龙瑶族乡福龙社区等2个村土地整治项目、宜州市庆远镇山湾村等2个村土地整治项目			
15	农垦局	农垦国有金光农场同正、中意分场土地整治项目、农垦国有西江农场四、五分场土地整治项目、农垦国有良圻农场第四、九分场土地整治项目、农垦国有昌菱农场八、十二、十六分场土地整治项目、农垦国有黔江农场十、十一分场土地整治项目	2010—2012	10 709.93	90.32

附表 2 整县推进土地整治项目

序号	市	项目名称	时间	实施规模/公顷	项目预算总投资/万元
1	南宁市	南宁市江南区江西镇同良村土地整治项目，南宁市江南区江西镇扬美村土地整治项目，南宁市江南区苏圩镇保卫村土地整治项目，南宁市江南区延安镇新城村土地整治项目，南宁市江南区江西镇那海村土地整治项目，南宁市江南区江西镇同新村土地整治项目，南宁市江南区苏圩镇保安村土地整治项目，南宁市江南区苏圩镇同江村土地整治项目，南宁市江南区苏圩镇敬团村土地整治项目，南宁市江南区苏圩镇定计村土地整治项目，南宁市江南区苏圩镇泰村村土地整治项目，南宁市江南区苏圩镇仁德村土地整治项目，南宁市江南区苏圩镇隆德村土地整治项目，马山县第三期整治项目，马山县延安镇那齐村土地整治项目，南宁市江南区延安镇那齐村土地整治项目，马山县第三期整县推进高标准基本农田土地整治项目周加方乡加乐村、大陆村、龙岗村等3个村子项目南宁市马山县第三期整县推进高标准基本农田土地整治项目百龙滩镇大完村、南新村、大龙村、勉圩村等4个村子项目，马山县第三期整县推进高标准农田土地整治重大工程项目林圩镇黄番村、合理村等2个村子项目，马山县第三期整县推进高标准基本农田土地整治重大工程项目古零镇古零村、石丰村等3个村子项目，南宁市邕宁区那楼镇那旺村等2个村土地整治项目，南宁市邕宁区那楼镇屯了村等2个村土地整治项目，南宁市邕宁区蒲庙镇光和村等2个村土地整治项目，南宁市邕宁区新江镇团阴村土地整治项目，南宁市邕宁区百济乡屯了村等2个村土地整治项目，南宁市邕宁区蒲庙镇华康村等2个村土地整治项目，南宁市邕宁区蒲庙镇广良村土地整治项目，南宁市邕宁区新江镇汉林村土地整治项目，南宁市邕宁区新江镇华联村土地整治项目，南宁市邕宁区新江镇那云村土地整治项目，南宁市邕宁区新江镇屯亮村土地整治项目，南宁市邕宁区新江社区土地整治项目，南宁市邕宁区中和乡中和社区等3个村土地整治项目	2013、2017	34 646.88	65 803.27

序号	市	项目名称	时间	实施规模/公顷	项目预算总投资/万元
2	柳州市	柳城县寨隆镇寨隆村土地整治项目，柳城县东泉镇高田村土地整治项目，柳城县古砦仫佬族乡古砦村土地整治项目，柳城县沙浦镇六广村土地整治项目，柳城县大户乡大户村土地整治项目，柳城县大埔镇田垌村土地整治项目，柳城县社冲乡仓贝村土地整治项目，柳城县龙头镇田厂村土地整治项目，柳城县马山乡马山村等3个村土地整治项目，柳城县风山镇黄冲村土地整治项目，柳城县龙头镇冲恩村土地整治项目，柳城县大埔镇太平村黄官村土地整治项目，柳城县东泉镇雷塘村土地整治项目，柳城县古砦仫佬族乡龙美村土地整治项目，柳城县大埔镇下冗村等2个村土地整治项目，柳城县凤山镇沙埔中回村等2个村土地整治项目，柳城县古砦仫佬族乡长寨村土地整治项目，柳城县凤山镇二塘村等2个村土地整治项目，柳城县马山乡八甲村等2个村土地整治项目，柳城县太平镇西岸村土地整治项目，柳城县龙头镇六塘村土地整治项目，柳城县冲脉镇指挥村等2个村土地整治项目，柳城县太平镇上火村土地整治项目，柳城县沙埔镇水村等2个村土地整治项目，柳城县太平镇古仁村等2个村土地整治项目，柳城县沙埔镇更祥村土地整治项目，柳州市柳城区大埔镇龙合村土地整治项目，柳城县东泉镇勤泉镇砰塘村等3个村土地整治项目，柳城县六塘镇云峰村土地整治项目，柳城县六塘镇伏虎村土地整治项目，柳城县大平镇东村等2个村土地整治项目，柳城县风山镇洛崖村土地整治项目，柳城县龙头镇龙山乡大龙村土地整治项目，柳州监狱（四塘农场）一监区等4个区土地整治项目，柳江县三都镇龙丹村土地整治项目，柳江县三都镇觉山村等2个村土地整治项目，柳江县三都镇龙兴村土地整治项目，柳江县成团镇成团村等2个村土地整治项目，柳州监狱（露塘农场）二监区等3个村土地整治项目，柳江县成团镇两合村等2个村土地整治项目，柳江县洛满镇古洲村土地整治项目，柳江县洛满镇河村土地整治项目，柳江县成团镇龙山村等3个村土地整治项目，柳江县洛满镇福塘村土地整治项目，柳江县洛满村等2个村土地整治项目，柳江县洛满镇顶建村土地整治项目，柳江县流山镇广荣村土地整治项目，柳江县洛满满村3个村土地整治项目，柳江县百朋镇百朋村土地整治项目，柳江县百朋镇分龙村土地整治项目，柳江县洛满镇新安村土地整治项目，柳江县白沙乡王固村等2个村土地整治项目，柳江县白沙乡王固琴屯村土地整治项目，柳江县百朋镇百朋村等3个村土地整治项目，柳江县穿山镇琴兰村等2个村土地整治项目，柳江县定吉村土地整治项目，柳江县穿山镇林寺村土地整治项目，柳江县穿山镇板塘村土地整治项目，柳江县穿山镇根伦村等2个村土地整治项目，柳江县穿山镇板塘村等2个村土地整治项目，	2013、2014、2017	745 384.17	152 976.50

序号	市	项目名称	时间	实施规模/公顷	项目预算总投资/万元
		柳江县进德镇江中村等2个村土地整治项目，柳江县进德镇龙新村等2个村土地整治项目，柳江县里雍镇基田村土地整治项目，柳江县里雍镇立冲村土地整治项目，柳江县里高镇保仁村土地整治项目，柳江县里博镇土博村等2个村土地整治项目，柳江县土博镇甘贡村土地整治项目，柳州监狱第一、二、六、十、十三监区土地整治项目，柳州监狱第七、八、九监区土地整治项目，鹿寨县江口乡新安村土地整治项目，鹿寨县黄冕乡黄冕村等2个村土地整治项目，鹿寨县鹿寨镇思贤村等2个村土地整治项目，鹿寨县鹿寨镇角塘村土地整治项目，鹿寨县鹿寨镇孔堂村土地整治项目，鹿寨县四排乡江村土地整治项目，鹿寨县平山镇大阳村土地整治项目，鹿寨县四排乡三排村等2个村土地整治项目，鹿寨县鹿寨镇朝阳村土地整治项目，鹿寨县鹿寨镇龙江村土地整治项目，鹿寨县平山镇青山村土地整治项目，鹿寨县中渡镇贝拉沟村土地整治项目，鹿寨县导江乡黄泥村土地整治项目，鹿寨县鹿寨镇波井村土地整治项目，鹿寨县中渡镇旧街村土地整治项目，鹿寨县四排乡四排村土地整治项目，鹿寨县平山镇芝山村土地整治项目，鹿寨县平山镇全坡村土地整治项目，鹿寨县鹿寨镇石路村土地整治项目，鹿寨县中渡镇石墨村等2个村土地整治项目，鹿寨县平山镇良山村等3个村土地整治项目，鹿寨县黄冕乡黄蜡村等3个村土地整治项目，融安县沙子乡沙子村等2个村土地整治项目，融安县泗顶镇三坡村土地整治项目，融安县大良镇北村土地整治项目，融安县长安镇大将村土地整治项目，融安县桥板乡桥板村等4个村土地整治项目，融安县大良镇和美社区土地整治项目，融安县大良镇古云村等3个村土地整治项目，融安县浮石镇板榄社区土地整治项目，融安县安福乡祥多村土地整治项目，融水苗族自治县永乐镇北高村土地整治项目，融水苗族自治县永乐镇汪洞乡汪洞村等3个村土地整治项目，融水苗族自治县安陲乡林溪镇高秀村，西坡村土地整治项目，三江侗族自治县富禄苗族乡高友村，高安村土地整治项目，三江侗族自治县富禄苗族乡匡村土地整治项目，三江侗族自治县梅林乡老堡村老堡乡高安村，岑旁村，甲坪村，丹洲镇江荷村，西坡村，合桐村，三江侗族自治县良口乡滚良村，晒江侗族自治县良口乡滚良村，老			

序号	市	项目名称	时间	实施规模/公顷	项目预算总投资/万元
		巴村土地整治项目，三江侗族自治县老堡乡塘库村，东竹村土地整治项目，三江侗族自治县洋溪乡高露村，红岩村土地整治项目，三江侗族自治县独峒乡干冲村土地整治项目，三江侗族自治县独峒乡唐朝村，知了村土地整治项目，三江侗族自治县八江镇三团村土地整治项目，三江侗族自治县洋溪乡信洞村、安马大村，光辉村土地整治项目，三江侗族自治县八江镇八斗村，高迈村土地整治项目，三江侗族自治县古宜镇文大村，三江侗族自治县斗江镇斗江社区土地整治项目			
3	桂林市	灌阳县洞井瑶族乡洞井村等4个村土地整治项目，灌阳县水车乡大营村等8个村土地整治项目，灌阳县水车乡水车村等5个村土地整治项目，灌阳县文市镇西浪村等4个村土地整治项目，灌阳县西山瑶族乡李家村等10个村土地整治项目，灌阳县新圩乡新街村等7个村土地整治项目，灌阳县新圩乡桃花村等5个村土地整治项目，灌阳县洞井瑶族乡保良村、灌阳县观音阁乡桃花村等2个村土地整治项目，灌阳县洞井瑶族鹤龙村等5个村土地整治项目，灌阳县黄关镇仁柜村等9个村土地整治项目，灌阳县黄关镇兴秀村等7个村土地整治项目，灌阳县文市镇瓦洞村等3个村土地整治项目，灌阳县新街乡支洞村等4个村土地整治项目，灌阳县新街乡坪洞村等3个村土地整治项目，灌阳县新圩乡平田村等7个村土地整治项目，兴安县石乡塘口村等4个村土地整治项目，兴安县崔家乡高尚镇泽村等4个村土地整治项目，兴安县崔家乡长田村等3个村土地整治项目，兴安县高尚镇高田村等4个村土地整治项目，兴安县华江堡里村等3个村土地整治项目，兴安县漠川乡协兴村等4个村土地整治项目，兴安县漠川乡瑶族乡同仁村等2个村土地整治项目，兴安县漠川乡龙源村等3个村土地整治项目，兴安县溶江庄子村等5个村土地整治项目，兴安县溶江镇永安村等4个村土地整治项目，兴安县溶江湘镇五甲村等5个村土地整治项目，兴安县永安乡湘漓镇双河村等4个村土地整治项目，兴安县湘满滴镇力头村等4个村土地整治项目，兴安县兴安乡兴安镇南源村等2个村土地整治项目，兴安县兴安镇冠村等4个村土地整治项目，兴安县严关镇界首镇和平村等2个村土地整治项目，兴安县严关同志村等5个村土地整治项目，兴安镇兴田村等6个村土地整治项目	2013、2014	33 365.06	68 129.74

序号	市	项目名称	时间	实施规模/公顷	项目预算总投资/万元
4	贺州市	贺州市八步区开山镇开山村等 5 个村土地整治项目，贺州市八步区桂岭镇文德村等 5 个村土地整治项目，贺州市八步区连塘镇永庆村等 6 个村土地整治项目，贺州市八步区信都镇北津村等 4 个村土地整治项目，贺州市八步区铺门镇三元村等 4 个村土地整治项目，富川瑶族自治县白沙镇鲤田村等 3 个村土地整治项目，富川瑶族自治县朝东镇桐石村等 4 个村土地整治项目，富川瑶族自治县福利镇洞池村等 4 个村土地整治项目，富川瑶族自治县富阳镇白竹村等 5 个村土地整治项目，富川瑶族自治县福利镇山宝村等 4 个村土地整治项目，富川瑶族自治县富阳镇沙坦村等 5 个村土地整治项目，富川瑶族自治县富阳镇黄龙村等 2 个村土地整治项目，富川瑶族自治县葛坡镇极乐村等 5 个村土地整治项目，富川瑶族自治县古城镇莫家寨村等 3 个村土地整治项目，富川瑶族自治县葛坡镇深坡村等 4 个村土地整治项目，富川瑶族自治县古城镇村等 2 个村土地整治项目，富川瑶族自治县柳家乡洋新村等 3 个村土地整治项目，富川瑶族自治县连山镇米溪村等 3 个村土地整治项目，富川瑶族自治县石家乡龙湾村等 3 个村土地整治项目，富川瑶族自治县新华乡先锋村等 2 个村土地整治项目，富川瑶族自治县麦岭镇月塘村等 2 个村土地整治项目，富川瑶族自治县白沙镇坪江村等 4 个村土地整治项目，富川瑶族自治县城北镇东水村等 5 个村土地整治项目，富川瑶族自治县城北镇六合村等 4 个村土地整治项目，富川瑶族自治县福利镇罗丰村等 3 个村土地整治项目，富川瑶族自治县富阳镇巩塘村等 2 个村土地整治项目，富川瑶族自治县富阳镇江塘村等 3 个村土地整治项目，富川瑶族自治县富阳镇西屏村等 3 个村土地整治项目，富川瑶族自治县葛坡镇楼村村等 3 个村土地整治项目，富川瑶族自治县葛坡镇马槽村等 4 个村土地整治项目，富川瑶族自治县连山镇下坝山村等 2 个村土地整治项目，富川瑶族自治县麦岭镇金峰村等 3 个村土地整治项目，富川瑶族自治县麦岭镇高桥村等 3 个村土地整治项目，富川瑶族自治县麦岭镇长春村等 3 个村土地整治项目，富川瑶族自治县石家乡黄竹村等 4 个村土地整治项目，富川瑶族自治县麦岭镇金田村等 3 个村土地整治项目	2013、2014、2017	49 354.82	100 020.17

序号	市	项目名称	时间	实施规模/公顷	项目预算总投资/万元
		村土地整治项目，富川瑶族自治县石家乡坪珠村土地整治项目，富川瑶族自治县新华乡路坪村土地整治项目，富川瑶族自治县新华乡新华村等6个村土地整治项目，平桂区沙田镇马东村等4个村土地整治项目，平桂区羊头镇金石村等石村土地整治项目，昭平县黄姚镇中洞村等2个村土地整治项目，昭平县樟木林乡三江村等5个村土地整治项目，昭平县黄姚镇白山村等3个村土地整治项目，昭平县凤凰乡大同村等7个村土地整治项目，昭平县黄姚镇巩桥村等4个村土地整治项目，昭平县樟木乡水龙村等3个村土地整治项目，昭平县樟木林乡潮江村等4个村土地整治项目，昭平县仙回瑶族乡茶山村等2个村土地整治项目，昭平县富罗镇乐村等6个村土地整治项目，昭平县北陀镇上贤村等4个村土地整治项目，昭平县富罗镇走马乡庞江村等7个村土地整治项目，昭平县马江镇江塘村等3个村土地整治项目，昭平县木格乡木格村红花镇红花村等4个村土地整治项目，钟山县两安乡星寨村等4个村土地整治项目，钟山县仙升平村等3个村土地整治项目，钟山县回龙镇丹龙村等3个村土地整治项目，钟山县回龙镇和桥村等4个村土地整治项目，钟山县回龙镇民和村等4个村土地整治项目，钟山县回龙镇龙岛村等5个村土地整治项目，钟山县回龙镇力争村等4个村土地整治项目，钟山县回龙镇大桥村等2个村土地整治项目，钟山县公安镇梁屋村等3个村土地整治项目，钟山县公安镇里太村等2个村土地整治项目，钟山县燕塘镇英家村等5个村土地整治项目，钟山县燕塘镇燕塘村等3个村土地整治项目，钟山县燕塘镇黄宝村等2个村土地整治项目，钟山县清塘镇新龙村等3个村土地整治项目，钟山县清塘镇英家村新龙村等2个村土地整治项目，钟山县同古镇印山村四合村等2个村土地整治项目，钟山县同古镇奉政村等3个村土地整治项目，钟山县石龙镇石龙村大虞村等2个村土地整治项目，钟山县石龙镇石龙村等3个村土地整治项目，钟山县凤翔镇同校村等2个村土地整治项目，钟山县凤翔镇新民村等3个村土地整治项目，钟山县珊瑚镇新民村等3个村土地整治项目			

序号	市	项目名称	时间	实施规模/公顷	项目预算总投资/万元
5	梧州市	蒙山县长坪乡长坪村等3个村土地整治项目，蒙山县陈塘镇陈塘朝垌村等3个村土地整治项目，蒙山县陈塘镇陈塘村等6个村土地整治项目，蒙山县黄村镇百合村等4个村土地整治项目，蒙山县黄村镇黄村村等6个村土地整治项目，蒙山县蒙山镇城西村等6个村土地整治项目，蒙山县文圩镇六夏村等4个村土地整治项目，蒙山县文圩镇文圩村等6个村土地整治项目，蒙山县西河镇王山村等2个村土地整治项目，蒙山县夏宜乡夏宜村等5个村土地整治项目，蒙山县新圩镇貌仪村土地整治项目，梧州市龙圩区广平镇河口村等3个村土地整治项目，梧州市龙圩区广平镇平地村等2个村土地整治项目，梧州市龙圩区广平镇金銮村等4个村土地整治项目，梧州市龙圩区大坡村等3个村土地整治项目，梧州市龙圩区大坡镇新龙村等4个村土地整治项目，梧州市龙圩区大坡镇古元村等3个村土地整治项目，梧州市龙圩区新地镇龙窝村等3个村土地整治项目，梧州市龙圩区新地镇都梅村等3个村土地整治项目，藤县金鸡镇大坟村等5个村土地整治项目，藤县濛江镇健良村等5个村土地整治项目，藤县东荣镇思排村等5个村土地整治项目，藤县琅南镇调门村等5个村土地整治项目，藤县岭景镇大益村等3个村土地整治项目，藤县天平镇新兴村等6个村土地整治项目	2013、2017	15 323. 84	28 092. 47

序号	市	项目名称	时间	实施规模/公顷	项目预算总投资/万元
6	玉林市	北流市隆盛镇隆盛村等7个村土地整治项目、北流市塘岸镇塘肚村等3个村土地整治项目、北流市清湾镇侯山村等3个村土地整治项目、北流市新丰镇永安村等5个村土地整治项目、北流市平政镇岭南村等2个村土地整治项目、北流市扶新镇隆安村等6个村土地整治项目、北流市清湾镇白米村等5个村土地整治项目、北流市石窝镇上珍村等3个村土地整治项目、北流市六麻镇安平村等2个村土地整治项目、北流市大坡外镇三板村等3个村土地整治项目、北流市隆盛镇龙池村等5个村土地整治项目、北流市新丰镇罗屯村等3个村土地整治项目、北流市平政镇长江村等7个村土地整治项目、北流市白马镇黄龙村等3个村土地整治项目、北流市六靖镇龙池村等2个村土地整治项目、北流市六麻镇石玉村等3个村土地整治项目、北流市隆盛镇信荣村等4个村土地整治项目、北流市沙垌镇金汀村等3个村土地整治项目、北流市清水镇清平村等4个村土地整治项目、北流市石窝镇龙田等6个村土地整治项目、北流市塘岸镇塘岸村等5个村土地整治项目、北流市清水镇清水口寨村等3个村土地整治项目、北流市石窝镇河浪村等5个村土地整治项目、北流市六靖镇协保村等2个村土地整治项目、北流市大坡外镇大罗村等2个村土地整治项目、北流市沙垌镇三江村等5个村土地整治项目、北流市山围镇陶山村等4个村土地整治项目、北流市民乐镇万平村等4个村土地整治项目、北流市新圩镇那雷村等4个村土地整治项目、博白县博白镇春石村等2个村土地整治项目、博白县大垌镇那春村等2个村土地整治项目、博白县东平镇合江村等2个村土地整治项目、博白县大垌镇凤坪村等2个村土地整治项目、博白县菱角镇山蕉村等6个村土地整治项目、博白县那卜镇黄凌村等2个村土地整治项目、博白县那林镇那林村等4个村土地整治项目、博白县沙陂镇沙陂村等4个村土地整治项目、博白县双旺镇周旺村等2个村土地整治项目、博白县新田镇新田村等4个村土地整治项目、博白县英桥镇新圩村等3个村土地整治项目、博白县中江镇江宁村等3个村土地整治项目、博白县双旺镇石角村等4个村土地整治项目、博白县顿谷镇顿谷村等2个村土地整治项目、博白县凤山镇武卫村等3个村土地整治项目、博白县江宁镇江宁村等5个村土地整治项目、博白县龙潭镇蕉林村等3个村土地整治项目、博白县经口镇茶根村等5个村土地整治项目、博白县宁潭镇宁潭村等3个村土地整治项目、博白县那林镇六岗村等5个村土地整治项目、博白县三滩镇三滩村等4个村土地整治项目	2013、2014、2017	64 722.12	128 588.33

序号	市	项目名称	时间	实施规模/公顷	项目预算总投资/万元
		6个村土地整治项目，博白县沙河镇长远等3个村土地整治项目，博白县双旺镇大同村等2个村土地整治项目，博白县水鸣镇龙利村等3个村土地整治项目，博白县松旺镇草塘村等3个村土地整治项目，博白县旺茂镇王季和村等5个村土地整治项目，博白县文地镇茂石村等2个村土地整治项目，博白县永安镇平和村等4个村土地整治项目，福绵区福绵镇上坊村等3个村土地整治项目，福绵区成均镇横岭村等3个村土地整治项目，福绵区福绵镇宝岭村等2个村土地整治项目，福绵区成均镇丹竹村等5个村土地整治项目，福绵区成均镇和合村等2个村土地整治项目，福绵区成均镇六塘村等2个村土地整治项目，福绵区成均镇万福村等3个村土地整治项目，福绵区樟木镇新龙村上泉村等2个村土地整治项目，福绵区新桥镇新沙村等3个村土地整治项目，福绵区樟木镇新桥村养心村等3个村土地整治项目，福绵区罗冲村等4个村土地整治项目，福绵区石和镇平坡村等3个村土地整治项目，福绵区石和镇被霞村等5个村土地整治项目，福绵区沙田镇大江村等3个村土地整治项目，福绵区新桥镇麦垌村等3个村土地整治项目，兴业县大平山镇陈村等6个村土地整治项目，兴业县沙田镇瓶瓶村等2个村土地整治项目，兴业县葵阳镇葵西村等4个村土地整治项目，兴业县卖酒镇平浪村等4个村土地整治项目，兴业县葵阳镇泉江村等4个村土地整治项目，兴业县大平山镇雅桥村等6个村土地整治项目，兴业县城隍镇枫木村等5个村土地整治项目，兴业县大平山镇三联村等4个村土地整治项目，兴业县高峰镇沙塘村等3个村土地整治项目，兴业县卖酒镇实酒村等6个村土地整治项目，兴业县沙塘镇沙塘村等3个村土地整治项目，兴业县蒲塘镇桐心村等2个村土地整治项目，兴业县沙塘镇西寨村等3个村土地整治项目，兴业县北市镇北市村等3个村土地整治项目，兴业县小平山镇小平山村山心村等4个村土地整治项目，兴业县蒲塘镇西寨村等3个村土地整治项目，容县杨梅镇六王村等4个村土地整治项目，兴业县山心镇山心村等4个村土地整治项目，容县罗江镇竹良村等5个村土地整治项目，容县石头镇冠堂村等3个村土地整治项目，容县谷州镇仙江村等3个村土地整治项目，容县底屋村等3个村土地整治项目，容县松山镇五一村松山村等4个村土地整治项目，容县十里镇甘旺村等3个村土地整治项目，容县谷西镇仙江村等3个村土地整治项目，容县竹良村等2个村土地整治项目，容县石寨镇大耒村等3个村土地整治项目，容县石寨村等			

序号	市	项目名称	时间	实施规模/公顷	项目预算总投资/万元
		5个村土地整治项目，县六王镇塘垌村等2个村土地整治项目，容县六王镇莲堪村等2个村土地整治项目，容县黎村镇大军村等2个村土地整治项目，容县黎村镇黎平洛村等3个村土地整治项目，容县松山镇石扶村等2个村土地整治项目，陆川县大桥镇三善村等4个村土地整治项目，陆川县平乐镇平乐村等3个村土地整治项目，陆川县乌石镇坡脚村等3个村土地整治项目，陆川县文良田镇文官村等3个村土地整治项目			
7	贵港市	贵港市覃塘区大岭乡互合村土地整治项目，贵港市覃塘区东龙镇高垌村等2个村土地整治项目，贵港市覃塘区黄练镇岑村等4个村土地整治项目，贵港市覃塘区东龙镇京榜村等3个村土地整治项目，贵港市覃塘区安练镇弘源村土地整治项目，贵港市覃塘区石卡镇樟木乡元金村土地整治三里镇隆兴村等2个村土地整治项目，贵港市覃塘区蒙公乡凌寺村等2个村土地整治项目，桂平市寻旺乡大为村土地整治项目，桂平市石龙镇古平村等2个目，贵港市大岭乡大岭村等4个村土地整治项目，桂平市石龙镇新宁村等2个村土地整治项目，桂平市南木镇村土地整治三个村等3个村土地整治项目，贵港市蒙公乡双龙村等3个村土地整治项目，桂平市石龙镇南木镇江口村等2个村土地整治项目，贵港市覃塘区石卡镇罗秀村等3个村土地整治项目，桂平市南木镇江口里镇双凤村等4个村土地整治项目，贵港市覃塘区石卡镇翰村等3个村土地整治项目，桂平市新生官桥村土地整治项目，桂平市麻塘区山北乡柳村马村等4个村土地整治项目，贵港市覃塘区樟木乡元金村土地整治项目，桂平市新成村土地整治项目，桂平市镇新合村土地整治项目，贵港市覃塘区樟木乡沙水村土地整治项目，贵港市覃塘区樟木乡元金村土地整治项目，桂平市蒙圩镇下村土地整治项目，桂平市大洋镇福整治项目，贵港市马皮乡西河村等2个村土地整治项目，桂平市石咀镇新平村等3个村土地整治项目，桂平市大洋镇官村等2个村土地整治项目，桂平市大洋镇新合木乐镇岭村等3个村土地整治项目，桂平市石咀镇新平村等3个村土地整治项目，桂平市大洋镇周实村土地整治项目，桂平市大洋镇新合上湾村等3个村等2个村土地整治项目，桂平市石龙镇石龙村等3个村土地整治项目，桂平市大洋镇新洋村土地整治项目，桂平市大洋镇官桥村土地整治项目，桂平市大洋镇麻垌镇梁村等3个村土地整治项目，桂平市木乐镇石江村等2个村土地整治项目，桂平市大洋镇石步村土地整治项目，桂平市大洋村土地整治什字村等土地整治项目，桂平市大洋镇什字村大莫村大洋镇大洋村土地整治项目	2013、2014	28 591.05	52 834.C7

序号	市	项目名称	时间	实施规模/公顷	项目预算总投资/万元
8	来宾市	武宣县三里镇三江村等3个村土地整治项目，武宣县通挽镇通挽村等4个村土地整治项目，武宣县通挽镇古佐村等3个村土地整治项目，武宣县武宣镇马步村等3个村土地整治项目，武宣县东乡镇李运村等10个村土地整治项目，武宣县黄茆镇大浪村等2个村土地整治项目，武宣县三里镇禄新乡上堂村等3个村土地整治项目，武宣县东乡镇隊道村等6个村土地整治项目，武宣县三里镇长乐村等3个村土地整治项目，武宣县金鸡乡鱼步村等2个村土地整治项目，武宣县二塘镇大琳村等2个村土地整治项目，武宣县思灵乡灵池村等2个村土地整治项目，武宣县二塘镇二塘村等5个村土地整治项目，象州县百丈乡新寨村等2个村土地整治项目，象州县罗秀镇礼教村等4个村土地整治项目，象州县桐岭镇马料村等2个村土地整治项目，象州县龙屯乡妙皇乡龙门村等2个村土地整治项目，象州县中平镇梧桐村等4个村土地整治项目，象州县大乐镇同庚村等3个村土地整治项目，象州县大乐镇马坪乡东岸村等2个村土地整治项目，象州县水晶乡新杯村等2个村土地整治项目，象州县寺村镇崇山村等2个村土地整治项目，象州县运江镇劳和村等3个村土地整治项目，象州县中平镇落沙村等2个村土地整治项目，忻城县运江镇友庆村等2个村土地整治项目，忻城县大塘镇敬流村等2个村土地整治项目，忻城县欧洞乡林况村等2个村土地整治项目，忻城县思练镇思东村土地整治项目，忻城县欧洞乡欧洞村等2个村土地整治项目，忻城县练桥头村等2个村土地整治项目，忻城县思练镇龙东村等土地整治项目，忻城县安东乡练新村土地整治项目，忻城县大塘镇塞北村等2个村土地整治项目，忻城县思练镇思源村土地整治项目，忻城县大塘镇古蓬镇钵村等2个村土地整治项目，忻城县红渡镇板内村土地整治项目，忻城县古蓬镇钵村等2个村土地整治项目，忻城县城关镇头村等2个村土地整治项目，忻城县大塘镇龙安村等3个村土地整治项目，忻城县红渡镇马泗乡龙图村土地整治项目，忻城县城关镇龙图村土地整治项目，忻城县北更乡北更村等3个村土地整治项目，忻城县古蓬乡上浪村等2个村土地整治项目，忻城县城关镇遂意乡琼古村等2个村土地整治项目，忻城县安东乡西江村土地整治项目，忻城县果遂乡龙马村黄金村等2个村土地整治项目，忻城县新圩乡新圩村等2个村土地整治项目，忻城县果遂乡龙马村土地整治项目，忻城县新圩乡新圩村等2个村土地整治项目	2013、2014	31 209.85	61 261.25

序号	市	项目名称	时间	实施规模/公顷	项目预算总投资/万元
9	钦州市	灵山县石塘镇安村等4个村土地整治项目,灵山县檀圩镇村心村等4个村土地整治项目,灵山县那隆镇新田村等6个村土地整治项目,灵山县三海街道办那银村等3个村土地整治项目,灵山县烟墩镇妙庄村等4个村土地整治项目,灵山县平山镇夏塘村等6个村土地整治项目,灵山县新圩镇大里村等6个村土地整治项目,灵山县三隆镇鲁塘村等3个村土地整治项目,浦北县石涌镇油滩村等2个村土地整治项目,灵山县安石镇石凉村等3个村土地整治项目,浦北县石涌镇白水村等4个村土地整治项目,浦北县张黄镇罗家村等4个村土地整治项目,浦北县大成镇六角村等3个村土地整治项目,浦北县福旺镇中山村等5个村土地整治项目,浦北县平睦镇良田村等3个村土地整治项目,浦北县北通镇那良村等4个村土地整治项目,浦北县张黄镇含山村等3个村土地整治项目,浦北县三合镇新村村等4个村土地整治项目,浦北县石涌镇文昌村等2个村土地整治项目,	2017	15 004.13	30 022.43

序号	市	项目名称	时间	实施规模/公顷	项目预算总投资/万元
10	北海市	合浦县常乐镇火星村等4个村土地整治项目，合浦县常乐镇多蕉村等2个村土地整治项目，合浦县常乐镇连南村土地整治项目，合浦县常乐镇亚桥村等2个村土地整治项目，合浦县常乐镇连北村等3个村土地整治项目，合浦县常乐镇中直村土地整治项目，合浦县廉州镇洋塘社区土地整治项目，合浦县党江镇清江村等2个村土地整治项目，合浦县廉州镇中站村等2个村土地整治项目，合浦县廉州镇廉北村等2个村土地整治项目，合浦县廉州镇沙岗村等5个村土地整治项目，合浦县沙岗镇三东村等3个村土地整治项目，合浦县沙岗镇沙岗村等2个村土地整治项目，合浦县沙岗镇太平村等镇双文村等3个村土地整治项目，合浦县沙岗镇廉江村等4个村土地整治项目，合浦县沙岗镇水车村等岭土地整治项目，合浦县山口镇山北村等2个村土地整治项目，合浦县石康镇天堂村土地整治项目，合浦县石康镇松树园村等2个村土地整治项目，合浦县石康镇豹狸村等2个村土地整治项目，合浦县石康镇大壕庄土地整治项目，合浦县石康镇大龙村等2个村土地整治项目，合浦县石康镇石康村土地整治项目，合浦县石康镇大浪耀康村等2个村土地整治项目，合浦县石湾镇桥头村土地整治项目，合浦县石湾镇垌心村等3村等2个村土地整治项目，合浦县石湾镇兵岳村等2个村土地整治项目，合浦县石湾镇东江村等个村土地整治项目，合浦县石湾镇瓦联村土地整治项目，合浦县乌家镇民丰村等2个村土地整治项项目，合浦县乌家镇大新村等2个村土地整治项目，合浦县西场镇老温村土地整治项目，合浦县西场镇西坡村等2个村土地整治项目，合浦县西场镇西场村等3个村土地整治项目，合浦县西西场镇乌家村等场镇裴屋村等2个村土地整治项目，合浦县西场镇林屋村土地整治项目，合浦县星岛湖乡柯江村等土地整治项目，合浦县西坡村等2个村土地整治项目，合浦县西场镇泥江村等2个村土地整治项目，合浦县星岛湖乡上洋村等2个村土地整治项目，合浦县星岛湖乡彩木村等2个村土地整治项目，合浦县星岛湖乡湖口镇佛子村等7个村土地整治项目，合浦县星岛湖乡珊瑚村等2个村土地整治项目，合浦县白沙镇白沙项目，合浦县白沙镇龙江村土地整治项目，合浦县白沙镇东海村土地整治项目，合浦县白沙镇白沙村土地整治项目，合浦县白沙镇文明村等2个村土地整治项目，合浦县白沙镇石达村土地整治项目，合浦县党江镇海山村等2个村土地整治项目	2014	44 820.30	86 721.76

序号	市	项目名称	时间	实施规模/公顷	项目预算总投资/万元
11	百色市	田东县思林镇百笔村等2个村土地整治项目，田东县思林镇东养村等2个村土地整治项目，田东县林逢镇东和村等2个村土地整治项目，田东县林逢镇庆和村土地整治项目，田东县祥周镇新洲村等4个村土地整治项目，田东县祥周镇平马镇怀民村土地整治项目，田东县祥周镇布兵村等4个村土地整治项目，田东县义圩镇符桃村等2个村土地整治项目，田东县义圩镇那荷村2个村土地整治项目，田东县义圩镇那拔镇那练村等4个村土地整治项目，田东县那拔镇世木村等4个村土地整治项目，田东县朔良镇杏花村等2个村土地整治项目，田东县江城镇果柳村等2个村土地整治项目，田东县印茶镇新建村等3个村土地整治项目，田东县朔良镇那娄村等3个村土地整治项目，田东县作登乡东球村等3个村土地整治项目，田东县作登乡新安村土地整治项目，靖西市地州镇州板村土地整治项目，靖西市地州镇禄峒村等3个村土地整治项目，靖西市渠洋镇罗耀村等2个村土地整治项目，靖西市禄峒镇耀揽村等3个村土地整治项目，靖西市新靖镇由利村等2个村土地整治项目，靖西市渠洋镇新甲乡乐洞村等2个村土地整治项目，靖西市同德乡新民村等2个村土地整治项目，靖西市新甲乡新来村等2个村土地整治项目，靖西市魁圩乡平岩村等4个村土地整治项目，靖西市化峒镇五权村等2个村土地整治项目	2014、2017	17 412.61	38 398.67
12	河池市	江城江区六甲镇目洞村等4个村土地整治项目，江城江区六甲镇高功村土地整治项目，江城江区拨贡镇赛敖村等3个村土地整治项目，江城江区拨贡镇北香村等2个村土地整治项目，江城江区东江镇龙友村土地整治项目，江城江区东江镇长排村等2个村土地整治项目，江城江区五圩镇塘降村土地整治项目，江城江区五圩镇朗觉村等2个村土地整治项目，江城江区九圩镇八万村等5个村土地整治项目，江城江区九圩镇青堂村等3个村土地整治项目，江城江区白土乡德明村等2个村土地整治项目，江城江区白土乡中村村等2个村土地整治项目，宜州市刘三姐镇三合社区土地整治项目，宜州市屏南乡合寨村等3个村土地整治项目，宜州市同德乡塘上等2个村土地整治项目	2017	58 858.19	110 110.86

序号	市	项目名称	时间	实施规模/公顷	项目预算总投资/万元
		村等2个村土地整治项目，宜州市福龙乡宜州村等2个村土地整治项目，罗城仫佬族自治县黄金镇寨碑村等2个村土地整治项目，罗城仫佬族自治县龙岸镇物华村等土地整治项目，罗城仫佬族自治县龙岸镇太和村等2个村土地整治项目，罗城仫佬族自治县龙岸镇北源村等2个村土地整治项目，罗城仫佬族自治县龙岸镇珠江村等土地整治项目，罗城仫佬族自治县龙凤村等2个村土地整治项目，罗城仫佬族自治县四把镇里乐村等5个村土地整治项目，罗城仫佬族自治县四把镇双寨村等2个村土地整治项目，罗城仫佬族自治县宝坛乡西华村等3个村土地整治项目，罗城仫佬族自治县宝坛乡怀群社区等2个村土地整治项目，罗城仫佬族自治县宝坛乡兼爱乡古金村等3个村土地整治项目，罗城仫佬族自治县兼爱乡善村等4个村土地整治项目，罗城仫佬族自治县乔善乡小长安镇守善村等5个村土地整治项目，罗城仫佬族自治县天河镇白任村等土地整治项目，罗城仫佬族自治县东门镇大福村等3个村土地整治项目，罗城仫佬族自治县东门镇榕木村等2个村土地整治项目，罗城仫佬族自治县四把镇福花村土地整治项目，环江毛南族自治县东兴镇东门镇明伦等土地整治项目，罗城仫佬族自治县明伦镇百祥村等4个村土地整治项目，环江毛南族自治县长美乡内同村等2个村土地整治项目，环江毛南族自治县水源镇旦村等3个村土地整治项目，环江毛南族自治县长美乡美今村等土地整治项目，环江毛南族自治县水源镇中洲村等土地整治项目，环江毛南族自治县恩恩镇文化村等2个村土地整治项目，兴社区等2个村土地整治项目，环江毛南族自治县长美乡安村等土地整治项目，银寨村等3个村土地整治项目，南丹县六寨镇甲棒村土地整治项目，南丹县月里镇月里社区，播洞村，化良村等3个村土地整治项目，南丹县六寨镇弄散村等土地整治项目，南丹县月里镇月里社等土地整治项目，南丹县榕木等土地整治项目，天峨县下老乡下老村等5个村土地整治项目，天峨县向阳镇上稿村等2个村土地整治项目，天峨县八腊乡八腊村等4个村土地整治项目，天峨县纳直燕来村等4个村土地整治项目，天峨县三堡乡三堡村等4个村土地整治项目，天峨县纳直乡纳直村等5个村土地整治项目，天峨县坡结乡龙茶村等4个村土地整治项目，巴马瑶新乡加里村等4个村土地整治项目，巴马瑶族自治县那社乡公爱村等2个村土族自治县那社乡那乙村等4个村土地整治项目，巴马瑶族自治县那桃乡纳			

附表2（续15）

序号	市	项目名称	时间	实施规模/公顷	项目预算总投资/万元
		地整治项目，巴马瑶族自治县甲篆乡兴仁村等2个村土地整治项目，巴马瑶族自治县甲篆乡松吉村等2个村土地整治项目，巴马瑶族自治县甲篆乡甲篆村等3个村土地整治项目，巴马瑶族自治县西山乡福厚村等7个村土地整治项目，巴马瑶族自治县巴马镇盘阳村等2个村土地整治项目，巴马瑶族自治县凤凰乡德纳村等3个村土地整治项目，巴马瑶族自治县巴马镇元吉村等2个村土地整治项目，巴马瑶族自治县巴马镇那桃乡班交村等2个村土地整治项目，巴马瑶族自治县那桃乡坡良村等2个村土地整治项目，巴马瑶族自治县那敏村等3个村土地整治项目，巴马瑶族自治县那桃乡立德项目，巴马瑶族自治县那桃乡那敏村等2个村土地整治项目，巴马瑶族自治县百林乡平田村等2个村土地整治项目，凤山县乔音乡牙村等7个村土地整治项目，凤山县乔音乡巴甲村等3个村土地整治项目，凤山县长洲镇百乐村等3个村土地整治项目，凤山县凤城镇京里村等2个村土地整治项目，凤山县凤城镇久文村等3个村土地整治项目，凤山县三门海镇月里村等5个村土地整治项目，凤山县中亭乡中亭村等4个村土地整治项目，凤山县平乐瑶族乡大洞村等3个村土地整治项目，都安县地苏镇拉棠村等九个村土地整治项目，凤山县平乐瑶族乡江洲村等4个村土地整治项目，东兰县武篆镇江平村等6个村土地整治项目，东兰县隘洞镇坡拉村等7个村土地整治项目，凤山县平乐瑶族乡大洞村等8个村土地整治项目，东兰县武篆镇纳标村和纳雄村等2个村土地整治项目，东兰县长乐镇龙村和龙村等2个村土地整治项目，东兰县长江乡板隆村等6个村土地整治项目，东兰县苏木乡定桃村等2个村土地整治项目，东兰县金谷乡金村等2个村土地整治项目，东兰县金谷乡坡索村等4个村土地整治项目，东兰县大同乡大同村等2个村土地整治项目，东兰县长乐镇仁良村等2个村土地整治项目，东兰县长乐镇英发法村等2个村土地整治项目，大化县北景乡京屯村等3个村土地整治项目，东兰县花香乡坡索川村等2个村土地整治项目，大化县大化镇仁武村等2个村土地整治项目，东兰县贡川乡贡双福村等2个村土地整治项目，大化县都阳镇忠武村等3个村土地整治项目，大化县羌圩乡羌圩村等2个村土地整治项目，大化县乙圩乡巴岩村等2个村土地整治项目，大化县羌圩乡健康村等2个村土地整治项目，大化县共和乡颁桃村等2个村土地整治项目			

附表 3　兴边富民土地整治项目

序号	市	项目名称	时间	实施规模/公顷	项目预算总投资/万元
1	钦州市	典型项目：灵山县三隆镇大马村等 2 个村土地整治项目、浦北县泉水镇小蒙屯村等 2 个村土地整治项目	2013	1 883.44	6 857.93
2	北海市	典型项目：北海市银海区福成镇大水江村土地整治项目、合浦县石康镇顺塔村等 3 个村土地整治项目	2013	1 852.71	6 362.43
3	防城港市	典型项目：防城港市防城区滩营乡那屋青村等 2 个村土地整治项目、上思县叫安乡那工村土地整治项目 兴边富民项目：东兴市江平镇山心土地开垦项目、东兴市马路镇竹围村潭耕土地开垦项目、东兴市东兴镇江那、河洲村高吉土地整理项目、东兴市江平镇思勤村小钟土地整理项目、防城港市防城区那梭镇那梭衣场第二、三生产队土地开垦项目、防城港市防城区那良镇大河村里接土地开垦项目、防城港市防城区响哨中、板典等三个村基本农田土地整理项目	2013	3 361.49	12 052.5
4	崇左市	兴边富民 0~20 公里项目：防城港市东兴市马路镇大桥村等 2 个村土地整治项目 典型项目：崇左市江州区驮卢镇雷州社区土地整治项目、大新县恩城乡新合村等 3 个村土地整治项目、扶绥县龙头乡那贵村等 2 个村土地整治项目、扶绥县中东镇九和村等 2 个村土地整治项目、宁明县北江乡林芬村土地整治项目、龙州县水口镇罗回村土地整治项目、宁明县北江乡那小村土地整治项目、天等县龙名镇桥皮村等 2 个村土地整治项目	2009、2013	18 273.32	64 805.92

附表3（续1）

序号	市	项目名称	时间	实施规模/公顷	项目预算总投资/万元
		兴边富民项目：大新县雷平镇怀仁村逐务屯土地开垦项目，大新县雷平镇中军村文认屯A地块土地开垦项目，大新县那岭乡邑街村那福屯土地开垦项目，大新县那岭乡那伏村那在屯土地开垦项目，大新县雷平镇公益村莽村土地开垦项目，大新县宝圩乡那公屯土地整理项目，大新县下雷社区土地整理项目，龙州县武德乡近梅村土地开垦项目，龙州县武德乡农干村土地开垦项目，龙州县保卫村土地开垦项目，龙州县武德乡自清村土地开垦项目，龙州县龙州镇巧村土地开垦项目，龙州县龙州镇南布村土地开垦项目，龙州县龙州镇东合村土地开垦项目，龙州县龙州镇塘巧村土地开垦项目，龙州县水口镇北胜村土地开垦项目，龙州县水口镇百依村土地开垦项目，龙州县龙州镇更宜村土地开垦项目，龙州县水口镇独山村土地开垦项目，龙州县水口镇思奇村土地开垦项目，龙州县水口镇思奇村土地开垦项目，龙州县彬桥乡红岭村土地开垦项目，龙州县棉江村土地开垦项目，龙州县纯仁村土地开垦项目，龙州县下冻镇驮江村土地开垦项目，龙州县下冻镇两庄村土地开垦项目，龙州县等梅村土地开垦项目，龙州县下冻镇布局村土地开垦项目，龙州县逐卜乡逐卜村土地开垦项目，龙州县下冻镇土地开垦项目，龙州县彬桥乡逐卜岭村土地开垦项目，龙州县彬桥乡清明村土地开垦项目，龙州县彬桥乡青山村土地开垦项目，龙州县金龙镇三圣村土地开垦项目，龙州县金龙镇武联村土地开垦项目，龙州县水口镇土地开垦项目，龙州县上龙乡上金村土地开垦项目，龙州县上龙乡邑那村土地开垦项目，龙州县上龙乡龙丰村土地开垦项目-1，龙州县水口镇上龙乡平村土地开垦项目-1，龙州县水口镇合平村土地开垦项目-2，龙州县水口镇沿山村土地开垦项目-1，龙州县水口镇北胜村土地开垦项目-3，龙州县水口镇康宁村土地开垦项目-2，龙州县水口镇沿山村土地开垦项目-2，龙州县水口镇北胜村土地开垦项目-2，龙州县水口镇北胜村土地开垦项目-1，龙州县水口镇北胜村土地开垦项目-4，龙州县水口镇北胜村土地开垦项目-5，龙州县水口镇沿山村土地开垦项目-3，龙州县水口镇思奇村土地开垦项目-1，龙州县水口镇思奇村土地开垦项目-2，龙州县水口镇更宜村土地开垦项目-2，龙州县水口镇更宜村土地开垦项目-1，龙州县武德乡科甲村土地开垦项目-1，龙州县武德乡共和村土地开垦项目-1，龙州县武德乡共和村土地开垦项目-1，龙州县武德乡罗回村土地开垦项目-2，龙州县武德乡科甲村土地开垦项目-2，龙州县武德乡武村土地开垦项目-1，龙州县武德乡武德村土地开垦项目-2，龙州县武			

序号	市	项目名称	时间	实施规模/公顷	项目预算总投资/万元
		德乡农干村土地开垦项目-1，龙州县武德乡精威村土地开垦项目-1，龙州县武德乡武德村土地开垦项目-3，龙州县金龙镇土地整理项目，龙州县板亮土地开垦项目，宁明县峙浪乡新圩村、宁明县寨安乡江逢村土地整理项目，宁明县寨安乡那练村土地整理项目，宁明县东安乡榉郑村土地开垦项目①，凭祥市夏石镇浦村那备土地开垦项目②，凭祥市夏石镇板良门村那傲土地开垦项目②，凭祥市夏石镇榴利村板益土地开垦项目③，凭祥市夏石镇榴利村那傲土地开垦项目④，凭祥市夏石镇哨平村桐平土地开垦项目，凭祥市夏石镇哨平村对面峒土地开垦项目，凭祥市夏石镇楼村那留土地开垦项目，凭祥市夏石镇上石镇夏桐村艾桐下放土地开垦项目，凭祥市夏石镇马峒村艾桐2土地开垦项目，凭祥市夏石镇夏桐村艾桐土地开垦项目，凭祥市夏石镇夏桐村艾良1土地开垦项目，凭祥市夏石镇浦村那泪土地开垦项目，凭祥市夏石镇浦任村板良2土地开垦项目，凭祥市夏石镇板任村那佟3土地开垦项目，凭祥市夏石镇板任村那佟4土地开垦项目，凭祥市夏石镇板任村那佟5土地开垦项目，凭祥市夏石镇板任村那佟6土地开垦项目，凭祥市夏石镇板任村那佟7土地开垦项目，凭祥市夏石镇浦任村洞音土地开垦项目，凭祥市夏石镇浦村洞号2土地开垦项目，凭祥市夏石镇浦任村那号红六土地开垦项目，凭祥市夏石镇浦门村浦门1土地开垦项目，凭祥市夏石镇浦门村浦门3土地开垦项目，凭祥市夏石镇浦门村浦门5土地开垦项目，凭祥市夏石镇浦任村板兰1土地开垦项目，凭祥市夏石镇浦任村板兰2土地开垦项目，凭祥市夏石镇浦门村板兰3土地开垦项目，凭祥市夏石镇浦任村板益1土地开垦项目，凭祥市夏石镇浦任村板凌2土地开垦项目，凭祥市夏石镇哨平村那旺土地开垦项目，凭祥市夏石镇榴利村那旺土地开垦项目，凭祥市夏石镇榴利村板另1土地开垦项目，凭祥市夏石镇榴利村板另2土地开垦项目			

序号	市	项目名称	时间	实施规模/公顷	项目预算总投资/万元
		目，凭祥市夏石镇夏桐村咘荷荷2土地开垦项目，凭祥市上石镇燕安村板燕土地开垦项目，凭祥市友谊镇礼茶村下礼土地开垦项目，凭祥市上石镇板化村板梅土地开垦项目，凭祥市凭祥镇竹山村堪土地开垦项目，凭祥市夏石镇新鸣村那马土地开垦项目，凭祥市夏石镇那楼村板坤土地开垦项目，凭祥市夏石镇那吊土地开垦项目，凭祥市夏石镇浦门村值垓土地开垦项目，凭祥市友谊镇三联村土地开垦项目，凭祥市友谊镇驮里土地开垦项目，凭祥市友谊镇三联村浦贵土地开垦项目，凭祥市上石镇白龙村白龙土地开垦项目，凭祥市上石镇下放村派忙土地开垦项目，凭祥市友谊镇练江村等6个村土地整理项目			
		兴边富民0-20公里项目：大新县堪圩乡民智村土地整治项目，大新县下雷镇土湖社区土地整治项目，龙州县彬桥乡棒村等2个村土地整治项目，龙州县八角乡呼咬村等2个村土地整治项目，龙州县水口镇庚宜村土地整治项目，龙州县武德乡科甲村土地整治项目，宁明县爱店镇堪爱村等3个村土地整治项目，宁明县峙浪乡恭敬村土地整治项目，宁明县桑安乡渠围村等2个村土地整治项目，凭祥市友谊镇平而村等2个村土地整治项目			
		典型富民项目：田东县祥周镇甘莲村土地整治项目，平果县太平镇古案村等2个村土地整治项目，凌云县沙里乡弄塘村等2个村土地整治项目			
5	百色市	兴边富民项目：靖西市南坡乡古靠村土地开垦项目，靖西市岳圩镇岳圩街村等2个村土地整治项目，靖西市平孟镇孟麻耕地开垦项目，那坡县百省乡百南乡与百南乡土地整治项目，那坡县平孟镇平孟土地整治项目	2009、2013	6 371.38	20 636.08
		兴边富民0-20公里项目：靖西市安宁乡果布村等3个村土地整治项目，靖西市湖润镇响嗅村等3个村土地整治项目，靖西市龙邦镇其龙村等3个村土地整治项目，靖西市王庄乡敏马村等3个村土地整治项目，靖西市念井镇念井乡伏马村等4个村土地整治项目，靖西市岳圩镇利兴村等4个村土地整治项目，那坡县百合乡大华村等4个村土地整治项目，那坡县平孟镇弄汤村等4个村土地整治项目，那坡县上隆乡南乡上隆村等4个村土地整治项目			

附表 4　左右江流域山水林田湖生态保护与修复工程项目

序号	市	县(市、区)	项目类型及数量	项目名称
1	南宁市	市本级	流域水环境保护治理（4 项）	南宁市大王滩湿地生态系统保护修复工程、南宁市心圩江环境综合整治工程 PPP 项目，南宁市亭子冲流域治理工程（一期）、平畲国家水质自动监测站建设工程
		西乡塘区	流域水环境保护治理（3 项）、土地综合整治（2 项）	南宁市饮用水水源地环境保护工程、西乡塘区域生态环境修复与建设一期，西乡塘区域生态环境保护·宜居乡村区域·宜居乡村·美丽南宁·宜居乡村区域生态环境修复与建设二期，西乡塘区坛洛镇三景村、三景村景仰坡耕地提质改造（旱改水）工程、西乡塘区坛洛镇耕地提质改造（旱改水）工程
		江南区	流域水环境保护治理（3 项）、土地综合整治（4 项）	江南区苏圩镇村屯生活污染源整治工程、江南区江西镇村屯生活污水处理厂及配套管网工程、南宁市江南区高产高糖糖料蔗基地土地整治工程、江南区江西镇、苏圩镇、延安镇耕地提质改造（旱改水）工程、南宁市江南区吴圩镇经济技术开发区吴圩镇祥宁村耕地提质改造（旱改水）工程、南宁市江南区吴圩镇那备、新桥、坛白、玉木研究所所耕地提质改造（旱改水）工程
		隆安县	流域水环境保护治理（2 项）、矿山生态修复（1 项）、土地综合整治（4 项）	隆安县那桐镇农村水环境综合治理项目、隆安县农村环境综合整治工程、南宁市隆安县宝塔新区点灯山山体生态修复综合治理工程、南宁市隆安县高产高糖糖料蔗基地"提质改造"工程、隆安县古潭乡古潭社区、育英村、马村、中真村古潭乡耕地"提质改造"工程、隆安县那桐镇下邓村耕地工程、隆安县那桐镇、雁江镇等耕地"提质改造"工程

序号	市	县（市、区）	项目类型及数量	项目名称
		崇左市各县（市、区）	污染与退化土地修复治理（1项）	崇左市石漠化土体质改造项目
2	崇左市	市本级	流域水环境保护治理（5项）、生物多样性保护（3项）、其他（2项）	崇左市左江流域牛仔滩南干渠—崇左城区水系生态恢复工程[崇左市城区生态水系修复工程—崇左市中心城区河湖水系连通工程（一期）南干渠上游段、城区段]、金龙水库生态修复工程[崇左市中心城区河湖水系连通及连通工程（一期）—金龙湖湖体修复工程]、崇左市车坜湿地保护工程（崇左市城区生态水系修复工程—南干渠下游段治理黑臭水体整治工程）、崇左市城区黑臭水体整治工程（一期）、崇左市城区园区段路北侧黑臭水体修复与保护工程管护能力建设、崇左市生物多样性都市休闲生态保护项目，白头叶猴生境恢复与保护工程提升工程，崇左市金龙湖都市河湾保护行动计划，崇左市山水林田湖草生态保护修复工程实施方案编制—生态文明富教提升工程，崇左市山水林田湖保护修复工程控制性详细规划
		江州区	流域水环境保护治理（5项）、土地综合整治（11项）	江州区左江丽江饮用水水源保护区综合治理项目、黑水河（江州区新和段）生态保护与修复治理工程、左江河"双高"糖料蔗基地土地整治项目、崇左市江州区驮卢镇逐盎村耕地提质改造（旱改水）项目、崇左市江州区新和镇新村中兴屯耕地提质改造（旱改水）项目、崇左市江州区驮卢镇逐盎村耕地提质改造（旱改水）项目、崇左市江州区罗白乡渠勒村耕地提质改造（旱改水）项目、崇左市江州区罗白乡蒙井村耕地提质改造（旱改水）项目、崇左市江州区庆新村庆村屯耕地提质改造（旱改水）项目、崇左市江州区驮卢镇莲塘村耕地提质改造（旱改水）项目、崇左市江州区江滩显村耕地提质改造（旱改水）项目、崇左市江州区巴板屯耕地提质改造（旱改水）项目、崇左市江州区太平街道办级逐村等2个村耕地提质改造（旱改水）项目、崇左市江州区江南街道办花村耕地提质改造（旱改水）项目、崇左市江州区新和镇卜花村耕地提质改造（旱改水）项目
		凭祥市	流域水环境保护治理（2项）、森林与草原植被恢复（1项）、土地综合整治（1项）	凭祥市凭祥河综合整治项目、凭祥市平而河上游段生态环境综合整治工程、凭祥市环种结构优化工程等、凭祥市夏石镇唪平村等3个村耕地提质改造（旱改水）项目

序号	市	县（市、区）	项目类型及数量	项目名称
2	崇左市	大新县	流域水环境保护治理（6项）、生物多样性生态保护修复（2项）、矿山生态退化土地修复（2项）、污染治理（1项）、土地综合整治（8项）	大新县城集中式饮用水水源保护环境保护工程、大新县清洁小流域综合整治项目、大新县向水河生态环境综合整治工程、大新县明仕河生态环境保护工程、大新县黑水河生态综合整治工程、广西恩城国家级自然保护区生态保护修复及国家级自然保护区铅锌冶炼建设工程、大新铝锌冶炼工程落区采空区地下涌水重金属污染土壤整治项目、大新县2017年度石漠化综合治理工程林业植被恢复项目、大新县铅锌冶炼区重金属污染治理工程"双高"糖料蔗基地土壤整治项目、大新县宝圩乡景阳村耕地提质改造（旱改水）项目、大新县五山乡温某村耕地提质改造（旱改水）项目、大新县龙门乡上青村耕地提质改造（旱改水）项目、大新县雷平镇后益村等2个村耕地提质改造（旱改水）项目、崇左市大新县宝圩乡板六村耕地提质改造（旱改水）项目、崇左市大新县桃城镇全茶新村等2个村耕地提质改造（旱改水）项目
		扶绥县	流域水环境保护治理（7项）、生物多样性生态保护修复（1项）、矿山生态修复（2项）、土地综合整治（18项）	左江水库生态环境保护治理项目、扶绥县左江流域环境修复及石漠化综合治理工程（一期）、扶绥县湿地生态修复工程（一期）、左江沿岸村屯和各乡村振兴计划示范村污水处理工程（二期）、左江沿岸村屯和各乡镇各级国家级保护区生态振兴计划示范村污水处理工程（三期）、扶绥县白头乡叶腊保护矿区和铅锌矿区历史遗留重金属污染综合治理项目一期、扶绥县中东镇禄井铅锌矿区历史遗留重金属污染综合治理项目、糖料蔗基地土壤重金属污染治理、崇左市扶绥县柳桥镇柳桥提质改造社区等2个项目、扶绥县龙头乡凤庄村耕地提质改造（旱改水）项目、崇左市扶绥县新宁镇新安村耕地提质改造（旱改水）项目、扶绥县山圩镇山圩社区耕地提质改造（旱改水）项目、扶绥县中东镇渠乌村耕地提质改造（旱改水）项目、崇左市扶绥县昌平乡某黎村耕地提质改造（旱改水）项目、崇左市扶绥县岜盆乡驮立屯耕地提质改造（旱改水）项目、崇左市扶绥县东罗镇那练村等2个村耕地提质改造（旱改水）项目、崇左市扶绥县渠旧镇平乌村耕地提质改造（旱改水）项目、崇左市耕地提质改造项目、扶绥县昌平乡某勒村耕地提质改造（旱改水）项目、崇左市扶绥县果园某村耕地提质改造项目、崇左市扶绥县山圩街镇山圩社区耕地提质改造、崇左市扶绥县岜盆乡岜某村耕地提质改造（旱改水）项目、崇左市扶绥县中东镇冰利村耕地提质改造项目

序号	市	县（市、区）	项目类型及数量	项目名称
2	崇左市	龙州县	流域水环境保护治理（2项）、生物多样性保护（2项）、污染与退化土地修复治理（2项）、土地综合整治（3项）	龙湖环境修复治理工程、龙州县城饮用水源保护工程、广西龙州县左江国家湿地公园项目、观鸟基地至发观苗岗示范带生态修复工程、平而河小流域水土流失综合治理等2项、崇左市龙州县石漠化综合治理、龙州县"双高"糖料蔗基地土地整治项目、崇左市龙州县上龙乡上龙村2个村耕地提质改造（旱改水）项目、上金乡进明村土地质量提升工程
		宁明县	流域水环境保护治理（1项）、污染与退化土地修复治理（1项）、土地综合整治（6项）	宁明县明江流域生态环境修复治理工程、宁明县重点建设工程、广西宁明县"双高"糖料蔗基地土地整治项目（旱改水）、宁明县东安乡板桂村等3个村耕地提质改造（旱改水）项目、崇左市宁明县城中镇纳利村等5个村耕地提质改造（旱改水）项目、崇左市宁明县集安乡安康村等6个村耕地提质改造（旱改水）项目、崇左市宁明县海渊镇蕉园片区耕地提质新造、崇左市宁明县城区小流域河项目汪巷河项目
		天等县	流域水环境保护治理（3项）、矿山生态修复（1项）、污染与退化土地修复治理（7项）、森林与草原植被恢复（1项）、土地综合整治（13项）	天等县古榕河流域（向都镇九连精村）生态修复与综合整治工程、天等县城区中式饮用水源地保护水无害化处理项目、天等县汉洞河沿岸向都镇汉洞村大汉屯生活污水无害化处理项目、龙门电力有限责任公司废石采石场植被被修复、天等县2018年矿工程二期工程、2019年度石漠化综合治理工程林业植被被恢复项目、天等县2017年度石漠化综合治理工程林业植被恢复项目、崇左市天等镇进宁村钦林工程、广西天等县凯丰福业植被被恢复项目、天等县2018年度石漠化综合治理工程林业植被修复、龙茗镇进宁村2018年天等县5个村耕地提质改造（旱改水）项目、崇左市天等镇万秀村等3个村耕地提质改造（旱改水）项目、崇左市天等镇洪岭等3个村耕地提质改造（旱改水）项目、崇左市天等远乡远村等3个村耕地提质改造（旱改水）项目、2018年天等县龙茗镇西北村小流域水土保持综合治理工程、崇左市天等县都康乡安康村等2个村耕地提质改造（旱改水）项目、崇左市天等镇爱乡爱权村等2个村耕地提质改造（旱改水）项目、崇左市天等县小山乡龙桥村耕地提质改造（旱改水）项目、钦州天等县龙县益山村小流域综合治理工程、崇左市天等县福新镇万秀村等3个村耕地提质改造（旱改水）项目、崇左市天等县天等镇万人屯耕地提质改造（旱改水）项目、崇左市天等县进结镇元村耕地提质改造（旱改水）项目、崇左市天等县驮堪乡爱权村等2个村耕地提质改造（旱改水）项目、崇左市天等县乡宁干乡下子村等2个村耕地提质改造（旱改水）项目、崇左市天等镇洪屯村钦屯耕地提质改造（旱改水）项目、崇左市天等乡荣村等2个村耕地提质改造（旱改水）项目

序号	市	县（市、区）	项目类型及数量	项目名称
3	百色市	市本级	流域水环境保护治理（3项）、生物多样性保护（1项）、重要生态系统保护修复（1项）	百色市澄碧河水库饮用水水源地一级保护区保护工程、百色市黑臭水体综合整治工程、六田沟综合整治一期工程、百色市国家级自然保护区生物多样性本底资源调查、广西岑王老山国家级自然保护区生态保护标准化建设工程
		右江区	流域水环境保护治理（2项）、生物多样性保护（1项）、污染与退化土地修复整治（1项）、土地综合整治（2项）	澄碧河水库水质治理与生态保护工程、广西福禄河国家湿地公园湿地保护与恢复工程、右江区小型农田水利建设工程、右江区2017年度坡耕地水土流失综合治理工程、百色市右江河谷麽绣壮乡国土综合整治项目、百色市右江区耕地提质改造（旱改水）项目
		靖西市	流域水环境保护治理（5项）、生物多样性保护（1项）、矿山生态修复（3项）、污染与退化土地修复整治（1项）、土地综合整治（2项）	靖西市下雷河（靖西段）流域环境综合整治项目、2019年靖西市城区饮用水源地环境综合整治工程、靖西市2017年农村环境综合整治项目、靖西市小型农田水利建设工程、靖西市鹅泉河段防洪隆河段整治工程、靖西市龙潭湿地公园恢复与建设项目、靖西市铝土矿区生态修复项目、2019年靖西市铝土矿区生态修复项目、2019年靖西市新甲乡铝土矿区生态修复项目、2018—2020年靖西市靖西市推进高标准基本农田土地整治重大工程项目、百色市靖西市铝土矿区生态修复项目（含龙临）、靖西市耕地"提质改造"项目
		德保县	流域水环境保护治理（8项）、生物多样性保护（1项）、矿山生态修复（3项）、污染与退化土地修复整治（1项）、土地综合整治（2项）	德保县鉴河小流域生态环境保护工程、德保小流域水土保持综合治理工程、德保县那甲河乡河段综合治理项目、德保县小型农田水利建设项目、德保县敬德镇德保污水处理厂及配套管网工程、德保县东凌镇污水处理厂及配套管网工程、德保县足荣镇污水处理厂及配套管网工程、德保县龙须河城关镇温河段污水处理厂及配套管网工程、德保县铝土矿区生态环境修复示范项目、德保县尾矿矿区销闭库工程、德保县地质灾害治理工程、德保县2018—2020年岩溶石漠化综合治理项目、德保县耕地提质改造（旱改水）项目、德保高标准农田建设项目

序号	市	县（市、区）	项目类型及数量	项目名称
3	百色市	乐业县	流域水环境保护治理（9项）、污染与退化土地修复与综合整治（5项）、土地综合整治（1项）	乐业县县级饮用水源地保护与综合治理工程，乐业县乡镇饮用水源地保护及在建监测工程，布柳河流域乐业县新化镇皈里磨里生态环境综合治理工程，百朗河流域乐业县同乐镇、甘田镇乐里镇、达道村生态环境保护工程，乐业县上岗水库保护工程，乐业县小型农田水利建设工程，乐业县甘田镇花坪村生态污水处理设施建设，乐业县幼平片区生态水处理工程，乐业县同乐镇武称村污水处理工程，乐业县龙滩水库库区生态环境综合保护治理项目，乐业县2018年度国家水土保持重点工程南干小流域治理工程，乐业县2018—2020年耕地石漠化治理工程，乐业县石漠化治理后续建设工程，乐业县"提质改造"项目
		凌云县	流域水环境保护治理（5项）、矿山生态修复被恢复林与草原植被恢复（1项）、污染与退化土地修复与综合整治（2项）、土地综合整治（1项）	凌云县泗水河流域环境保护工程，凌云县2019年农村环境综合整治工程，凌云县那正林还林还林工程，广西凌云县那坡镇饮用水源地保护工程，凌云县建设工程（旱改水）、凌云县耕地石漠化提质改造项目，2017年度林还林补偿项目
		隆林县	流域水环境保护治理（5项）、矿山生态修复被恢复林与草原植被恢复（1项）、污染与退化土地修复与综合整治（2项）、土地综合整治（1项）	万峰湖流域（隆林辖区）生态环境综合整治工程，万峰湖天生桥农村污水治理项目，广西隆林各族自治县那伟等项目区水土保持综合治理工程，隆林县饮用水源地保护工程，长发金矿地质环境综合治理项目，隆林县2018—2020年坡耕地水土流失综合治理工程，隆林各族自治县污水支管截污工程，隆林各族自治县珠江防护林各乡农村体系工程建设，隆林各族自治县耕地提质改造（旱改水）项目
		那坡县	流域水环境保护治理（5项）、污染与治理（2项）、退化土地修复与综合整治（2项）、土地综合整治	那坡县2018年跨界河流农村生活污水治理工程，那坡县2018年度农村生活污水治理工程，那坡县者利河河州建设工程，那坡县城区防洪治理工程（那坡县城区者海防洪提一期工程），那坡县百都乡农村生活污水治理综合化项目，那坡县弄平至蒙海国家重点水土保持项目，那坡县2013—2018年耕地石漠化提质改造项目，那坡县土地提质改造（旱改水）项目，那坡县土地开垦项目（那坡县百都乡、德隆乡、百合乡等3个乡镇耕地提质改造项目）

序号	市	县（市、区）	项目类型及数量	项目名称
3	百色市	平果县	流域水环境保护治理（10项）、生物多样性保护（2项）、矿山生态修复与草原修复（2项）、污染治理（2项）、土地综合整治（1项）	平果县县城集中式饮用水水源地——布见湖生态治理与乡村水质治理综合治理项目、平果县芦仙湖水库旅游度假区（二期）工程、平果县新圩镇百马园段小型农村污水处理厂及管网配套设施建设项目，平果县新圩镇段污水处理厂及配套管网工程，广西平果县旧城镇污水处理厂及配套管网工程、平果县四塘镇生态保护与生态修复工程，2019年广西洪江自然保护区生态保护与生态修复项目、平果县铝土矿区生态环境保护与生态修复生态环境修复项目，平果县自然洪湖村，平果县太平镇古流头油茶种植项目，平果县杜仲产业示范基地，平果县坡耕地提质改造，平果县耕地提质改造（旱改水）项目、平果县2016—2020年石漠化综合治理项目
		田东县	流域水环境保护治理（7项）、污染治理与退化土地修复与土地综合整治（1项）	古榕江流域综合治理（一期）、古榕江流域综合治理（二期），田东县右江沿岸集农业产业带建设试点项目，田东县右江岸八桂·义圩流域（田东段）思林镇良响水河片区及祥周镇响水河流域环境综合治理工程、田东县朔良镇响水河年坡改耕地水土流失综合治理工程，田东县石漠化综合治理工程，田东县耕地提质改造（旱改水）项目
		田林县	流域水环境保护治理（5项）、污染治理与退化土地修复与土地综合整治（2项）	田林县启文水库饮用水水源地生态修复工程、田林县绕河流域近岸自然污染流域治理，田林县安乡镇集镇污水处理工程、田林县利周镇林区环境综合治理工程、田林县六隆镇定安乡综合治理工程，田林县石漠化综合治理工程，田林县耕地水土流失综合治理项目（旱改水）项目
		田阳县	流域水环境保护治理（9项）、森林草原生态恢复与退化土地综合整治（2项）、污染治理（1项）、土地综合整治（2项）	田阳县百东水库饮用水水源地生态修复工程、田阳县那音水利马河桥美百东河水系连通工程、田阳县巴某—露美支流城区河系综合整治工程（田阳段）农村水质提升与生态修复工程，田州城区田东河连通工程、田阳县那音村农村山水林田湖生态保护和山水林田综合整治，百色市田阳小型农村污水系统综合治理（田阳县清洁小流域综合治理）工程，广西田阳县桥头乡那音河五村段），田阳县五村镇那一轮新村生态环境综合治理项目，田阳县五村河（龙河河段），2017年新一轮石林还林工程，田阳县百镇内村与田阳县坡耕地退耕还林项目，田阳县土地综合整治项目、田阳县坡耕地水土流失综合治理项目，田阳县坡耕地提质改造项目
		西林县	流域水环境保护治理（8项）、土地综合整治（1项）	万峰湖流域（西林辖区）生态环境综合整治工程，西林县坝驮城水库水源地生态保护整治工程，西林县那佐乡污水处理厂，西林县小型农村污水治理及综合治理工程、西林县骊江流域水利建设农村生态环境保护工程，西林县水土保持工程、西林县龙英水库水源地综合保护扩容项目，西林县那劳乡污水处理厂西林镇耕地"提质改造"项目

序号	项目名称	主要建设内容	预计总投资/万元
1	西乡塘区石埠街道石西村生态型土地整治示范项目	南宁市西乡塘区石埠街道石西村生态型土地整治示范项目建设地点位于石埠街道石西村，项目区东临金埠村，东南与石埠奶场为邻，西南与老口村相连，西面紧靠兴贤村，北面是金沙湖。项目建设工自规模199.27公顷，计划建设工期2018年11月至2019年11月，共12个月，目前项目已完成了自验。项目主要建设内容包括生态土地平整工程、生态灌溉排水工程、农田防护与生态环境保持工程、生态景观保持工程和其他工程等。其中，土地平整35.662公顷，建成生态池34座，净化池2座，盖板4座，标志牌1座；建成田间道路2 061.92米；整修塘堰生态108.5米，建成输水管道24米，挡土墙31.64米，围栏485.21米；安装太阳能路灯146套，生态工程标识牌20套，种植道路景观树37 342株	1 200
2	北海市铁山港区南康镇大伞塘村田园综合体生态景观型土地整治项目	北海市铁山港区南康镇大伞塘村田园综合体生态景观型土地整治项目位于北海市铁山港区南康镇大塘村委大伞塘村，该项目实施规模199.99公顷，计划建设工期2018年12月至2019年12月，共12个月，目前项目已完成了自验。项目主要建设内容包括生态土地平整工程、灌溉与排水工程、田间道路工程、农田防护与生态环境保持工程等。其中，土地平整20.5公顷，建设灌溉排某道6 839米，建成田间道路9 937米，建成生态池3座；建成景观路2 593米，景观路2 026米	1 200
3	贺州市平桂区黄田镇长龙村生态景观型土地整治示范项目	贺州市平桂区黄田镇长龙村生态景观型土地整治示范项目建设地点位于平桂区黄田镇长龙村，目前项目已完成了自验。该项目实施规模203.82公顷，计划建设工期2018年12月至2019年12月，共12个月，项目主要建设内容及其他工程等。其中，项目新增耕地0.794 2公顷，建成高标准基本农田148.106 9公顷，通过实施"小块并大块"实现耕地提质改造（旱改水）面积18.470 3公顷，建成生物逃生板50座，生物应急池81座；土地平整33.867 9公顷，建成田间道路5 753.9米；盖板31座，分水放水口45座，下田坡道45座，泵站1座，标志牌1座，观水亭2座，种植道出水池3座，下田坡道45座，错车台8座，标志牌1座，观水亭2座，挡土墙25米，种植道路景观树1 200株；建成生物管道22 210.06米，生态渠道7 319.8米，输水管道1 619米	1 194.33

附表6 国土综合整治与生态修复项目

序号	项目名称	主要建设内容	预计总投资/万元
1	宾阳县宝水江湿地国土空间综合整治与生态修复项目	该项目实施规模875.4079公顷，计划于2021年12月底前完成项目建设。项目主要建设内容包括土地整治、生态修复和产业建设。其中土地整治主要建设内容包括耕地提质改造（66.7187公顷），未利用地开垦（4.3747公顷），增减建设用地增减挂钩（16.2567公顷），生态型农田综合整治（373.3333公顷），项目预计新增耕地65.62公顷	180 780
2	上林县壮族老家国土空间综合整治与生态修复项目	该项目实施规模6595.6759公顷，计划实施期限2019年1月至2021年12月。项目主要建设内容包括土地整治、乡村建设和生态修复。其中土地整治主要建设内容包括未利用地开垦（60.1702公顷），城乡建设用地增减挂钩（77.7054公顷），耕地提质改造（253.1748公顷），生态型农田综合整治（3307.8693公顷）。预计新增耕地60.1702公顷	130 581.92
3	桂林市漓江流域山水林田湖草生态保护修复工程	工程实施区域面积共17 442平方千米，以流域生态保护和修复存在的主要问题为导向，结合自然规律和生态系统特征，拟采取保护保育、自然恢复、辅助再生、生态重建等保护修复模式和措施，拟安排针对性工程措施项目32项，包括土地综合整治类、岩溶石漠化治理类、水生态环境保护与修复类、生物多样性及重要生态系统保护修复类、矿区生态保护修复类五大类型。实施期限为2021—2023年。其中土地综合整治包含临桂区四塘镇、灵川县九屋镇、荔浦市茶城乡、平乐县平乐镇、阳朔县罗锦镇、永福县栗木镇、桂林市雁山区草坪回族乡、桂林市临桂区五通镇、荔浦市马岭镇、兴安县严关镇、平乐县沙子镇、阳朔县福利镇、荔浦市修仁镇、恭城瑶族自治县恭城镇15个全域土地综合整治项目。预计新增耕地303公顷，耕地提质改造面积488公顷	667 900
4	陆川县沙坡镇榕江流域国土空间综合整治与生态修复项目	该项目实施规模1 742.7867公顷，计划实施期限2019年9月至2022年8月。项目主要建设内容包括农村本农田整治建设（525.3192公顷），土地提质改造（旱改水）（8.5057公顷），耕地提质改造（旱改水）项目（123.9917公顷），增减挂钩拆旧（27.6313公顷）。预计新增耕地151.6230公顷，新增耕地率为8.7%	11 195.75

序号	项目名称	主要建设内容	预计总投资/万元
5	容县千秋沙田柚基地国土空间综合整治与生态修复项目	该项目实施规模546.8618公顷，计划建设工期3年。项目主要建设内容包括土地综合整治和产业发展。其中土地综合整治建设内容包括城乡建设用地增减挂钩8.64公顷，土地开发6.38公顷与河道景观改造等。预计完成高标准农田建设179.2462公顷，沙田柚标准种植园36.36公顷，建设用地整治8.64公顷，土地开发6.38公顷	15 015.04
6	巴马盘阳河（国际）长寿旅游带国土空间综合整治与生态修复项目	该项目拟建设规模24 312.6664公顷，计划实施期限2019年1月至2025年12月。项目主要建设内容包括耕地提质改造（73.4729公顷）、城乡建设用地增减挂钩（2.0448公顷）、宜耕后备资源开发（15.2402公顷）、废弃采矿用地复垦（7.2384公顷）、残次林地开发（7.1607公顷）、生态型农田整治（50.9999公顷）和耕作层表土剥离利用、岩溶石漠化治理（4 286.9792公顷）、矿山生态型农田整治（43.8513公顷）、地质灾害防治（10处）、生物多样性保护与修复、水源涵养、村庄建设、盘阳河旅游带建设，产业融合发展等工程，项目预计新增耕地31.6841公顷	20 166.8
7	平果县布镜湖生态治理与乡村旅游国土空间综合整治项目	该项目实施面积1 179.52公顷，计划建设工期3年。项目主要建设内容。土地综合整治等内容。土地综合整治建设内容包括产业建设与土地综合整治和城乡建设用地增减挂钩（15处）、生态修复（221.73公顷）、生态修复（2.8695公顷）等	59 244
8	百色市右江河谷锦绣壮乡国土综合整治与生态修复项目	该项目实施规模1 329.28公顷，主要建设内容包括土地综合整治。生态修复与产业建设。其中土地综合整治（128.72公顷）、低效园地（149.68公顷）和残次林地整治（57.07公顷）、城乡建设用地增减挂钩（1.8953公顷）、低效旧厂矿再开发（18公顷）	9 114.21

附表 7　全域土地综合整治项目

序号	市	项目名称	主要建设内容	预计总投资/万元
1	南宁市	南宁市西乡塘区石埠半岛水域生态修复国土空间综合整治项目	该项目实施规模 1 245.119 3 公顷，计划实施期限为 2020—2022 年。项目主要建设内容包括土地综合整治、水塘整治联通工程，道路、太阳能路灯项目，房屋风貌改造工程，截污治污工程、给水灌溉工程、污水治理工程、黑臭水体综合治理工程。其中土地综合整治工程包括残次林综合地整理（4.542 8 公顷），坑塘水面开发（20.080 9 公顷），耕地提质改造（26.137 5 公顷），高标准农田建设（61.837 4 公顷）。项目预计新增耕地 27.284 4 公顷，新增耕地率 5.56%	15 004.28
		柳南区太阳村镇山湾村等 7 个村全域土地综合整治项目	该项目实施规模 5 722.178 9 公顷，计划建设工期 3 年。项目主要建设内容包括土地整治类、城乡建设类、生态修复类项目，生态修复类及其他产业项目。土地整治类（15.902 3 公顷），城乡建设用地增减挂钩（53.947 6 公顷），残次林地整治（20.726 1 公顷），城乡建设用地增减挂钩采矿用地复垦（0.920 9 公顷）。低效园地复垦（108.355 8 公顷），预计净新增耕地 60.536 7 公顷。新增耕地率 5.26%	235 878.09
2	柳州市	柳州市鱼峰区里雍镇里雍村等 6 个村全域土地综合整治项目	该项目实施规模 12 901.21 公顷，计划建设工期 3 年。项目主要建设内容包括土地整治类、城乡建设类项目。土地整治类项目包含耕地提质改造（71.935 5 公顷），城乡建设用地增减挂钩（2.734 1 公顷），残次林地整治（10.108 5 公顷），低效园地整治（1.010 8 公顷）等建设内容，预计新增耕地面积 85.744 9 公顷，生态修复类和乡村建设类（73.138 9 公顷），未利用地开垦公顷，新增耕地率 6.94%	39 677.07
		柳州市柳东新区雒容镇连丰村等 3 个村全域土地综合整治项目	该项目实施规模 6 800.609 9 公顷，计划建设工期 3 年。其中土地整治类含耕地提质改造（56.268 4 公顷），未利用地整治（68.064 9 公顷），预计新增耕地 96.032 9 公顷，项目主要建设项目和生态修复类各类建设项目。低效园地治理（18.757 5 公顷），残次林地整治（6.725 3 公顷），生态型农田整治（500 公顷），增减挂钩旧复垦（2.485 2 公顷），新增耕地率为 5.17%	24 734.59
		柳州市柳江区百朋镇百朋村等 4 个村全域土地综合整治项目	该项目实施规模 3 874.78 公顷，计划建设工期 3 年。其中土地整治类项目包括耕地提质改造（29.135 5 公顷），城乡建设用地增减挂钩旧复垦（56.745 8 公顷），宜耕后备土地资源开发（25.564 5 公顷），预计新增耕地 84.441 3 公顷，新增耕地率 5.09%。生态修复类和乡村建设类。土地提质改造（2.131 0 公顷），残次林地整治（84.441 3 公顷）	4 687.63

序号	市	项目名称	主要建设内容	预计总投资/万元
3	百色市	百色市凌云县下甲镇河洲村等13个村全域土地综合整治项目	该项目实施规模20 987.333 4公顷，计划建设工期3年。项目主要建设内容包括土地整治项目、生态修复项目、乡村建设发展项目和产业发展项目。土地整治项目主要建设内容包括耕地提质改造（旱改水）工程19.175 3公顷，残次林地整治工程4.096 3公顷，未利用地开发工程2.852 6公顷，低效园地整治工程25.020 0公顷，城乡建设用地增减挂钩工程16.419 6公顷，农用地生态整治2 651.791 4公顷，耕作层表土剥离利用41.14公顷，预计新增耕地48.388 5公顷，新增耕地率3.36%	8 393.43
4	河池市	都安瑶族自治县高岭镇龙洲村等全域土地综合整治项目	该项目实施规模1 619.045公顷，各类建设项目和生态修复项目。其中土地整治类项目建设内容包括耕地提质改造（10.333 7公顷）、未利用地开发（0.132 8公顷）、残次林地开发（4.469 2公顷）、低效园地整治（0.511 6公顷）、高标准农田建设（340.347 0公顷）。预计新增耕地面积5.113 6公顷，新增耕地率1.32%	6 072.42
		河池市南丹县芒场镇拉者村等4个村全域土地综合整治项目	该项目实施规模9 702.62公顷，计划建设工期3年。项目主要建设内容包括土地整治项目、生态修复项目、各类建设项目建设内容包含耕地提质改造（28.87公顷）、低效园地整治（13.66公顷）、残次林地开发（1.71公顷）、生态整治（2.16公顷）、未利用地开发（1 277.74公顷）、农用地生态整治等。耕作层表土剥离利用11.96公顷，新增耕地率1.03%	104 051 43
5	玉林市	北流市新圩镇河村全域土地综合整治项目	该项目实施规模693.87公顷。其中土地整治和生态修复、建设用地复垦17.115 5公顷等。项目主要建设内容包括低效园地整治、乡村建设发展项目、农林地整治（3.020 4公顷）、建设用地复垦17.115 5公顷、低效园地整治（1.739 6公顷）、残次林地整治（12.355 5公顷）、生态型农田建造（55.763 9公顷）、残次林地整治	3 681.6
		博白县双凤镇全域土地综合整治项目	该项目实施规模3 131.11公顷，计划建设工期3年。其中土地整治类项目建设（3.410 3公顷）、未利用地开发（28.147 7公顷）等。项目主要建设内容包括土地整治、生态修复和产业发展项目建设。低效园地整治（36.336 6公顷）、残次林地整治、生态修复项目建设内容包含耕地提质改造（3.634 6公顷）、未利用地整治28.147 7公顷、预计新增耕地（16.267 7公顷）	11 402.58

序号	市	项目名称	主要建设内容	预计总投资／万元
6	崇左市	崇左市江州区卜花村等3个村全域土地综合整治项目	该项目实施规模5 232.279 6公顷，建设工期3年。项目主要建设内容包括土地整治、乡村建设用地增减挂钩（261.85公顷）、城乡建设用地再利用（225.70公顷）、耕作层土壤剥离利用（49.00公顷），宜耕后备资源开发（61.8公顷），生态型农田整治（34.71公顷）。预计新增耕地34.71公顷	229 855.19
		龙州镇塘巧村、东合村全域土地综合整治项目	该项目实施规模3 507.113 8公顷，建设工期3年。项目主要建设内容包括土地整治和产业发展建设。其中土地增减挂钩（12.554 8公顷），未利用地开垦（47.560 6公顷），残次林地与低效园地再开发（51.624 5公顷）。项目预计新增耕地111.739 2公顷	109 300
7	梧州市	梧州市藤县象棋镇道家村全域土地综合整治项目	该项目实施规模1 423.97公顷，建设工期3年。项目主要建设内容包括土地整治、环境治理与生态修复，村容村貌提升和旅游景区品牌化建设等。其中土地整治建设内容宜耕后备资源开发（1.37公顷），农田基础设施提升和配套工程建设完善。项目预计新增耕地面积1.37公顷，新增耕地率0.63%	79 280
8	北海市	合浦县党江镇更楼岛近海湿地全域土地综合整治项目	该项目实施规模2 438.122 3公顷，计划建设期限3年。项目主要建设内容包括土地整治、未利用地开发（15.227 5公顷），城乡建设用地增减挂钩（0.656 1公顷），乡村建设和生态修复（18.235 4公顷），残次林地（3.654 5公顷）等。项目预计新增耕地18.235 4公顷	31 352.605 7
9	钦州市	钦州市灵山县邓家村、萍塘村全域土地综合整治项目	该项目实施规模392.601 2公顷，建设工期3年。项目主要建设内容包括土地整治、乡村建设用地增减挂钩（7.367 4公顷），城乡建设用地5.654 7公顷），农用地整治3.285 0公顷。项目预计新增耕地增减挂钩（2.764 1公顷）等	6 798.24
10	贵港市	贵港市覃塘区樟木镇凌动村等3个村全域土地综合整治项目	该项目实施规模2 720.132 3公顷。土地整治和生态修复。建设和生态修复，高标准农田建设（189.58公顷），城乡建设用地增减挂钩（5.777 2公顷），宜耕后备资源开发（10.38公顷），生态农田整治（816.05公顷），糖料蔗基地建设（150.415 9公顷）等。项目预计新增耕地15.06公顷	13 440.58

序号	市	项目名称	主要建设内容	预计总投资/万元
11	贺州市	贺州市平桂区黄田镇安山村等6个村全域土地综合整治项目	该项目实施规模7 952.787 9公顷。项目主要建设内容包括土地整治，生态修复和乡村建设，其中土地整治类包括耕地提质改造（旱改水）84.960 0公顷，低效园地整治4.917 3公顷，残次林地整治63.026 7公顷，预计新增耕地74.136 0公顷，新增耕地率5.72%	481 117.26
		昭平县黄姚镇罗望村等4个村全域土地综合整治项目	该项目实施规模5 370.517 0公顷，计划建设工期3年。项目主要建设内容包括耕地提质改造（旱改水）16.353 4公顷，城乡建设用地增减挂项目25.245 1公顷，低效林地整治34.092 9公顷，预计新增耕地率7.77%地整治和未利用地开垦共10.565 2公顷，新增耕地	7 355.79
		贺州市钟山县公安镇凤岭村等8个村全域土地综合整治项目	该项目实施规模6 774.527 2公顷（整治区域面积2 915.423 1公顷），计划建设工期3年。土地整治主要建设的内容包括耕地提质改造（56.951 4公顷）、生态修复和乡村建设（8.155 1公顷），残次林地整治（6.554 2公顷），未利用地开垦（8.581 8公顷），城乡建设用地增减挂钩项目（22.716 4公顷）。项目预计新增耕地46.007 5公顷，新增耕地率5.13%	19 879.686 2
12	桂林市	桂林市灌阳县新圩镇小龙村等2个村全域土地综合整治项目	该项目实施面积1 937.753 8公顷，计划建设工期3年。项目主要建设内容包括土地整治（0.297 8公顷），产业建设和生态修复（13.186 7公顷），生态型土地整治（118.630 6公顷）。项目预计新整治、残次林地改造（13.484 5公顷），新增耕地率7.77%	2 769.802 7
		桂林市全州县龙水镇全佳村等3个村全域土地综合整治项目	该项目实施内容700.352 6公顷，计划总投资41 479.39万元，生态修复提质改造（700.352 6公顷）、耕地整治（2.381 2公顷），低效园地整治（2.575 4公顷），城乡建设用地增减挂钩复垦（4.338 5公顷）等。项目主要建设内容包括生态型农田建设，未利用地开垦6.913 9公顷，新增耕地率0.94%	41 479.39
		桂林市临桂区四塘镇自信村等4个村全域土地综合整治项目	该项目实施面积4 569.533 9公顷，建设工期3年。土地整治建设包括生态型农田整治（656.774 9公顷），生态修复和乡村建设，生态修复提质改造（22.568 6公顷）、残次林地整治（8.945 0公顷），低效园地整治（2.381 2公顷），未利用地开垦（46.695 2公顷）、城乡建设用地增减挂钩复垦（15.523 2公顷）等，预计新增耕地75.544 6公顷，新增耕地率5.36%	14 140.31

附表 8　2020 年申报国家全域土地综合整治试点项目

序号	市	项目名称	主要建设内容
1	南宁市	南宁市上林县白圩镇爱长村等 9 个村全域土地综合整治项目	该项目建设规模 5 921.75 公顷，计划总投资 167 109.18 万元，计划建设工期 2020—2023 年，共 42 个月。项目主要建设内容包括土地整治、壮族老家田园综合体、清水河综合整治、毛塘湿地生态建设、道路提升改造，乡村风貌提升工程等。土地提质改造（旱改水）240.844 7 公顷，残次林地整治 44.184 3 公顷，低效园地整治 47.259 6 公顷，未利用地开垦 27.658 7 公顷。项目预计新增耕地面积 188.214 6 公顷，新增耕地率为 7.84%
2	柳州市	柳州市柳南区大阳村鹧山湾村等 7 个村全域土地综合整治试点	该项目实施规模 5 722.178 9 公顷，计划建设工期 3 年。项目主要建设内容包括土地整治类项目、生态修复类项目、乡村建设及其他产业项目。土地整治类包括耕地提质改造（108.355 8 公顷），低效园地整治（53.947 6 公顷），残次林地增减挂钩采矿用地复垦（15.902 3 公顷），城乡建设用地增减挂钩采矿用地复垦（0.920 9 公顷）。预计新增耕地 60.536 7 公顷，新增耕地率 5.26%
3	柳州市	柳州市柳东新区雒容镇连丰村等 3 个村全域土地综合整治试点	该项目实施规模 6 800.609 9 公顷，计划建设工期 3 年。其中，土地整治类和生态修复类。其中，土地整治类包括耕地提质改造（56.268 4 公顷），未利用地开垦（18.757 5 公顷），生态型农田整治（500 公顷），增减挂钩复垦采矿用地（6.725 3 公顷），低效园地整治（68.064 9 公顷），残次林地整治 96.032 9 公顷，增减挂钩拆旧复垦（2.485 2 公顷），预计新增耕地 96.032 9 公顷，新增耕地率为 5.17%
4	柳州市	柳州市柳江区百朋镇百朋村等 4 个村全域土地综合整治试点	该项目实施规模 3 874.78 公顷，计划建设工期 3 年。项目主要建设内容包括土地整治类、生态修复类和乡村建设类。其中，土地整治类包括耕地提质改造（29.135 5 公顷），城乡建设用地增减挂钩（25.564 5 公顷），宜耕后备土地资源开发（56.745 8 公顷），残次林地整治（2.131 0 公顷），预计新增耕地 85.744 9 公顷，新增耕地率 5.09%
5	柳州市	柳州市鱼峰区里雍镇里雍村等 5 个村全域土地综合整治试点	该项目实施规模 12 901.21 公顷，计划建设工期 3 年。项目主要建设内容包括耕地整治类、生态修复类和乡村建设类。土地整治类项目包括耕地提质改造（71.935 5 公顷），低效园地整治（2.734 1 公顷），残次林地整治（73.138 5 公顷），城乡建设用地增减挂钩复垦（10.108 5 公顷），未利用地开垦（1.010 8 公顷），预计新增耕地面积 85.744 9 公顷，新增耕地率 6.94%

序号	市	项目名称	主要建设内容
6	柳州市	柳州市三江侗族自治县良口乡和里村和南寨村全域土地综合整治试点	该项目实施规模4 060.856 6公顷，计划建设工期3年（2020—2023年）。项目主要建设内容包括土地整治项目，各类建设项目和生态修复项目。土地整治类项目包括农业基础设施建设项目、土地开垦项目，预计建设高标准农田192.577 1公顷，新增耕地面积33.279 1公顷，新增耕地率7.92%，建设用地拆旧2.464 5公顷，建新区面积2.449 4公顷，计划恢复水毁农田面积5.793 3公顷；建设类项目包括通过实施高山稻渔示范基地建设项目、道路交通、村庄基础设施、公共服务设施、乡村风貌改造、安全防灾、产业发展等；生态修复项目主要为河道治理工程
7	桂林市	桂林市荔浦市城乡全域土地综合整治试点	该项目实施规模9 303.85公顷，计划总投资27 365万元，建设工期3年。土地整治各类建设，生态修复和各类建设。土地整治类项目包括耕后备资源开发（62.425 8公顷），耕地提质改造（28.674 6公顷），城乡建设用地增减挂钩复垦（41.036 6公顷）等。项目预计新增耕地89.807 5公顷
8	桂林市	桂林市全州县庙头镇李家村全域土地综合整治试点	该项目实施面积1 186.357 8公顷，计划总投资140 330.780 6万元。项目主要建设内容包括土地整治类项目包括农田整治（274.676 4公顷），耕地提质改造（8.149 8公顷），残次林地整治（10.380 8公顷），未利用地开垦（6.942 5公顷），城乡建设用地增减挂钩复垦（0.630 3公顷），村建设。项目预计新增耕地面积17.953 6公顷，新增耕地率为6.54%
9	桂林市	桂林市灵川县九屋镇九屋村等5个村全域土地综合整治试点	该项目实施规模5 733.989 2公顷，计划建设工期3年。项目主要建设内容包括土地整治，城乡建设用地增减挂钩复垦（4.452 2公顷），生态修复（8.732 6公顷）。土地整治主要建设（14.450 5公顷），残次林地整治（46.633 6公顷），耕地提质改造（11.344 5公顷），未利用地开垦（公顷）。项目预计新增耕地面积为76.880 6公顷，新增耕地率为45.33%
10	桂林市	桂林市灌阳县新圩镇小龙村等2个村全域土地综合整治试点	该项目实施面积1 937.753 8公顷，计划建设工期3年。项目主要建设内容包括城乡建设用地增减挂钩复垦（118.630 6公顷），生态修复（0.297 8公顷），产业建设和生态修复（13.186 2公顷）。土地整治，残次林地改造（13.484 5公顷），新增耕地率7.77%。项目预计新增耕地13.186 2公顷
11	玉林市	玉林市北流市民乐镇全域土地综合整治试点	该项目实施规模15 049.870 7公顷，计划总投资63 076万元，计划建设工期3年。土地整治，乡村建设和生态修复，低效园地整治（58.61公顷）。土地整治项目包含建设用地整治（70.45公顷），低效园地整治（58.61公顷），生态型土地整治，生态修复（公顷）。项目主要建设内容包括土地整治（19.14公顷），城乡建设用地增减挂钩复垦项目（70.45公顷）。预计新增耕地74.057 2公顷

序号	市	项目名称	主要建设内容
12	贵港市	贵港市覃塘区覃塘街道姚山村等2个村全域土地综合整治试点	该项目实施规模490.2106公顷，计划总投资4759.48万元，计划建设期限2020年5月至2021年10月。项目主要建设内容包括宜耕后备资源开发（28.0822公顷），耕地提质改造（8.1345公顷），城乡建设用地增减挂钩（74.4434），预计预计新增耕地33.1965公顷，残次林地开发56.8609公顷，新增水田面积56.8609公顷
13	崇左市	崇左市江州区新和镇卜花村等3个村全域土地综合整治试点	该项目实施规模5232.2796公顷，计划建设工期3年。项目主要建设内容有耕地提质改造（261.85公顷），城乡建设用地增减挂钩（225.70公顷），生态型农田整治（34.71公顷）。其中，土地整治项目主要建设内容包括宜耕后备资源开发（34.71公顷），生态修复（61.8公顷），等。预计新增耕地34.71公顷（49.00公顷）
14	百色市	百色市凌云县下甲镇河洲村等7个村全域土地综合整治试点	该项目实施规模20987.3334公顷，乡村建设项目和产业发展建设项目。土地整治项目主要建设内容包括耕地提质改造（草改水）工程19.1753公顷，残次林地开发工程25.0200公顷，未利用地开发工程2.8526公顷，低效园地整治16.4196公顷，城乡建设用地增减挂钩工程2651.7914公顷，耕作层表土剥离利用41.14公顷，新增耕地48.3885公顷，农用地生态整治3.36%
15	百色市	平果县果化镇果化等5个村全域土地综合整治	该项目实施规模5879.7004公顷，预计总投资123477.62万元，计划实施期3年。项目主要建设内容包括土地整治项目，生态修复类项目。其中土地整治类建设项目包括耕地提质改造（旱改水）工程782.8943公顷，农田整治155.8696公顷，城乡建设用地增减挂钩126.1966公顷，预计新增耕地140.2184公顷，宜耕后备资源工程15.5635公顷，新增耕地率5%
16	河池市	河池市南丹县芒场镇拉者村等4个村全域土地综合整治试点	该项目实施规模9702.62公顷，计划建设工期3年。其中土地整治项目建设内容包含耕地提质改造（28.87公顷），各类建设用地开发（2.16公顷），未利用地生态整治（1277.74公顷），农用地生态整治（1.71公顷），耕作层表土剥离利用等（13.66公顷），低效园地整治11.96公顷，预计新增耕地面积11.96公顷，新增耕地率1.03%
17	贺州市	贺州市平桂区黄田镇安山村等6个村全域土地综合整治试点	该项目实施规模7952.7879公顷。项目主要建设内容包含土地整治，生态修复和乡村建设。其中土地整治类包括耕地提质改造（旱改水）84.960公顷，低效园地整治4.9173公顷，残次林地整治63.0267公顷，预计新增耕地74.1360公顷，未利用地开发6.1920公顷，新增耕地率5.72%

附表 9　病险水库土地整治项目

序号	市	项目名称	时间	项目预算总投资/万元	新增耕地面积/公顷
1	南宁市	马山县永州镇德育村小型病险水库除险加固工程土地整理项目，武鸣县双桥镇苏官村小型病险水库除险加固工程土地整理项目，南宁市邕宁区百济乡红星村小型病险水库除险加固工程土地整理项目，上林县澄泰乡大坡村与宁村小型病险水库除险加固工程土地整理项目	2009	7 390	63.93
2	柳州市	柳州市柳南区太阳镇长龙村拉达水库除险加固工程土地整理项目，鹿寨县中渡镇山尖村里头水库小型病险水库除险加固工程土地整理项目，鹿寨县与竹子村小型病险水库除险加固工程土地整理项目，柳城县大埔镇吉兆水库除险加固工程土地整理项目，融安县长安镇太平村与百朋镇里团与五九九村小型病险水库除险加固工程土地整理项目，融水县融水镇东良村小型病险水库除险加固工程土地整理项目	2009	7 432.14	72.91
3	桂林市	桂林市苏浦县新坪镇汊田村与安民村水库大庙小型病险水库除险加固工程土地整理项目，桂林市临桂区茶洞乡富合水库土地整理项目，桂林市灵川县覃下镇沙冲村小型病险水库除险加固工程土地整理项目，兴安县溶江镇廖家村土地整治项目，桂林市平乐县二塘镇福县水福水库除险加固工程土地整理项目	2009	10 210	89.25
4	贺州市	贺州市八步区连塘镇古柏村小型病险水库除险加固工程土地整理项目，贺州市平桂管理区盘谷村小型病险水库除险加固工程土地整理项目，富川县葛坡镇合洞村小型病险水库除险加固工程土地整理项目，昭平县凤凰乡营盘村凤凰水库除险加固工程土地整理项目，钟山县凤翔镇石墨冲与大冲小型病险水库除险加固工程土地整治项目	2009	7 405	59.83
5	梧州市	梧州市苍梧县沙头镇白水村小型病险水库除险加固工程土地整理项目，梧州市蝶山区夏郢镇二合口小型病险水库除险加固工程土地整理项目，岑溪市归义镇义和村等5个小型病险水库除险加固工程土地整理项目，梧州市龙圩镇安富水库除险加固工程土地整理项目，梧州市藤县古龙村都旧水库小型病险水库除险加固工程土地整理项目	2009	10 510	91.39
6	玉林市	北流市民安镇丰村小型病险水库除险加固工程土地整理项目，陆川县温泉镇铜军村小型病险水库除险加固工程土地整理项目，容县容西乡四传、祖立、仙江、西山小型病险水库除险加固工程土地整理项目，博白县东平镇塘龙村、石角村小型病险水库除险加固工程土地整理项目，玉林市福绵管理区福绵镇香山村小型病险水库除险加固工程土地整理项目，中兴村与福村小型病险水库除险加固工程土地整理项目	2009	5 160	47.57

序号	市	项目名称	时间	项目预算总投资/万元	新增耕地面积/公顷
7	贵港市	贵港市港南区木格镇盘古村、合岭村小型病险水库除险加固工程土地整理项目	2009	992.51	7.97
8	来宾市	来宾市合山市北泗乡瀑泉水库除险加固工程土地整理项目，武宣县二塘镇麻碑村、光山村小型病险水库除险加固工程土地整理项目，象州县马坪乡马坪、龙兴村小型病险水库除险加固工程土地整理项目，忻城县思练镇思练村及石龙村小型病险水库除险加固工程土地整理项目，来宾市桥巩乡桥巩村小型病险水库除险加固工程土地整理项目	2009	8 875	79.76
9	钦州市	灵山县旧州镇长安、兵马、教马、上井村小型病险水库加固工会重土地整理项目，钦州市浦北县乐民镇莫树冬等5个村水库加固工程土地整理项目，钦州市钦北区大直镇那桃、天岩村小型病险水库除险加固工程土地整理项目	2009	5 310	41.41
10	北海市	合浦县常乐镇李家村小型病险水库除险加固工程土地整理项目	2009	2 500	21.54
11	防城港市	防城港市防城区江山乡山脚村小型病险水库除险加固工程土地整理项目，上思县思阳镇广元村小型病险水库除险加固工程土地整理项目	2009	3 030	34.67
12	崇左市	崇左市江州区江州镇六板小型病险水库除险加固工程土地整理项目，大新县龙门乡龙门社区土地整理项目，扶绥县东门镇姑龙小型病险水库除险加固工程土地整理项目，龙州县逐卜乡锦阁村、广合村，逐卜村土地整理项目，天等县都康乡把孔村小型病险水库除险加固工程土地整理项目	2009	9 910	82.11
13	百色市	平果县海城乡万康村小型病险水库除险加固工程土地整理项目，德保县龙光乡大旺村小型病险水库除险加固工程土地整理项目，靖西市安德镇巴兰村小型病险水库除险加固工程土地整理项目，凌云县泗城镇平林村小型病险水库除险加固工程土地整理项目，乐业县逻西乡民亭、民团三个小型病险水库除险加固工程土地整理项目，乐业县同乐镇上岗村小型病险水库除险加固工程土地整理项目	2009	7 560	68.24
14	河池市	凤山县平乐乡平乐小型病险水库除险加固工程土地整理项目，金城江区侧岭乡侧岭村小型病险水库除险加固工程土地整理项目，罗城县怀群镇怀群村小型病险水库除险加固工程土地整理项目	2009	4 080	27.35

附表 10　大石山区土地整治项目

序号	市（县）	项目名称	时间	项目预算总投资/万元	新增耕地面积/公顷
1	南宁市（隆安县、马山县）	隆安县丁当镇土地整理项目，隆安县那桐镇那桐村土地整理项目，隆安县乔建镇乔建土地整理项目，隆安县南圩镇屏山乡土地整理项目，隆安县古潭乡土地整理项目，隆安县城厢镇土地整理项目，隆安县南圩镇土地整理项目，隆安县雁江镇土地整理项目，隆安县都结乡土地整理项目，隆安县布泉乡黎安屯等五个土地整理项目，马山县永州镇平山村南生七贤村伏瓦屯等五个村五个土地整理项目，马山县周鹿镇武平村等五个上垌等五个村屯土地整理项目，马山县百龙滩镇勉圩村新村屯等五个村屯土地整理项目，马山县古零镇安善村村屯等五个村屯土地整理项目，马山县乔利乡东良村六桃村六屯等五个村屯土地整理项目，马山县古寨乡本立村木立村下王屯等五个县金钗镇独秀镇巴屯土地整理项目，马山县加方乡加方村北芽屯等五个村屯土地整理项目，马山县里当乡青龙村下群龙村下群屯等五个村屯土地整理项目	2008	4 585.18	128.37
2	崇左市（天等县）	宁干乡大石山区土地整理项目，把荷乡大石山区土地整理项目，福新乡大石山区土地整理项目，向都镇大石山区土地整理项目，小山乡大石山区土地整理项目，进远乡大石山区土地整理项目，东平乡大石山区土地整理项目，驮堪乡大石山区土地整理项目，上映乡大石山区土地整理项目，都康乡大石山区土地整理项目，龙茗镇大石山区土地整理项目，进结镇大石山区土地整理项目	2008	4 527.23	52.5
3	河池市（大化县、都安县）	大化县贡川乡大石山区土地整理项目，大化县江南乡大石山区土地整理项目，大化县古文乡大石山区土地整理项目，大化县共和乡大石山区土地整理项目，大化县关圩乡大石山区土地整理项目，大化县保安乡大石山区土地整理项目，大化县岩滩镇大石山区土地整理项目，大化县六也乡大石山区土地整理项目，大化县大化镇大石山区土地整理项目，大化县板升乡大石山区土地整理项目，大化县古河乡大石山区土地整理项目，大化县百马乡大石山区土地整理项目，大化县乙圩乡大石山区土地整理项目，大化县北景乡大石山区土地整理项目，都安县澄江乡大石山区土地整理项目，都安县地苏乡大石山区土地整理项目，都安县保安乡大石山区土地整理项目，都安县安阳镇大石山区土地整理项目，都安县龙湾乡大石山区土地整理项目，都安县永安乡大石山区土地整理项目，都安县九渡乡大石山区土地整理项目，都安县板岭乡大石山区土地整理项目，都安县下坳乡大石山区土地整理项目，都安县三只羊乡大石山区土地整理项目，拉烈乡大石山区土地整理项目，都安县东庙乡大石山区土地整理项目，都安县加贵乡大石山区土地整理项目，都安县拉仁乡大石山区土地整理项目，都安县百旺乡大石山区土地整理项目，都安县大兴乡大石山区土地整理项目，都安县高岭镇大石山区土地整理项目	2008	12 193.97	140.38

附表 11　桂西五县土地整治项目

序号	市（县）	项目名称	时间	项目预算总投资/万元	新增耕地面积/公顷
1	百色市（凌云县）	加尤镇央里村等 2 个村土地整理项目，泗城镇上蒙村等 3 个村土地整理项目，伶站乡袍亭村等 2 个村土地整理项目，朝里乡六作村等 2 个村土地整理项目，玉洪乡玉保村等 2 个村土地整理项目，逻楼镇祥福村等 3 个村土地整理项目，下甲乡平怀村等 2 个村土地整理项目	2008	4 000	47.80
2	百色市（乐业县）	同乐镇六为村、上岗村土地整理项目，逻沙乡山洲村、仁龙村土地整理项目，逻西乡民强村、民治村土地整理项目，新化镇仁里村、畈里村土地整理项目，幼平乡幼里村土地整理项目	2008	4 000	39.13
3	百色市（隆林县）	天生桥镇土地整理项目，克长乡土地整理项目，革步乡土地整理项目，新州镇土地整理项目，平班镇土地整理项目，蛇场乡土地整理项目，隆或乡土地整理项目，者浪乡土地整理项目，德峨乡土地整理项目	2008	7 140.18	77.36
4	百色市（田林县）	旧州镇土地整理项目，者苗乡者苗土地整理项目，利周河岸土地整理项目，八桂土地整理项目，百乐乡土地整理项目，平塘乡平塘河谷沿岸土地整理项目，定安镇定安村土地整理项目，浪平土地整理项目	2008	4 500	47.41
5	百色市（西林县）	古障镇古障村等 2 个村土地整理项目，足别瑶族、苗族乡足别村等 3 个村土地整理项目，西平乡西平村等 3 个村土地整理项目，普合乡普合村等 2 个村土地整理项目，八达镇土黄村等 3 个村土地整理项目，新安镇那劳村土地整治项目，那佐苗族乡那佐村等 3 个村土地整治项目	2008	4 500	33.48

附表 12 桂中农村土地整治重大工程项目

序号	市（县）	项目名称	时间	项目预算总投资/万元	新增耕地面积/公顷
1	南宁市（宾阳县）	武陵镇白沙村土地整治项目，武陵镇马王村等2个村土地整治项目，武陵镇沙井村土地整治项目，辣镇高荣村土地整治项目，甘棠镇新塘村土地整治项目，宾州镇太乡伟村等3个村土地整治项目，古辣镇稔竹村土地整治项目，古辣镇联泉村土地整治项目，宾州镇文伟村等3个村土地整治项目，古辣镇稔志村土地整治项目，大桥镇和吉镇惠良村土地整治项目，宾州镇展志村土地整治项目，中华镇蒙记村土地整治项目，中华镇丰州村土地整治项目	2010	29 250.00	332.35
2	来宾市（合山市、武宣县、象州县、忻城县、兴宾区）	合山市北泗乡屯山村等5个村土地整治项目，合山市河里乡河里村等3个村土地整治项目，合山市北泗乡南村等3个村土地整治项目，合山市岭南镇里兰村等2个村土地整治项目，合山市岭南镇溯河村土地整治项目，合山市北泗乡古帮村土地整治项目，合山市河里乡甘林村等2个村土地整治项目，合山市金鸡乡马良村等3个村土地整治项目，合山市金鸡乡赖山村等6个村土地整治项目，武宣县金鸡乡金岗村等5个村土地整治项目，武宣县三里镇三里村等7个村土地整治项目，武宣县东乡镇桐岭村等8个村土地整治项目，武宣县禄新乡古杭村等2个村土地整治项目，武宣县桐岭镇挽满村土地整治项目，武宣县通挽镇尚满村等3个村土地整治项目，武宣县金鸡乡甘棠盘龙村等2个村土地整治项目，武宣县桐岭镇根树村等3个村土地整治项目，武宣县二塘镇山村等3个村土地整治项目，武宣县黄茆镇文util村土地整治项目，武宣县禄新乡大禄村等2个村土地整治项目，武宣县二塘镇七星村等3个村土地整治项目，武宣县灵乡甘棠村等2个村土地整治项目，象州县大乐镇大平村等3个村土地整治项目，象州县思灵乡太平社区等3个村土地整治项目，象州县石龙镇新龙村等4个村土地整治项目，象州县百丈乡那沙村等3个村土地整治项目，象州县妙皇乡古才龙头村等4个村土地整治项目，象州县运江镇青凌村等5个村土地整治项目，象州县中平镇谢官村等6个村土地整治项目，象州县罗秀镇潘南村等3个村土地整治项目，象州县妙皇乡龙头村等3个村土地整治项目，象州县寺村镇白崖村等6个村土地整治项目，象州县运江镇都莲村等4个村土地整治项目，象州县马坪乡回龙村等2个村土地整治项目，象州县寺村镇麦棉村等2个村土地整治项目，象州县城关镇齐心村等2个村土地整治项目，象州县水晶乡雷安村等3个村土地整治项目，象州县中平镇范团村等3个村土地整治项目，忻城县城关镇渡江村土地整治项目，忻城县马坪乡古德村等4个村土地整治项目，象州县罗秀镇多福村等2个村土地整治项目，忻城县金山村土地整治项目，忻城县大塘镇大塘村等2个村土地整治项目，忻城龙头乡古道村等5个村土地整治项目，忻城县马泗乡马泗村等5个村土地整治项目	2010	360 750	6 623.76

240 广西土地整治发展报告

附表12（续）

序号	市（县）	项目名称	时间	项目预算总投资/万元	新增耕地面积/公顷
		县练练镇梅岭村等3个村土地整治项目，忻城县大塘镇蓬意乡联堡等3个村土地整治项目，忻城县安东乡蓬乡花红村等2个村土地整治项目，兴宾区凤凰镇新隆村等5个村土地整治项目，兴宾区陶邓乡北合村九合村等3个村土地整治项目，兴宾区小平江镇兴仁村等2个村土地整治项目，兴宾区良塘石牌村等2个村土地整治项目，兴宾区三五乡蒙村等2个村土地整治项目，兴宾区平阳镇邕山村土地整治项目，兴宾区三五乡连花村等2个村土地整治项目，兴宾区正江镇龙头村等2个村土地整治项目，兴宾区石牙乡上山乡止马村等2个村土地整治项目，兴宾区石陵镇三山村等2个村土地整治项目，兴宾区良江镇龙安村土地整治项目，兴宾区大湾乡社头村等3个村土地整治项目，兴宾区高乡高村等2个村土地整治项目，兴宾区小平江镇大番村土地整治项目，兴宾区中洞乡格兰社区等3个村土地整治项目，兴宾区石陵镇石龙村等3个村土地整治项目，兴宾区正龙乡七洞村等2个村土地整治项目，兴宾区大里镇正龙村土地整治项目，兴宾区南泗乡高岭村等2个村土地整治项目，兴宾区良江镇草阔村等2个村土地整治项目，兴宾区正龙乡高安村等3个村土地整治项目，兴宾区蒙村等2个村土地整治项目，兴宾区高乡畔村等3个村土地整治项目，兴宾区正江镇凌仓村等3个村土地整治项目，兴宾区小平江镇望里村土地整治项目，兴宾区五山乡韦村等3个村土地整治项目，兴宾区五山乡施村等3个村土地整治项目，兴宾区凤凰镇大湾村土地整治项目，武宾区寺山乡寺山村土地整治项目，兴宾区三五五乡古灯村等5个村土地整治项目，兴宾区高安乡敬师村等4个村土地整治项目，兴宾区陶邓乡高槐村土地整治项目，兴宾区桥巩镇文陶邓乡施村土地整治项目，兴宾区凤凰镇平村社区等3个村土地整治项目，兴宾区正江镇迁江五乡王元村土地整治项目，兴宾区良塘镇权村等5个村土地整治项目，兴宾区南乡里贤村中贤村等4个村土地整治项目，兴宾区大湾乡雄都村土地整治项目，兴宾区凤凰镇凤盘村土地整治项目，兴宾区正江镇桂枝村等3个村土地整治项目，兴宾区正江镇古石乡岩村村土地整治项目，兴宾区富城区大营乡木林山小平村土地整治项目，兴宾区凤凰镇石牙乡九牙村土地整治项目，兴宾区凤凰镇凤林村村土地整治项目，兴宾区那乡马区平阳镇岭土地整治项目，兴宾区南乡三青土地整治项目，兴宾区小平村土地整治项目，兴宾区平阳镇岭村土地整治项目，兴宾区三乡碑口村等2个村陶邓乡那乡三青村土地整治项目，兴宾区正龙乡新村土地整治项目，兴宾区正龙乡碑口村土地整治项目			

附录 | 241

附表 13　南百风貌土地整治项目

序号	市（区、县）	项目名称	时间	项目预算总投资/万元	新增耕地面积/公顷
1	南宁市（西乡塘区、隆安县）	隆安县那桐镇浪湾村土地整治项目，隆安县那桐镇那门村土地整治项目，南宁市西乡塘区石埠街道办兴贤村土地整治项目，南宁市西乡塘区金陵镇金陵村大林坡土地整治项目，南宁市西乡塘区金陵镇宁坡村宁佳村土地整治项目，南宁市西乡塘区坛洛镇东佳村土地整治项目，南宁市西乡塘区中北村土地整治项目，南宁市西乡塘区坛洛镇上正村土地整治项目	2009	14 134.75	116.33
2	百色市（右江区、田阳县、田东县、平果县）	百色市右江区龙景街道办事处大和村土地整治项目，百色市右江区龙景街道办事处江凤村土地整治项目，田阳县那满镇洽塘、大成、自强村土地整治项目，田阳县那满镇内江、三同村土地整治项目，田阳县田州镇兴城村土地整治项目，田阳县那坡镇六合村土地整治项目，田阳县那坡镇那驮、那音村土地整治项目，田东县思林镇坛乐村土地整治项目，田东县林逢镇福兰村土地整治项目，百色市田东县平马百谷、四平、升太村土地整治项目，田东县祥周镇中平、百渡村土地整治项目，平果县新安镇那劳村土地整治项目，平果县新安镇峨村土地整治项目，平果县果化镇果化村、槐前村、同社村土地整治项目，平果县果化镇那吉村土地整治项目	2009	25 865.25	162.11

附表 14　其他土地整治项目

序号	市	项目名称	时间	项目预算总投资/万元	新增耕地面积/公顷
1	南宁市	宾阳县土地开发复垦项目，宾阳县邹圩马蹼农场土地开垦项目，宾阳县甘棠镇入合村土地开垦项目，宾阳县武陵镇理化村土地开垦项目，宾阳县洋桥镇赤泥村土地开垦项目，宾阳县黎塘镇吴江村等十个村土地开垦项目，宾阳县古辣镇新兴、新胜等四个村土地开垦项目，宾阳县邹圩镇吴同德、古连两个村土地开垦项目，横县附城镇长寨大垌土地整理项目，横县附城镇沙乡古场、华罗村土地整理项目，南宁市延安镇天堂村大垌土地整理项目，南宁市吴圩镇坛白村那助坡土地整理项目，马山县白山镇大同村、双良村，大同村土地整理项目，南宁市周鹿镇岭武资马坡土地整理项目，马山县周鹿镇新汉、上龙、大同村双吴村、双良村土地整理项目，南宁市华侨投资马坡土地整理等11个村片土地整理项目，上林县三里镇双罗村、双良村土地整理项目，上林县白圩镇万垌土地整理项目，上林县三里镇高仁村塘河平土地开垦项目，上林县白圩镇恭睦、乔贤镇恭睦、龙保两个村土地开垦项目，上林县木山乡厂圩村洞平土地开垦项目，上林县西燕镇西燕、云桃、塘昶三个村土地开垦项目，上林县武陵镇陆村陆村庄、王周、云温、云龙、高顶两个村土地整理项目，上林县西燕镇红乡万福村土地开垦项目，武鸣县大丰、云温、王周三个村土地开垦项目，南宁市金光实业总公司土地整理项目，武鸣县太平镇（文坛片、庆乐乡云龙、落豢乡云龙、新联片）土地整理项目，南宁市金府城寺圩村土地整理示范项目，南宁市太平村潭吸水库土地整理项目，南宁市城天堂镇天堂村土地整理项目，南宁市双定镇又平村垌富垌土地整理项目，南宁市金陵土地整理项目，南宁市富庆乡古咘土地整理项目，南宁市永新区江西镇安平村大垌田土地整理项目，山马片、南宁市永江西镇云洞寺江西土地开发整理项目，武鸣双桥土地整理示范项目，武鸣双桥土地整理示范项目（打井工程）塘土坝重建工程，武鸣双桥双桥土地整理示范项目 2#山塘土坝修复、山项土坝工程	2001—2009	32 476.57	3 569.38
2	柳州市	柳州市石碑坪镇泗角村、新维村、留林村等6个土地开发项目，柳城县六塘镇拉燕土地整理项目，柳江县太平镇太平等4个乡镇土地整理项目，柳城县穿山镇等13个镇土地开垦项目，柳州市柳江县洛满镇、柳州县穿山镇竹山至高平土地整理项目，柳州市柳江县穿山镇土地开垦项目，柳州市柳江县流山镇土地开垦项目，柳州市柳江县里高镇2个土地开垦项目，柳州市磨寨乡古益村A、古益村B共2个土地开垦项目，柳州市柳江县沙子乡古益村土地开垦项目，柳州市柳江区泗洞镇贝只村、马田村共2个土地开垦项目，柳州市融安县乐乡永乐乡古丹村，古门村、石门村、龙山村、古兰村土地整理项目，柳州市融安县永乐乡永乐乡板乡西村土地开垦项目，柳州市融安县大良镇杨房村，永乐乡土地开垦项目，柳州市融安县永乐乡永乐乡洛西村土地开垦项目，江边村土地开垦项目，柳州市融水县二永乐乡土地开垦项目，柳州市融水县和睦镇土地开垦项目，柳州市融水县永乐乡土地开垦项目	2004—2009	12 792.84	2 558.11

附表14（续1）

序号	市	项目名称	时间	项目预算总投资/万元	新增耕地面积/公顷
3	桂林市	桂林市雁山区拓木镇何家村、苏家村土地整理项目，桂林市雁山镇良溪村何家村、栗木镇土地整理项目，栗木镇土地整理项目，恭城县嘉会乡秧会村土地整理项目，灌阳县观音阁乡文明村、自振村、立强村、大井塘村土地整理项目，荔浦县青山镇土地整理项目，临桂县会仙镇马岭乡兼村新寨村大毁农田整理项目，荔浦县渡头乡水毁农田整理项目，临桂县永正、力水泉开垦项目，灵川县潭下镇临桂花崖、秧塘村等两个土地开垦项目，灵川县潭下镇枣邓家村五福土开垦项目，灵川县潭下镇大泉村土地开垦项目（一），全州县大西江镇鲁屏田头村委土地开垦项目，平乐县连片开垦项目，全州县文桥镇文村委种田园化水田示范基地项目，全州县黄金冲土地开发整理项目，平乐县阳安乡阳安土村委耕地开垦项目（二），全州县凤凰乡石砂村委土地开垦项目，平乐县洛江镇半圩村土地整理项目，兴安县大西江镇鲁屏田头村委土地开垦项目，全州县湘漓镇沿河村湘漓镇土地整理项目，兴安县高尚直义镇直义村洛江土地开垦项目，永福县三皇乡荣田村江北土地开垦项目	2003—2009	18 825.93	1 743.37
4	贺州市	贺州市贺街镇土地整理项目，贺州市八步区信都镇土地整理项目，富川县朝东镇秀水村土地整理项目，昭平县北陀镇等2个乡镇水毁农田整理项目，钟山县公安镇土地整理项目，平乐县富罗镇等2个乡镇土地整理项目，昭平县五将镇等3个乡镇水毁农田整理项目，钟山县望高富村百富村阿家村土地开垦种子园土地开垦项目	2005—2008	5 767.96	636.27
5	梧州市	苍梧县龙圩镇岩至村等2个村水毁农田整理项目，苍梧县人和镇土地整理项目，苍梧县龙圩镇古定村土地开发项目，岑溪市马路镇等2个镇水毁农田整理项目，苍梧县长发镇四联村土地整理项目，梧州市夏郢镇智和村与泗马村土地整理项目，蒙山县陈塘镇民贤村土地整理项目，蒙山县黄村和西河镇古排村土地整理项目，蒙山县新圩镇蒙山县北楼村和西河镇水毁农田整理项目，藤县宁康乡等2个镇土地整理项目，蒙山县太平镇土地开发项目，蒙县大黎镇和平镇新良村水毁农田整理项目，藤县塘步镇水毁农田整理项目，藤县濛江镇和平镇土地整理项目，藤县潭东镇濛东村礼秀村礼秀村土地整理项目	2005—2008	8 059.89	1 692.7

序号	市	项目名称	时间	项目预算总投资/万元	新增耕地面积/公顷
6	玉林市	博白县亚山镇土地整理项目，博白县龙潭镇那薄村土地整理项目，玉林市福绵区福绵镇与容州镇福绵区福绵镇土地整理项目，玉林市福绵区珊罗镇土地整理项目，陆川县乌石镇井龙村土地整理项目，兴业县石南镇与葵阳镇土地整理项目，兴业县石南镇土地整理项目，玉林市玉州区城北镇土地整理项目	2004—2006	14 984.06	647.59
7	贵港市	贵港市港北区中里乡等2个乡镇水毁农田开垦项目，贵港市港北区木梓镇等3个乡镇农田整理项目（Ⅰ片、Ⅱ片），贵港市港北区庆丰镇江片土地开垦项目，贵港市港南区木样镇红血片土地整理项目，贵港市港南区东津镇画眉江片与八塘镇珠砂村土塘镇等4个乡镇土地开垦项目，贵港市覃塘镇石卡镇土地整理项目，贵港市覃塘镇江口镇六保村等8个乡振兴等2个村水毁农田整理项目，桂平市石龙镇等3个乡镇水毁农田整理项目，平南县大鹏镇水毁农田整理项目，平南县思旺镇古槐村等4个村水毁农田整理项目，平南县平南镇（原环城镇）土地整理项目	2004—2009	10 371.85	2 015.759 3
8	来宾市	来宾市合山市河里乡怀集村土地开垦项目，金秀县大樟乡等2个乡镇水毁农田整理项目，金秀县三里镇合村土地整理项目，武宣县三里镇等2个乡镇桐木镇鹿鸣村香炉屯土地整理项目，武宣县桐岭镇四安村与马步乡土地开垦项目，象州县百丈乡水毁农田运江镇土地开垦项目，象州县中平镇水毁农田土地开垦项目，象州县罗秀镇土办村土地开垦项目，象州县马坪乡马坪村土地整理项目，象州县马坪乡东岸村土地开垦项目，象州县马坪乡平村土地开垦项目，忻城县城关镇土地开垦项目，忻城县安东乡桃源村三洞独山片土地开垦项目，忻城县城关镇红渡镇土地整理项目，忻城县果遂乡红渡村渡江片土地整理项目，忻城县城关镇练塘村土地整理项目，来宾市兴宾区凤凰镇高安区凤凰镇2个乡水毁农田整理项目，来宾市兴宾区正江镇古欧村安东乡新故屯土地开垦项目，来宾市黔江平村与隆礼乡示范场土地开垦项目，来宾市兴宾区双奇山土地开垦项目，来宾市兴宾区高安区高安乡熬塘新村土地整理项目，来宾市兴宾区蒙村乡新故屯土地开垦项目，来宾市兴宾区凤凰镇富饶村十二弄土地开垦项目	2003—2009	16 476.03	3 921.5

序号	市	项目名称	时间	项目预算总投资/万元	新增耕地面积/公顷
9	钦州市	灵山县新圩镇等2个镇水毁农田整理项目，灵山县那隆镇土地整理项目，灵山县文利镇（六个十九个开垦点）土地开垦项目，灵山县伯劳镇（八个开垦点）土地开垦项目，灵山县武利镇（三个开垦点），浦北县张黄镇等3个镇水毁农田整理项目，浦北县平吉镇垭塘耕地复垦项目，浦北县泉水镇土地整理项目，钦州市钦北区大直镇土地整理项目，钦州市钦南区大番坡镇2个镇土地开发整理项目，钦州市平吉镇盘蝉屯等2个镇土地整理项目，钦州市钦南区尖山镇土地开发整理项目，钦州市钦南区黄屋屯镇土地整理项目，钦州市水毁农田整理项目，钦州市钦南区丽光水农场土地开发项目，钦州市久隆镇四方塘土地整理项目，钦州市康熙岭镇土地整理项目	2003—2009	16 752.81	1 992.23
10	北海市	合浦县石康镇土地整理项目，合浦县星岛湖乡洋江、总江村土地开发项目，合浦县白沙镇宏德、高岭两乡土地整理项目，合浦县星风村土地整理项目，东风村委洗鱼水村土地开发项目，西坑、西南村土地开发项目，合浦县白沙镇宏德、下章村梅禄甲村土地开发项目，铁山港区南康镇龙门村土地开发项目，北海市铁山港区营盘镇火禄村土地整理项目，北海市银海区福成镇土地整理项目，北海市福海区银海区福成镇水村土地整理项目，北海市银海区福成镇咩塘、红镜塘山祥村土地开发项目，北海市银海区福成镇大坎村大端田村土地开发项目，北海市银海区福成镇关塘村土地整理项目	2005—2009	6 873.66	645.1●
11	防城港市	东兴市江平镇贵明村土地整理项目，防城港市防城区大灵镇百里村土地整理项目，上思县在妙镇土地整理示范项目，上思县土地整理项目，上思县公正乡东兴营乡立高村等福村等6个土地开垦项目，防城区平福乡平福村土地开发项目，上思县叫安乡那当村土地开发项目	2003—2009	5 769.04	841.16
12	崇左市	大新县颁龙镇隘江村土地整理项目，大新县雷平镇品现村土地开发项目，大新县桃城镇新华村土地整理项目，扶绥县渠黎坡土土地开发项目，扶绥县柳桥镇新村村瓦村土地开发项目，扶绥县柳桥镇灶卡村土地开发项目，扶绥县东门镇东罗村土布桥村等8个土地开发项目，扶绥县柳桥新镇渠黎镇等3个土地开发项目，龙州县上龙乡3个土地整理项目，扶绥县昆仑镇昆仑村雷卡村等3个土地开发项目，明江县东安乡3个土地整理项目，宁明县明江镇明新利村土地开垦项目，宁明县东安乡昆屯土地开发项目，宁明县海渊镇东丘屯土地整理项目，宁明县东安乡洞坡村洞坡屯土地整理项目，天等县康乡复屯土地开发项目，宁明县板棍乡大村村土地开垦项目，凭祥市夏石镇土地整理项目，宁明县渠逢洞地整理项目，天等县进远乡向都镇黎园村土地开发项目，天等县柒华村华利村与稻香等村土地整理等项目，天等天等县宁干乡等3个开垦点土地开垦项目	2001—2009	16 689.67	2 803.0●

序号	市	项目名称	时间	项目预算总投资/万元	新增耕地面积/公顷
13	百色市	百色市右江区汪甸瑶族乡土地整理项目，百色市右江区龙景街道办事处凡平村那娘屯百城街道办六首村土地开发项目，百色市右江区龙景街道办事处六猛土地开发项目，百色市右江区汪甸乡龙川镇四那市右江区大楞乡龙和村塘兵屯土地开发项目，百色市右江区汪甸乡百法村河村六猛村达林屯土地开垦项目，田东县那拔镇百银村土地整理项目，田东县百育镇百育四那项目，田东县百育镇那练村络米土地开发项目，田东县那拔镇洪村百坡村土地开发，田东县平马镇马头村土地开发项目，平果县太平镇太平新村土地开发，田东县等祥周目，田东县平马镇良田土地整理项目，平果县旧城镇练外村光土地开发项目，靖西县那拔镇百子榜土地开发，田东县靖西县城厢根坡村木毁农田水毁项目，平果县新华镇那练米土地整理项目，靖西县城市那坡村百坡田项目，靖西县城厢镇念德果西水毁项目，凌云县凌谱土地整理项目，凌云县逻楼镇陇棍田毁农田根坡田六六土地开发项目，乐业县甘田镇河里土地开发项目，乐业县甘田乡平山乡水林县洞桃整移民开发区万亩土地整理项目，田林县百乐土地开发项目，田林县洞毁农田根坡新化土地开发项目，田林县乐里镇央牙移民安置点田林土地开发项目，田林县洞定安镇城外旺土地整理项目，田林县高龙乡渭山新赛两个村土地开发项目，田林县洞田林等洞香新镇良旺村古龙土地整理项目，田林县者苗乡高洞等，八达镇那立安镇，田林县八达镇者村土地开发项目，平乐乡百乐乡百足、平乡平足平乡浪乡大保平坡山那坡平乡大保项目，隆林各族县平坡乡八达乡西水毁农田个土地开发项目，田林县隆乡福达，弄当两个村田林土地开发项目，隆林各族县五个村土地项目，隆林各族县百乐乡土地开发带、平坡山弄那坡华等十五个村平乡大保华，田林县者烟土地整理项目，根标乡十五个村，潘立村、隆林各族县者浪乡者徕村六寨烟村十五个土地开发项目	2003—2009	28 870.55	4 405.50
14	河池市	巴马瑶族自治县甲篆乡水毁农田水段农田整理项目，大化县都阳镇水段拉烈乡大毁农田整治列项目，都安瑶族自治县德康村土地整理项目，凤山县袍里乡凤山自治县农田整理项目，凤山县中亭乡土地整理项目，河池市金源水开发区侧岭乡江区白土乡项目，环江县中亭乡江区白土乡项目，环江县六竹镇个乡项目，河池市金源乡土地开发项目，罗城县土地整理项目，罗城县旧村南片土地整理项目，环江毛南族自治县土整理，罗城县覃村土地整理项目，罗城县小长安镇龙腾村土地香村土地整理项目，南丹县里湖乡瑶乡龙地腾村土地整理项目，罗城县永安村土地整理项目，南丹县东门镇瑶族六寨镇雅陇，壮里和银桥村土地整理项目，宜州市洛东乡土地整理项目，东门县南丹县东门县六寨镇雅陇院，土地整理项目	2001—2010	13 090.02	1 396.85
15	农垦局	广西农垦局国营山圩农场土地整理项目，广西农垦局良圻农场土地整理项目，广西农垦局洛东农场土地整理项目，广西农垦局金光农场国营百色东乡项目，广西农垦场六畜农场土地整理项目	2004—2005	4 383	274

附表15 广西自然资源厅土地整理中心土地整治主要学术论文

1	甘昉, 卢晓, 刘敬涛. 耕地质量定级评价方法研究：以田林县为例 [J]. 安徽农业科学, 2020, 48 (7): 256-259.
2	贺斐, 刘灿, 肖自强. 生态文明视角下喀斯特石漠化山区的耕保探索：以广西为例 [J]. 中国土地, 2020 (3): 52-54.
3	童新华, 何彦谚, 韦燕飞. 广西贫困时空分异格局与影响机制分析 [J]. 地域研究与开发, 2020, 39 (1): 32-38.
4	甘昉, 刘灿, 张国彬, 等. 生态文明背景下耕地占补平衡的实践与探索：以广西喀斯特丘陵山区为例 [J]. 南方国土资源, 2020 (1): 22-26.
5	韦羡侠, 陈慧云, 吴静. 耕作层土壤剥离利用技术标准体系建设思考 [J]. 中国土地, 2019 (7): 42-44.
6	吴静, 叶宗达, 陈良, 等. 广西土地复垦工程存在的问题及对策 [J]. 南方国土资源, 2019 (4): 50-52.
7	卢俊霞, 雷永恒, 刘谐静, 等. 对广西实施旱改水提质改造项目的思考 [J]. 南方国土资源, 2019 (2): 37-39.
8	贺斐, 沈先明, 袁建龙. 喀斯特丘陵耕作层剥离再利用：以广西喀斯特丘陵山区耕作层剥离再利用 [J]. 中国土地, 2018 (12): 44-45.
9	WANG T Y, TAN L X, XIE S Y, et al. Development and applications of common utility tunnels in China [J]. Tunnelling and Underground Space Technology incorporating Trenchless Technology Research, 2018, 76 (1): 92-106.
10	贺斐, 刘灿, 郑承旭. 对耕地开垦费征收与使用的思考：以广西壮族自治区为例 [J]. 中国土地, 2016 (1): 45-46.
11	贺斐, 吴丽叶, 蓝春华. 小块并大块，实现规模化 [J]. 中国土地, 2013 (12): 51-53.
12	贺斐, 高大鹏, 陈书荣. 广西平果铝土地复垦调研报告 [J]. 中国土地, 2013 (11): 56-57.
13	甘昉, 蓝春华. 广西土地整治：问题与对策 [J]. 中国土地, 2013 (8): 53-55.
14	贺斐, 吴丽叶, 卢俊寰. 合并的力量：广西崇左市"小块并大块"土地整治工作调研报告 [J]. 中国土地, 2012 (7): 47-50.
15	贺斐. 做好耕地"加法"：广西壮族自治区补充耕地项目管理的主要做法 [J]. 中国土地, 2012 (5): 42-43.
16	左旭阳, 孟凡解, 陆捷. 明确职责 规范操作：解读《广西壮族自治区土地整治项目管理暂行办法》[J]. 南方国土资源, 2011 (6): 23-25.
17	贺斐. 用好技术 管好土地：利用信息化手段规范农村土地整治项目管理的思考 [J]. 中国土地, 2011 (3): 37-39.

附表 16　广西自然资源厅土地整理中心荣获自然资源领域奖励

序号	荣誉称号/获奖名称	等级	授予单位
1	广西壮族自治区高标准基本农田建设标准研究报告	三等奖	广西壮族自治区人民政府
2	广西"两区一带"国土资源保障能力研究	三等奖	广西壮族自治区人民政府
3	南宁市建设用地节约集约利用评价	三等奖	广西壮族自治区人民政府
4	广西农用地分等标准村地影像集（科普读物）	三等奖	广西壮族自治区人民政府
5	广西开发区土地节约集约利用评价（研究报告类）	二等奖	广西壮族自治区人民政府
6	广西建设用地控制指标研究（研究报告类）	一等奖	广西壮族自治区人民政府
7	耕地质量天空地立体化监测关键技术研究	一等奖	中国地理信息产业协会
8	土地综合整治精细化监管信息平台关键技术及应用	二等奖	中国地理信息产业协会
9	农村土地承包经营权确权登记系统研制与应用	二等奖	中国地理信息产业协会

附表 17　广西自然资源厅土地整理中心获资助研究项目

序号	项目名称	项目来源	起止时间
1	广西壮族自治区土地整治项目管理暂行办法	广西壮族自治区国土资源厅	2010—2011 年
2	广西壮族自治区土地开垦项目管理暂行办法	广西壮族自治区国土资源厅	2010—2011 年
3	广西壮族自治区土地整治项目竣工验收办法	广西壮族自治区国土资源厅	2010—2011 年
4	土地复垦技术要求与验收规范	广西壮族自治区自然资源厅	2011—2012 年
5	高标准基本农田土地整治建设规范	广西壮族自治区自然资源厅	2012—2013 年
6	土地整治工程　第 1 部分：建设规范	广西壮族自治区自然资源厅	2013—2014 年
7	土地整治工程　第 2 部分：质量检验与评定规程	广西壮族自治区自然资源厅	2013—2014 年
8	土地整治工程　第 3 部分：验收技术规程	广西壮族自治区自然资源厅	2013—2014 年
9	西南地区耕地土地整治模式研究——以广西为例	广西壮族自治区自然资源厅	2015—2016 年
10	补充耕地指标交易机制研究	广西壮族自治区国土资源厅	2016—2016 年
11	土地开垦项目管理暂行办法修订研究	广西壮族自治区国土资源厅	2017—2017 年
12	土地整治项目管理暂行办法修订研究	广西壮族自治区国土资源厅	2017—2017 年
13	广西壮族自治区社会资本参与补充耕地项目研究	广西壮族自治区国土资源厅	2017—2017 年
14	土地整治新模式研究	广西壮族自治区国土资源厅	2017—2017 年
15	土地整治项目廉政防控工作制度研究	广西壮族自治区国土资源厅	2018—2018 年
16	广西"土地整治+"模式研究	广西壮族自治区国土资源厅	2018—2018 年
17	广西壮族自治区提质改造项目立项与验收规范（试行）	广西壮族自治区国土资源厅	2018—2018 年
18	建设占用耕地耕作层剥离利用技术规程	广西壮族自治区自然资源厅	2018—2019 年
19	土地综合整治项目实施管理技术指导和国土综合整治奖补政策研究	广西壮族自治区自然资源厅	2019—2019 年
20	北海市田园综合体土地整治项目规划设计研究	北海市自然资源局	2019—2019 年
21	广西壮族耕地开垦费征收使用政策课题研究	广西壮族自治区自然资源厅	2019—2019 年
22	生态环境修复治理及国土空间生态修复调查	广西壮族自治区自然资源厅	2019—2019 年
23	广西壮族自治区生产建设项目土地复垦工作管理办法	广西壮族自治区自然资源厅	2019—2019 年